60TH ANNIVERSARY OF
INSTITUTE OF LAW, CASS

法 治 中 国 研 究

丛书主编／李 林 陈 甦

法学理论论文集

张友渔 等 ／ 著

Collected Theses on Jurisprudence

社 会 科 学 文 献 出 版 社
SOCIAL SCIENCES ACADEMIC PRESS (CHINA)

"法治中国研究"总序

　　法治为现代社会基本共识,体现政治文明精微之道。以规矩绳墨规范集体行动,以基本规则匡助组织社会,以正当程序划分群己权界,万方竞进而有序,公私并行而不悖,人类因有法律而得以维系纲秩于不坠。

　　理一分殊,月映万川。法治虽为古今中外对优良治理机制的共同探索,但它既非僵硬教条,亦非静态枯石,恰为与时代俯仰、随国情损益、可与时俱进的动态过程。在西方,它萌发于古希腊,沉寂于中世纪,至近代而规模初具。在我国,法治同样飘忽浮沉。三千年风骚一朝雨打风吹,创巨痛深,蒿目时艰,迍邅之世停辛伫苦。造肇于晚清,重启于民国,困顿于"文革",从"必须加强社会主义法制",到"依法治国,建设社会主义法治国家",再到"全面推进依法治国",这是中国法治蛇行旋升的一段光辉岁月,也记录了中国法治建设者与研究者的一叶澎湃心史。

　　海纳江河,惟学无际。参横斗转间,中国社会科学院法学研究所已燃薪六十年矣。既蕴藉两千年燕京浩瀚王气,又充盈新文化运动青春气息,依书山,襟学海,在这座典雅的院落中,鹅湖频会,彬彬济济,四方辐辏,兰玉同班。几代法学家,立地成橱,腾蛟起凤,与法治建设同呼吸,为法治擘画献美芹。继晷焚膏,兀兀穷年。一甲子清泉汨汨,流出了今天中国法学的繁花似锦。

　　经始大业,开阶立极。为激扬法治,阐幽发微,十五年前"中国法治论坛"系列丛书风行于世。时移势迁,疾如旋踵。十八大以来,民族复兴可期,理论自信倍增,全面推进依法治国蹄疾步稳。为纪念中国社会科学院法学研究所成立六十周年,巩固前期研究成果,整合以往研究资源,服务于中国特色社会主义法治理论完善,推进我国法治研究的理论化和国际化，为构建中国特色法治理论体系、话语体系、学术体系和教材体系提供支持，中国社会科学院法学研究所、国际法研究所决定设立"法治中国研究"系列丛书。丛书既要重新编辑加工出版二十余年来有重要文献和学术价值的专著、论文集、译著、研究报告等，也要面向未来法治理论和对策研究继续编辑出版有关法治研究成果，还要适时以英、德、法等外文出版相关成果，努力使之成为法学研究所和国际法研究所作为国家级法学研究机构和人权法治智库的标志性品牌。

"法治中国研究"编辑委员会

2017 年 8 月

2018 年版说明

《法学理论论文集》于 1984 年由群众出版社初版，2003 年由社会科学文献出版社再版。现因纪念中国社会科学院法学研究所建所 60 周年，由社会科学文献出版社推出 2018 年版。

这本由法学所前辈学人领衔编著的论文集，集中表达了 20 世纪 80 年代前期中国法学界特别是法理学界的前沿思考，典型体现了 20 世纪 80 年代中国法学界实事求是、解放思想的精神风貌，堪称中国当代法理学史上具有重要价值的学术丰碑！

论文集集中了 20 世纪 80 年代前期中国法学界特别是法理学界一流学者的作品。作者之中，既有已届耄耋的法学名宿，又有如日中天的学术中坚，还有风华正茂的思想新锐，可谓一时之选。

论文集中的大多数文章，主题围绕法律体系理论这一源自苏联社会主义法理学的基本理论展开。与苏联就此展开多次讨论一样，可以将论文集视为中国法理学界在改革开放新时期发展法律体系理论的一次重要努力。当然，也有其他法学二级学科的学者从自己的研究视角出发，探讨了法律体系的其他相关问题，这些探讨同样具有重要的理论意义和实践意义。尤为可贵的是，论文集中已有学者敏锐指出，彼时法理学的学科体系与 20 世纪 50 年代"国家与法的理论"相比仍无质的变化。尽管对此可能见仁见智，但其蕴含的对法理学学科性质的反思，至今仍然熠熠生辉。

与编著本论文集展现出的优秀的学术组织能力同样重要的是，法学所学者不仅为发展法律体系理论贡献心力，而且介绍了苏联法学界讨论法律体系理论的最新进展。这两者结合在一起，构成了中国社会科学院法学研究所法理学尊重传统、继往开来的鲜明特色，使其成为中国法学界一幕独特的亮丽风景。身处这幕风景之中，我们当策马奋蹄，不负前人！

田　夫

2017 年 10 月 6 日

2003 年版说明

20 世纪 80 年代初，在新宪法刚刚颁布和实施，中国社会主义民主和法制建设进入一个新阶段，法学界迎来法学春天之际，由中国社会科学院法学研究所和华东政法学院联合召开的主题为"建立具有中国特色的社会主义法律体系和马克思主义法学体系"的学术研讨会，是新中国成立以来，法理学界的一次重大盛会。与会代表的热烈讨论和提交会议的论文所表达的观点和理念，不仅对于建立系统科学的法学体系提供了基础和启迪，而且对于健全和完善中国社会主义法律体系提供了理论指导和依据。将具有重要理论和现实意义的会议论文编集成册，是法理学界学者当时的共同愿望。

20 年后，当中国的社会主义法律体系基本建立，法学体系也基本形成之际，中国社会科学院法学研究所决定再版《法学理论论文集》，具有不同寻常的意义。因为，当我们阅读 20 年以前的这些法理学论文时，首先感觉到学者们的观点和论证带有明显的那个时代的意识形态痕迹。但是，这决不表明这本论文集中所表达的思想都已过时，也不能因此否认学者们所发表的见解曾对中国法学理论和法制建设做出过有益贡献。相反，它能够唤起人们对于那个年代学术氛围和研究条件的回忆，能够使年轻学者了解中国法理学的曲折经历，尤其是论文集中的许多思想，至今仍然具有重要的理论和实践意义。所有这些，是法学所再版该论文集的出发点和价值所在。

历史是不会被我们忘记的。我们要在前辈学术思想的启迪下，在他们执着探索法理学真谛的精神鼓舞下，写出更多精品著述，以回报他们给予我们的学术滋养。

本书再版时承蒙中国社会科学院法学研究所刘翠霄教授校阅，中国社会科学院国际法研究中心李西霞女士，社会科学文献出版社杨群先生、宋月华女士以及其他同志付出辛勤劳动，在此，谨向他们致以衷心感谢。

"中国法治论坛"编辑委员会

2003 年 9 月 17 日

编者的话

中国社会科学院法学研究所和华东政法学院于 1983 年 4 月在上海联合召开了一次法学理论讨论会。与会的有政法部门、政法院系和科研单位从事法学理论教学和研究的工作人员近 70 人，会议集中讨论了建立具有中国特色的社会主义法律体系和马克思主义法学体系的问题。这是新中国成立以来，从事法学理论研究工作的同志一次重要的学术活动。会议坚持四项基本原则，贯彻"双百方针"，通过热烈深入的讨论，交流了研究成果，交换了不同意见，为进一步开展法学理论研究打下了基础，为进一步健全中国社会主义法制提出了有益的建议。

当前，随着新宪法的颁布和实施，中国社会主义民主的发展和法制建设已进入了一个崭新的阶段，开展关于法律体系和法学体系的讨论，具有重要的理论意义和实践意义。马克思曾说："法律应该以社会为基础"，"一旦不再适应社会关系，它就会变成一叠不值钱的废纸。"① 恩格斯在评论拿破仑法典时，也曾指出："'法发展'的进程大部分只在于首先设法消除那些由于将经济关系直接翻译为法律原则而产生的矛盾，建立和谐的法体系"。② 邓小平同志在全面总结中国"文化大革命"前国家政治生活的民主没有制度化、法律化的教训时，曾多次反复强调要"完备法制"，并且进一步指出："现在的问题是法律很不完备，很多法律还没有制定出来。""所以，应该集中力量制定刑法、民法、诉讼法和其他各种必要的法律，例如

---

① 《马克思恩格斯全集》第 6 卷，人民出版社，1961，第 292 页。
② 《马克思恩格斯选集》第 4 卷，人民出版社，1972，第 484 页；《马克思恩格斯文选》英文版，第 2 卷，第 494 页；《马克思恩格斯文选》德文版，第 464 页；《马克思恩格斯全集》俄文版，第 37 卷，第 418 页。

工厂法、人民公社法、森林法、草原法、环境保护法、劳动法、外国人投资法等等，经过一定的民主程序讨论通过，并且加强检察机关和司法机关，做到有法可依，有法必依，执法必严，违法必究。"① 自党的十一届三中全会以来，中国的社会主义法制建设已经取得了显著的成就。但正如胡耀邦同志在党的十二大报告中指出的，为了实现新时期的总任务，我们还要继续健全社会主义民主和法制，"我们党要领导人民继续制订和完备各种法律，加强党对政法工作的领导，从各方面保证政法部门严格执行法律"。特别是新宪法的实施，已为进一步完备法制，全面开创法制建设新局面奠定了基础。因此，高屋建瓴，全面规划和建立具有中国特色的法律体系和马克思主义法学体系，正是适应社会主义现代化建设的新形势、合乎中国社会主义法的客观发展进程的必要措施。彭真同志在 1982 年中国法学会成立大会上曾反复强调法和法学"要有自己的独立的体系"；他说："法学是什么？是上层建筑。它是由经济基础决定的，又要反过来为经济建设服务。""但法学又有自己独立的体系，自己的逻辑。立法要从实际出发，但也要有自己的法的体系，前后、左右不能自相矛盾。不能灵机一动想搞什么法就草率地搞什么法。"经五届全国人大五次会议批准的杨尚昆同志所做的人大常委会工作报告又进一步指出："立法要从我国的实际情况出发，按照社会主义法制原则，逐步建立有中国特色的独立的法律体系。就法律体系本身来说，宪法是母法，但归根到底，我国一切法律的依据是拥有十亿人口、九百六十万平方公里土地的中国的实际。"这些讲话充分表达了全国从事法学理论工作同志的意愿，受到法学界的普遍重视。《法学》编辑部曾倡议开展建立社会主义法律体系的讨论，全国报刊纷纷发表了质量较高的学术论文。这次法学理论讨论会的召开，正是适应全面开创社会主义现代化建设新局面，合乎社会主义法制建设客观发展进程的一次重要学术活动。

　　由于经验不足，时间匆促，从问题探讨的深度、广度和科学性来说，这次讨论是有一定的局限性的。为使我们的法学理论研究工作更好地为逐步建立具有中国特色的独立的法律体系服务，我们必须进一步学习马克思主义的法学理论，深刻领会中央关于法制建设决策的精神实质，坚持从中

---

① 《邓小平文选》，人民出版社，1983，第 136 页。

国的实际出发，认真总结法制建设的经验，进行更加全面深入的探讨。这次讨论确实是一次具有重要意义的良好开端，它为进一步的探索打下了良好的基础，为当前的社会主义法制建设提供了一些具有积极意义的设想和建议。为此，我们特地选编了专题论文、讲话、书面发言等 30 余篇，汇集成册出版，以供从事政法工作和法学教学、科研工作的同志参考。不妥之处，敬请广大读者指正。

吴大英等

1984 年 2 月

目录
Contents

理论联系实际，开展法学研究[*]

张友渔

    1982 年 9 月召开的党的十二大，科学地总结了中国社会主义革命和建设的经验，继承和发展了马克思列宁主义、毛泽东思想。十二大提出了党在新的历史时期的总任务，进一步确定了中国社会主义现代化建设的纲领和战略目标。十二大所提出的全面开创社会主义现代化建设新局面的宏伟蓝图，完全符合中国的实际，符合全党和全国人民的共同愿望。胡耀邦同志在为大会所做的报告中强调指出："建设高度的社会主义民主，是我们的根本目标和根本任务之一"，而"社会主义民主的建设必须同社会主义法制的建设紧密地结合起来，使社会主义民主制度化、法律化"。这就对中国的法学界，提出了一个迫切而重要的要求。现在，全国人民都在十二大精神的指引下，以自己的行动来实现十二大的目标，我们法学界也应该积极行动起来，努力实现这一要求，为全面开创社会主义现代化建设的新局面做出自己的贡献。

    1982 年 12 月，五届全国人大第五次会议通过了新的《中华人民共和国宪法》。新宪法是以四项基本原则为指导思想，适应中国新的历史时期社会主义现代化建设的需要，在总结社会主义革命和建设的历史经验的基础上制定的。这部新宪法的通过，标志着中国社会主义民主的发展和法制建设进入了一个新的阶段。

    为了保证新宪法的实施，进一步健全社会主义法制，首先，需要进一步加强立法工作，使新宪法的各项规定在具体的法律中得到体现，并对原

---

[*] 本文系张友渔同志为法学理论讨论会撰写的一篇重要评论。

有的法律、法令和法规进行补充、修改或废止，使之符合新宪法的精神。其次，需要进一步加强司法工作，充实司法工作者的队伍，并提高司法干部依法办事的自觉性，坚决改变有法不依、执法不严的现象，维护社会主义法制的极大权威。最后，需要进一步加强社会主义法制的宣传教育工作，培养具有丰富法律知识的干部队伍，并且在全体人民中反复进行法制宣传教育，努力使每个公民都知法守法，特别要使广大党员带头守法。要做好这些方面的工作，必须从实际出发，针对实际情况，总结实践经验，不能脱离实际，从空想出发，从教条出发；同时，要从理论上深入研究，不能局限于一时、一地、一事的经验，成为狭隘的经验主义者。总之，必须坚持马克思列宁主义的普遍原理，结合中国的具体实践，理论联系实际，创造中国型的马克思主义法学，为建设中国型的社会主义法制做出贡献。

应该说，我们国家在法制建设方面，既有丰富的实践经验，也有深刻的教训，这些都需要我们法学界从理论上加以概括和总结。过去，我们对法学基本理论的研究做得很不够，缺乏正确理论的指导，也就不可能做出准确的总结，所以现在需要补上法学理论研究这一课。这次讨论会所要讨论的法的体系问题，是法学基本理论的一个重要组成部分。彭真同志 1982 年在中国法学会成立大会上的讲话中指出："立法要从实际出发，但也要有自己的法的体系，前后、左右不能自相矛盾。不能灵机一动想搞什么法就草率地搞什么法。"又指出："法要有自己的独立的体系，有自己的逻辑，但要从社会实际出发，受社会实践检验。"这就是说，要从中国的实际出发，理论联系实际，紧密结合和正确分析中国法制建设中的新情况和新问题，建立符合中国国情的中国型的社会主义法的体系。

法学体系也是一样。中国的法学，应当是中国型的马克思主义法学，是以马克思列宁主义、毛泽东思想为指导的，因而必须坚持马克思主义的普遍原理，不能离开它，更不能违背它。但是，中国的法学又必须从中国的实际出发，符合中国的实际需要，因而必须建立具有中国特色的法学体系。如果不把马克思主义理论同中国社会主义实际紧密结合起来，那就有可能或者迷失方向，或者照抄照搬别人的东西，即使建立起一个法学体系，也没有多大的理论意义，更不会对中国的社会主义事业、中国的社会主义法制建设有什么实际价值。

基于上述的想法，我想对讨论和研究中需要注意的问题发表一些意见，请大家考虑。

第一，我们从事法学理论研究，包括法的体系和法学体系的研究，一定要刻苦地、认真地学习马克思、恩格斯、列宁、斯大林和毛泽东同志的著作，特别是关于法学方面的著作和论述。马克思主义的理论宝库精深博大，内容非常丰富，思想极其深刻，其中包含着对法的基本理论问题的一系列精辟的见解，包含着许多普遍原理，即带规律性的科学结论。马克思主义的立场、观点和方法，是进行任何工作，研究任何学问，包括我们从事法学基本理论研究都必须掌握和运用的。这就是说，对于马克思主义的普遍原理，对于马克思主义的立场、观点和方法，我们必须坚持，必须掌握和运用，不然就会迷失方向，就会发生错误。但是，马克思主义的许多具体观点，都是针对当时、当地的具体问题做出的，不能生搬硬套，不能生吞活剥，不能寻章摘句，抄引演绎。如果这样做，也会发生错误。正确的态度应该是从中国社会主义现代化建设事业的实际出发，为解决我们的实际问题，运用马克思主义的立场、观点和方法，找出客观事物的内部联系，做出理论上的科学概括和论述，提出有价值的意见和建议，使我们的法学理论研究对国家的社会主义现代化建设有所贡献，为社会主义法制建设提供有益的理论根据。

第二，我们从事法学理论研究，包括从事法的体系和法学体系的研究，一定要深入地、细致地研究中国现行的法律。要在这个基础上，建立我们的中国型的社会主义的法的体系。毋庸讳言，我们国家的法的体系还不够完整，但是，新中国成立以来，我们已经制定了很多法律，特别是党的十一届三中全会和五届全国人大二次会议以来，制定了一系列法律，这些法律基本上都是适应中国实际情况的。当然，由于政治、经济、社会情况的发展，有的法律需要修改、补充，以至废止。但是，不论研究法的体系也好，研究法学体系也好，都不能离开这个基础，另起炉灶。我们要建立具有中国特色的社会主义法的体系，那么，首先就要对新中国成立以来的宪法和各个部门法的情况加以研究。比如说，我们的经验有哪些？教训有哪些？好的地方在哪里？哪些方面值得继续保持和发展？哪些地方需要修改和补充？这些都要从现行的法律出发，然后才能根据当前的需要和可能，根据对发展趋势的科学预测，提出切实可行的意见和建议。如果离开我们现行的法律，离开现实的需要和可能，离开有根有据的科学预测，而从空想主义、教条主义、形式主义出发，墨守现成的框架，抄袭前人的陈说，照搬外国的类型，那就会使我们的讨论和研究变成概念游戏，失去实际意义，甚至起有害的作用。

与此同时，对中国历史上的法律和外国的法律也需要运用马克思主义的立场、观点和方法，认真地进行研究。历史上的法律和外国的法律，包括它们的法的体系，凡对我们有用的东西，我们都要参考和借鉴，要古为今用，洋为中用。在学术研究上，不能搞历史虚无主义和盲目排外主义。应该承认，到目前为止，我们对历史上的法律和外国的法律的研究，还很不充分。这样，我们的视野就受到了限制。当然，法律的性质不同，法的体系的性质和状况也就不同，但这并不妨碍我们参考和借鉴其中对我们有用的东西。而且，有比较才能有鉴别，研究历史上的法律和外国的法律有哪些不好的地方，就更能证明我们社会主义法的优越性。对于不好的东西，不研究就不可能给予正确的批判。因此，对于历史上的法律和外国的法律，不论好的或坏的，都需要研究。

法学体系也是一样。自从有法学以来，特别是资产阶级登上历史舞台以来，世界上的法学流派层出不穷，各自有其学说的体系。许多流派，用马克思主义的观点来看，是错误的，甚至是反动的，但在资本主义世界，它们却有市场，这就需要我们研究。我们要建立具有中国特色的马克思主义法学体系，而且要使它具有强大的生命力，具有科学的、令人信服的力量，除了在根本上以马克思主义法学理论为依据外，也还需要了解和研究中国历史上的、外国的各种法学。

对待中国历史上的和外国的法律及法学的正确态度应该是：运用马克思主义的立场、观点和方法，加以分析和研究，取其精华，弃其糟粕，既不能闭目塞听，不去了解，也不能不加分析，盲目地追随。我们必须用辩证唯物论和历史唯物论的观点和方法，对中国历史上的和外国的法律及法学进行分析，给予评价，并决定取舍。取舍的标准，则应当是是否有助于当前中国的社会主义现代化建设事业。

第三，我们讨论和研究法的基本理论，要加强应用研究，就是要努力使我们所讨论和研究的法学理论问题，能够直接应用于社会主义法制建设，使之在实践中发挥作用。1982 年 11 月 22 日，中共中央转发了《全国哲学社会科学规划座谈会纪要》，其中指出："研究和解决中国社会主义现代化建设中提出的重大理论问题和实际问题，是哲学社会科学工作的根本任务。要加强社会主义现代化建设过程中各方面发展规律的研究，包括现代化建设过程中可能带来的影响的问题的预测。要加强应用研究，用来推动现代化建设的实际工作。"这一精神，对于我们讨论和研究法的体系和法学体系问题，是完全适用的。法学在社会科学中，是应用性很强的一门科学，但是这并不意味着，任何讨论和研究的成果会自然而然地带有很强的应用性。这里有认识问题，也有方法问题，如果在我们的思想上不明确讨论和研究的目的全在于应用，全在于使我们的理论能够指导实践，对实践起作用，那么，我们讨论和研究的成果，就很可能没有多大的应用价值。同时，我们的方法如果不对头，如果从书本到书本教条式地讨论和研究，那么，我们讨论和研究的成果，就只能是一些抽象的、空洞的概念，也不会有什么应用价值。

我们在这次会上要讨论的法的体系，从课题本身来看，有很强的应用性和实践意义。如果我们讨论和研究的成果是符合实际的，我们所提出的建议是建设性的、合理的和切实可行的，那么，就会对我们的立法工作、司法工作和法学研究及教学工作起积极的作用，从而有助于新的历史时期的社会主义现代化建设事业的发展。我希望我们这次会议能够抓住这个着重点，取得积极的成果。

法学体系也是一样，具有很强的应用性和实践意义。如果我们能够建立起适合社会主义现代化建设事业需要的、具有中国特色的法学体系，别的方面的价值先不说，单就便于广大干部和群众了解和学习法律知识，提高法制观念和自觉守法的精神来说，就有很大的实际意义。自从党的十一届三中全会确定了发展社会主义民主和加强社会主义法制的基本方针以来，广大干部和群众学习法律知识的要求十分强烈，法学教育也比以前有了很大的发展。建立一个科学的、比较完整的马克思主义的法学体系，这是形势的需要，是我们从事法学研究和教学工作者的光荣责任。当然，我们强调应用研究，是要以马克思主义为指导，以实现社会主义为目的，适应当前新的历史时期的实际情况，研究和解决社会主义现代化建设中的问题，而不是缺乏远大理想和前进方向，只是搞头痛医头、脚痛医脚的实用主义。

第四，我们从事法学理论研究，一定要深入实际，加强调查研究。前面已经讲过，读书，特别是读马列的书，这是我们必须坚持的。书要读，而且要多读，要读懂，但读书不能代替调查研究。特别是我们搞教学和研究工作的同志，要认识到自己的局限性，这就是缺少实际经验，缺乏实践知识。因此，就要用很大的精力去深入实际，调查研究。即使过去在基层或实际部门工作过的同志，也不能忽视调查研究，因为实际情况是在不断地发展变化的，如果只了解昨天的实际，不了解今天的实际，脑子里还是20世纪30年代、50年代、70年代的实际，而对80年代的实际没有系统的了解，那么，教学和研究工作就可能搞不好。

有些法学工作者反映，他们确实很想进行调查研究，联系实际，但是某些部门的大门不容易进去。对于这个问题，是不是可以从两方面来看。一方面，有些实际部门的同志不大重视法学研究工作；另一方面，就是我们法学工作者还没有做出显著的成绩来，还没有使一些实际部门的同志确实感到法学工作者的研究成果对实际工作有重要作用。从有些实际部门的同志来说，应该认识到我们不论是实际工作者还是教育和研究工作者，都是一条战线上的同志，不能把法学教育和研究工作者提出的一些要求，如看点材料，谈点情况，提供一些意见等等，看成是额外的负担，而是应该主动配合，互相帮助。至于从法学教育和研究工作者来说，则是要确实做出成绩，使我们的研究成果能够对实际工作起到应有的作用。最近，报刊上登载了不少农村社队请"财神"的消息，这表明农业科技研究工作者和经营管理工作者，确实能够拿出发展农业生产、改善经营管理、提高经济效益的一套科学技术和管理经验，因而受到了农民的重视和欢迎。同样的道理，法学教育和研究工作者如果能够拿出对实际工作有用的成果来，我想也是会受到实际部门的重视和欢迎的。对法学教学和研究工作者来说，除了向政法部门调查研究之外，还要深入基层，深入群众，进行调查研究。我们的法律是工人阶级和广大人民群众意志和利益的体现，我们的法律制定出来以后，主要是要靠广大干部和群众自觉地遵守。不管是政法实际工作部门，还是法学教育和研究部门，都要走群众路线，都要发动广大人民群众。调查研究如果不走群众路线，就不可能了解全部真实情况，不可能掌握最主要的材料，就会变成形式主义，毫无实效，甚至发生弊害。

以上是我的一些粗浅的意见，很不成熟，仅供同志们参考。

坚持四项基本原则，建立起具有中国特色的社会主义法学体系和法律体系*

陶希晋

法学战线要开创新局面，需要全国各地法律工作者的共同努力。但是，我想京、沪两地的法律工作者应当牵头协作，承担更大的责任，做出更多的努力。今天这个会，就是这样做的，我想它一定会开得很好。

关于法学研究问题，我不准备谈对这个会议主题的观点，只想借这个机会简单地补充一点我对法学研究的一般看法，向同志们请教。

法学，是社会科学的一个重要组成部分，但以现代科学来说，在我们这里，它恐怕至多只能说是一门发展中的科学。因此，怎样发展这门科学，是一个很值得探讨的问题。

首先，法学研究不能和我们搞具体法的工作截然分开，而应当是紧密相连的。现在人们都希望有法治，无法无天的日子，总是不好过的。可是一谈到法学，有些人就认为是政法院校或者专门从事法学研究机构的事情。法学还是冷门，有些法律部门还很少有人去研究，如行政法、财政法、劳动法等等研究的人太少，法学方面的书籍出版得也实在太少。但是，法是需要的，不论哪位公民或者哪个企业、事业单位，总还是要依法办事嘛。有人会说，学法的不一定能写好法，没有学过法的倒可能写好法。这种说法，我看是不恰当的，起码它否认了法律的科学性。因为，制定法律确实需要有一定的业务工作经验以及一定的写作水平，但是法律毕竟是一门科学，有其严密的逻辑性和法律体系，需要有专门的法律知识，

* 本文系陶希晋同志在法学理论讨论会开幕式上的讲话。

尤其需要有法学家参加这个工作。

我们是马克思列宁主义者，从来认为法律是社会经济基础的反映，是从群众中来的；而法学又是随着立法工作的发展而建立起来的。两者是相辅相成，紧密相连的，离开了法，就谈不到法学。反过来说，任何立法都是受着一定的法学思想的影响和指导。

不久以前，我访问过两个基层法院，他们认为法学研究和法律的分类，在司法实践上也是很重要的。但同时，我发现他们办案，除了依据十一届三中全会以后新公布的几项法律以外，几乎就没有更多的现行法规作为办案的依据了。下面司法机关的困难很多，缺少法律依据是突出问题之一。从表面上看来，这是一个立法问题，对过去历年发布的1700多个法规，没有及时加以整理编纂，不知道哪些法规适用，哪些法规需要废除或修改以后才能适用。然而细想起来，这又是涉及法学思想的一个重要问题。法是一成不变的吗？任何现行法，总是处在稳定与不稳定的状态中，法的完备过程，实际上就是不断适应新情况，不断废旧立新的过程，亦就是不断整理编纂的过程。正因为如此，我们应当组织力量，有计划地不断地整理法规，不断地总结立法经验，使之上升为我们统一的法学思想体系，从而反作用于立法，促使立法顺利进行。

关于各方面工作的改革问题，现在党中央正在大力提倡。我们的法律工作和法学当然也不能例外。那么，怎样进行改革？我认为，这是我们会议在讨论主题的时候，应当注意到的一个问题。我们的法学是马克思列宁主义的法学。怎样发展我们的法学呢？一方面我们必须牢牢地站在辩证唯物主义和历史唯物主义的立场上，总结以往的立法经验，坚决反对那些唯心主义反科学的法学思想和观点，同时要提倡吸收古今中外对于我们有益的法学思想和立法技术。从这方面说，我们是不能固步自封的。这几年来实行对外开放政策，我们又必须反对不加分析地照抄照搬国外的那一套法学思想，以及那些繁琐的自相矛盾的立法方法。我们应当创造出具有中国特色的社会主义的法学体系和法律体系。

为了实现这一改革目标，我认为应当更多地从中国实际出发，以马克思列宁主义法律观与中国社会主义法律、法规作为主要的研究对象，并且把这两者紧密结合起来。具体来说，不妨从系统地整理法规入手，这是可以吸收广大法学工作者参加的工作。我们以新宪法为依据，把过去1000多个法规加以整理编纂，是极有现实意义的。

　　法学的改革，应当是法学思想、概念、观点和法律体系上的革命。我们要在坚持四项基本原则的思想指引下，适当地照顾国际的法律通例，提出问题，研究问题，解决问题。我们在探索真理和发展新的法律科学的道路上，不应当再有什么"禁区"，而应该大胆地解放思想，开动机器，冲破"禁区"，打破老框框，按照新宪法规定的公民有进行科学研究的自由和国家奖励科学研究成果的精神，进行破旧创新，建立起一个合乎中国国情和中国特点的新的社会主义法学和法律体系。

理论联系实际，为建立具有中国特色的
法学体系而努力[*]

于光远

1982 年 11 月，上海《法学》杂志编辑部提出的加强中国法学基本理论研究的倡议，得到了法学界许多老前辈的支持。中国社会科学院法学所和华东政法学院经过 4 个月的筹备，这个学术讨论会现在上海举行了。这个讨论会讨论的题目很重要。我也很想利用这个机会向同志们学习一点有关法学基本理论问题的知识，了解一点有关这方面工作的情况。可是正好在这个时间我的工作另有安排，实在分不出身到上海来。因此只好写这封信表示对这个讨论会的祝贺。

我和同志们有一个共同的看法：自从十一届三中全会以来，中国社会主义法制建设工作的进展的确是非常快的。在这新情况下，法学基本理论的研究工作的确显得有必要大力加强。理论本来应该走在实际工作的前面，对实际工作起指导作用。但是我们当前的情况是：实际工作的发展来敲基本理论研究的大门了。这就表明加强基本理论研究这件事迫切到何种程度了。

我赞成建立具有中国特色的法学体系这个提法。我理解这个任务包括两个方面，一个方面是对社会主义法学一般理论进行探讨。关于社会主义的法学一般理论，在近几十年当中，各国马克思主义者做了大量的探讨。但不能说已经成熟。相反地应该承认还有许多基本问题没有解决。因此我们中国学者有必要在这方面做出努力。另外一个方面是要把这种一般理论

---

* 本文系于光远同志给法学理论讨论会的祝贺信摘要。

和中国有关的具体实际情况很好地结合起来。在后一个方面，中国学者更有不可推卸的责任。做好这两个方面的工作，我们就可以在建立具有中国特色的法学体系的事业上取得令人满意的成果。

现在中国正在积极从事社会主义建设。在建设中需要很好地运用科学。这里所说的科学，既包括自然科学也包括社会科学，既包括一般科学也包括马克思主义科学。在马克思主义科学中，法学基本理论是其中一个重要的内容。法学的基本理论，既要求正确地说明法律在社会主义建设中的地位和作用，也要为立法与司法工作提供科学的指导思想。同时法学的基本理论，也是建立各个门类法律科学的指导。听说这次讨论会还准备研究法律科学体系和法律科学的分类问题。我认为这也是很有意义的。

深入学习马列主义毛泽东思想，面对现实，不断提高法学理论水平[*]

陈守一

纵观党的十一届三中全会以来短短几年时间里我们法学界的发展情况，不能不使人鼓舞、高兴！如果与"文化大革命"及其以前的情况相比，可以说，随着中国社会主义法制建设的加强，我们法学界已得到了惊人的可喜的发展。但是，我又感到，如果从当前中国社会主义法制建设的客观要求上看，或者与中国社会主义物质文明和精神文明建设的进度相比，我们又不能不承认，无论从理论法学或者应用法学的角度看，我们又处于惊人的落后状态中。

我常常这样想，我们法学理论队伍目前存在着两种老化的问题，即年龄老化，知识老化。这虽然是由于历史的社会的各种原因所造成的，但这是我们的现实，我们不能不面对这个现实去思考和解决问题。当然这个问题不是短期内可以完全解决的。我认为，除大力培养并提拔新生力量外，我们现有的法学工作者应当根据党的路线、方针、政策，大胆地解放思想，充分地发挥潜力，加快步伐，提高我们的马克思主义理论水平和业务知识水平，勇敢地承担起我们应该承担的相当艰巨的任务。

这次会议讨论的主题是"中国社会主义法律体系和法学体系问题"，这确是一个具有理论意义和实践意义的重大问题，也是一个比较复杂而且争论较多的问题。如果希望在这次会议讨论中，即取得"一致的意见"，或者希望能附带地解决法学界存在争论的部分问题（如人治与法治问题、政策与法律问题、法律的定义问题、法律的阶级性和社会性问题、经济法

---

* 本文系陈守一同志给法学理论讨论会的来信摘要。

与民法的问题、国际经济法与国际法的关系问题，等等），恐怕是难以达到的。但我想，通过这次讨论会，能做到与会者畅所欲言，把不同的或者不完全相同的观点摆出来，根据"百家争鸣"的方针，展开讨论以至学术性的争论，能统一的就统一起来，否则就留待以后争论。总之，这次讨论会能为今后召开相应的讨论会取得经验，开辟道路，我以为这就是一次成功的会议了。如果只是各读各的论文，各讲各的观点，互不争论或者用一般行政的方法或民主的方法来统一思想，恐怕就不足取了。

借此机会，我还想老生常谈式地提出两点建议，愿与意见相同的同志共勉。

一　法学理论工作者首先要系统深入地学习马列主义毛泽东思想

马列主义毛泽东思想是我们的思想武器和行动指南。不逐步掌握马克思主义的立场、观点、方法，我们就难以理解法学，更不用谈在法学理论方面有什么创新了。

学习马克思主义，要反对两种倾向。一种倾向是认为已经学过了而且不止一遍地学过了，正如有些同志说的，"经典著作中有关法学方面的论著，我都不只一遍地看过了"。弦外之音，似乎即使再看，也不过是那些。其实，学过法学方面的论著并不等于就学会运用马克思主义了。根据过去的经验，由于读者本身的变化和时间的推移，学第二遍时不仅能加深理解而且还会有不同的收获。另一种倾向是，在实际工作中遇到问题时，像查字典、辞典或者法律条文那样，想从经典著作中找具体的或者相近的答案，显然，这种方法本身即是违反马克思主义的。我们法学工作者必须熟读马克思主义的主要著作并浏览全部著作，这是为了提高法学理论水平而必备的基本功，浅尝辄止，是不能解决问题的。

二　研究法学还必须面对现实，参加社会主义法制建设的具体活动，从而加强和提高我们的法学理论水平

中国的社会主义法制建设，几年来已经取得了可喜的成果，但是，摆

在社会主义法制建设面前的任务，依然是繁重而多样的。社会主义的现代化建设正处在改革、整顿、调整、提高的阶段，对外开放、对内搞活经济的方针也正在贯彻执行之中，现在都要求法制建设能与之协调地发展。而法制建设本身，无论立法工作、司法工作、执法工作、法制宣传、法律教育、法学研究，律师、公证、法律顾问以及政法各部门本身的组织建设等等，都与客观要求存在着不同程度的差距，有的差距还相当大。这就要求我们法学工作者，除完成自己所担负的教学、科研任务外，还必须参加到法制建设的实际工作中去（事实上不少法学工作者已经这样做了）。

深入社会，调查研究，不只对法制建设的具体工作会有所帮助，对提高法学理论水平也是必不可少的一个环节。

我们党从有革命根据地时起即有了法制建设工作，中华人民共和国成立后，又有了全国统一的全面的法制建设。30多年来，在继承革命根据地经验的基础上，依照"古为今用"、"洋为中用"的方针，吸收有益于我们社会主义法制建设的经验与知识，在法制建设上，我们有不少特有的成功的经验，如两类矛盾学说的具体运用，综合治理的指导思想以及群众路线、预防为主、调解工作、巡回法庭、司法助理员、工读学校、乡规民约、文明公约、职工守则以及死缓的灵活运用等等，如果我们在调查研究的基础上做出系统的理论阐述，不久的将来，积少成多，中国型的社会主义法制和法学会呼之欲出。

同时，中国法制建设，仅从立法工作方面来说，无论政治、经济、文教、卫生、体育、艺术等等各个方面，不少问题都亟待制度化、法律化，除各条战线自己努力外，我们应该在深入调查研究中发现有关问题，从理论上和实践上提出意见和建议，从而有助于加快法制建设前进的步伐。至于有关法制建设的其他各个方面，我们在发现问题后都应该及时地提出参考意见。这不只有益于法制建设，也是我们法学工作者提高理论水平所不可缺少的。

共同开创法学研究新局面[*]

潘念之

这次法学理论讨论会，历时 8 天，在与会同志的共同努力下，圆满地完成了对原定议题的讨论，今天结束了。

这次讨论会，除 4 名代表出国访问或因工作离不开而请假外，实到正式代表 46 名，列席代表 14 名，其中包括了来自北京、上海和各地的立法、司法、法学研究和法律教育等部门的法学专家、学者。全国人大常委会法制委员会副主任陶希晋同志专程前来出席会议，并先后做了两次重要讲话；法学界的前辈张友渔、陈守一，以及著名学者于光远等，都热情支持和关怀这次讨论会，给大会写了书面讲话和贺信。所有这些，都给与会同志很大的鼓舞。这次讨论会，是我们法学界在新的历史时期召开的一次盛会，是法学界为开创社会主义法制建设新局面而迈出的共同努力、团结战斗的重要一步。

根据中国社会主义法制建设发展的历史情况，这次讨论会集中探讨了有关建立中国式社会主义法律体系和法学体系的问题，这是当前中国法制建设中一个关系全局的十分重要的理论课题。提交大会的 34 篇论文，凝聚了法学界对这一法学基本理论问题探索与研究的成果，从各方面来分析研究，发表了各种言之成理的理论见解。讨论会以这些论文为基础，在坚持四项基本原则的前提下，认真贯彻了"双百方针"和理论联系实际的原则，开展了不同意见的自由争论。通过讨论，不但大大地提高了与会同志对研究社会主义法律体系和法学体系问题的认识和自觉程度，而且，在有

---

* 本文系潘念之同志在法学理论讨论会闭幕式上的讲话摘要。

关社会主义法律体系和法学体系的含义、内部结构、部门划分以及应有的国情特点等重要理论问题上，进一步交流了观点，明确了认识，提出了一些有益的建议，并取得了某些比较一致的意见，为进一步深入研究这一重大法学理论问题做出了良好的开端。会议结束后，将把提交大会的论文选编成专集，作为这次讨论会的一个成果献给社会，并将会议讨论的情况和提出的问题，写成一份情况综述，以简报形式寄给大家。

同志们，这次法学理论讨论会是结束了，但关于中国式的社会主义法律体系和法学体系的研究，还仅仅是个开始，而法学理论研究还有许多重要的领域，等待我们去探索和开拓，摆在我们面前的任务是十分艰巨和光荣的。让我们以这次讨论会作为团结一致、协作攻关的起点，在党的领导下，共同为开创法学理论研究的新局面做出更多的贡献。

论中国法律体系的若干基本问题

曹漫之　苏惠渔　朱华荣

　　中国社会主义法律体系是社会上层建筑的重要组成部分，它和中国社会上层建筑的其他部分一样，具有共性，都是由中国社会主义经济基础所决定的，并随着经济基础的变化而变化。正如恩格斯所指出的，"法不仅必须适应于总的经济状况，不仅必须是它的表现，而且还必须是不因内在矛盾而自己推翻自己的内部和谐一致的表现"，"建立和谐的法体系"。[①] 这清楚地说明，"和谐的法体系"的建立，一方面要适应经济基础的发展，合乎社会发展的一般规律。另一方面，法律体系自身也有自己的逻辑，前后、左右不能自相矛盾。这种和谐的法律体系自身的特殊规律性，其基本内容应该是：整个法律体系是建立在一个完善的根本法——宪法基础上，所有的法律都应该同宪法规定的原则保持一致，不得与宪法相抵触。为数众多、内容不同、形式各异的各种现行法律规范，应根据一定的标准进行科学分类，划分成被不同法律规范调整的、与不同社会关系相适应的各种部门法，并按照一定原则将各种部门法合乎逻辑、有层次地组织成一个相互联系的和谐的整体。本文试图结合中国实际情况，探讨中国社会主义法律体系存在的若干基本问题。

一

　　中国社会主义法律体系的自身是建立在一部单一的、成文的、刚性的

[①] 《马克思恩格斯选集》第4卷，人民出版社，1972，第483~484页。

社会主义宪法的基础之上的。从新中国成立后的 4 部宪法来看，1954 年宪法是一部好宪法，为中国社会主义法律体系的建立和发展提供了良好基础。1975 年宪法是"左"倾错误的产物，也是中国法律体系的倒退和遭受"左"倾错误破坏的记载和反映。1978 年宪法虽然是在打倒林、江反革命集团后制定的，但仍未从根本上肃清"左"倾错误的流毒。党的十一届三中全会以后，党中央领导全国人民全面清算了"文化大革命"的错误，深入总结新中国成立以来的历史经验，恢复并根据新情况制定了一系列正确的方针和政策，修改了宪法，使国家政治、经济、文化生活发生了巨大变化。1982 年制定的新宪法继承和发展了 1954 年宪法的基本原则，充分注意总结中国社会主义发展中的丰富经验，并吸取国际经验，既考虑到当前的现实，又考虑到发展前景，是一部具有中国特色的、适应新的历史时期社会主义现代化建设需要的、长期稳定的新宪法。它为进一步建立和发展中国式的社会主义法律体系提供了完善的、坚实的基础。

中国宪法在法律体系中的特殊地位，正如彭真同志在宪法修改草案报告中指出的，是"具有最大权威性和最高法律效力的国家根本大法"。它规定的内容涉及国家社会关系最基本、最重要的问题。它是各个部门法制定的根据，任何法律从原则到条文规定，都要符合宪法，如果和宪法相抵触当然无效，这就保证了中国法律体系内部的和谐一致。

法律体系的分类，通常将宪法看成一个和其他部门法平行并列的部门法，这种划分方法显然降低了宪法的地位。我们认为，中国法律体系的划分，应首先划分为宪法和一般法两类，宪法是根本法，是一般法的基础。

二

中国社会主义法律体系，应该是在宪法基础上形成的、各种部门法齐全并相互联系的和谐的整体。各部门法在原则上应以根据法律规范所调整的社会关系的不同领域为标准进行划分。因此，部门法和法规不是一个概念，不能颁布一个法规就形成一个部门法。一个部门法应是包括许多调整同一类社会关系领域的法规的组合体，每个部门法的存在，都必须有一个基本的法规为主体，加上其他单行法规、法令，有法律效力的法律解释和法律文件，以及其他部门法中规定的与本部门法相同的规范。例如，刑法这个部门法，就以《中华人民共和国刑法》作为基本法，另外还有单行条例，如《中华人民共和国惩治军人违反职责罪暂行条例》，全国人民代表大会常务委员会《关于严惩严重破坏经济的罪犯的决定》和《关于处理逃跑或者重新犯罪的劳改犯和劳教人员的决定》，并配合有《中华人民共和国刑事诉讼法》及有关刑事程序法，如劳动改造条例等，形成了一个完善的刑法部门法。

至于中国法律体系中应具备哪几个部门法，到目前为止尚有不少争议，但大体说来，可以肯定的有以下几个部门：1. 根本法——宪法。附属组织法与选举法，组成国家法部门法。2. 一般法，下分（1）刑法；（2）民法；（3）行政法；（4）劳动法；（5）人民公社法；（6）婚姻法。

环境保护法是否成为一个部门法，这是应注意的问题。由于科学技术的突飞猛进，工业的大规模发展，出现了大规模改变自然界、污染环境、破坏和干扰生态平衡的现象，并已引起全世界的重视。发达的资本主义国家，均制定法律予以调整。据说美国制定的有关环境保护的法律就有120多件。日本有200多件，联邦德国有160多件，苏联及东欧国家，欧洲共同体成员国，以及其他发展中国家都有一套环境保护法规，已出现形成独立的部门法的趋势。

中国充分重视和吸收国外工业化过程中环境污染的教训，在进行社会主义工业建设的同时，中国环境保护工作，在周恩来同志亲自关怀下，积极开展起来，确定了环境立法的指导思想和基本原则，并颁布了一系列环境保护单行条例和环境保护法规。新宪法第26条规定：国家保护和改善生活环境和生态环境，防治污染和其他公害。从中国实际情况出发，中国环境保护法对环境和自然资源的保护应包括对大气、水域、土壤、水产资源、森林、草原、矿藏、野生动物和植物、名胜古迹、旅游区、温泉、疗养所、自然保护区、生活居住区等方面的保护。包括对工业污染和其他公害的防治，如对工业废水、废渣、放射性物质、电磁波辐射、生活垃圾污染、噪声、震动、有害气体、粉尘、地面下沉等公害的防治。因此，环境保护法在中国的法律体系中将成为一个大法，它是否可独立成为一个部门法，的确应予考虑。

近来在划分部门法时，多肯定"军事法"应成为一个独立部门法，其中包括适用于军人或有关军事方面（特别是战争时期）的法律，如兵役法、《中国人民解放军干部服役条例》等。

关于实体法与程序法的划分问题，早在 18 世纪英国法学家边沁就已提出，这种法律的划分法，使程序法能明确地保证实体法所规定的权利和义务关系的实现。这是法律制度上的一个进步，也已为马克思主义法学家所肯定。我们认为程序法不应该单独划分为一个与其他实体法分离而平行并列的部门法。这样会人为地割裂形式与内容的关系，不能正确地反映也不利于我们认识两者间的密切关系。程序法在法律体系中应该作为实体法的下一层次，附属于相应的实体法。例如刑事诉讼法附属于刑法，民事诉讼法附属于民法。而且，每个实体法部门法下边，都应有相应的程序法，这样才能保证权利与义务的实现。目前中国有些部门法，缺乏明确的程序法，如行政法、劳动法……因此在这些方面常发生纠纷。如何解决，如何确定权利与义务的问题，还存在困难。

社会主义国家法律体系应是国内各个法律部门相互联系的统一整体，不应包括国际法。国际法的主体主要是国家，其渊源来自主权国家之间订立的国际条约或协议，其实现方法是靠国家或国家集团之间的保证，这与国内法有原则上的区别。但是，国际私法是国内法还是国际法，是值得深入探讨的问题。特别是第二次世界大战后，国际交往日益频繁，出现了国内法的国际化倾向，很多国际条例或国际惯例成了国内法的法律渊源。因而出现了"国际刑法"、"国际民法"、"国际经济法"等名目。有人认为这是国际法的扩大范围，我们认为这是不妥当的。从社会主义国家主权原则出发，根据这些法律规范的效力和实现的方法来看，它们都是经过中国权力机关批准认可而生效的（例如全国人大常委会 1983 年 3 月 5 日关于加入《禁止并惩治种族隔离罪行国际公约》的决定和关于批准《防止及惩治灭绝种族罪公约》等），从而成为中国刑法的渊源之一。其实施方法也靠中国国家强制力保证，并不受他国的干涉，故应认为是国内法为宜。

此外，我们在建立中国法律体系时，除了注意各个法律部门的划分、层次及其相互关系等横向的问题之外，也应该注意纵向的问题，如全国性法律与地方性法律体系问题，虽然这个问题在中国单一国家内显得较为简单，但也不容忽视。我们在建立法律体系时，应该注意条条与块块相结合，纵横联系，立体交叉，组织成一个三维空间的网络体系，做到繁简恰当，疏而不漏，充分发挥法律体系的社会系统工程的效用。

　　总之，从中国社会主义法律体系自身所具有的规律性来看，它具有丰富的内容和特点，显示出中国社会主义法律体系的优越性。但是，它还存在着若干问题，需要进一步予以解决和完善。我们和大家一样，相信通过充分的研究和讨论，提出一些有科学根据和有价值的意见，一定会为建立中国式的社会主义法律体系，为开创中国社会主义法制的新局面做出贡献。

从实际出发，建立中国式的
社会主义法学体系

曹海波

　　建立中国式的社会主义法学体系，是马克思主义法学理论研究中的一个重要课题。新中国成立30多年后的今天，中国人民从法制建设的实践中深刻认识到，必须在总结经验的基础上，逐步建立起中国式的社会主义法学体系，才能保障四化建设的顺利进行，才能建设高度文明高度民主的社会主义的强国，才能实现党的十二大提出的总任务、总目标。

　　建立中国式的社会主义法学体系具有重要的意义。第一，有利于人民民主专政的巩固，有利于四化建设的顺利开展；第二，有利于社会主义法制的健全和统一，有利于社会主义民主的进一步发扬，使民主更加制度化、法律化；第三，有利于提高我们国家的国际地位；第四，有利于更加广泛地开展国际间的法学学术交流，进一步促进中国马克思主义法学理论和法律制度的发展。因此，我们必须致力于中国式的社会主义法学体系的建立。

　　当前有的同志认为，中国的社会主义法制还不够完备，当务之急是进一步完备法制的问题，而不是建立体系的问题。我认为这种观点是不可取的，因为法制的完备与否是相对而言的，只有建立起法的体系，才能高瞻远瞩，避免法律前后、左右之间的自相矛盾，才能更好地促进法制的完备。同时，客观形势的发展也为我们建立中国式的社会主义法学体系提供了非常有利的条件。几年来，在党中央的正确领导下，我们不仅完成了指导思想上的拨乱反正，确立了全面开创社会主义现代化建设新局面的正确纲领，而且积累了法制建设正反两方面的经验，制定了一系列法律、法

令，特别是颁布了符合中国国情、具有中国特色的新宪法。这些都是我们
建立中国式的社会主义法学体系的基础和前提。每个法学工作者都应当珍
惜当前的大好局面，为建立中国式的法学体系做出自己的努力。

建立中国式的社会主义法学体系，最关键的就是要从中国的实际出
发，从中国的国情出发。历史已经证明，从中国的实际出发，把马列主义
的普遍真理同中国革命和建设的实践相结合，这是我们取得胜利的重要保
证，是我们指导思想上的一项根本原则。毛泽东同志早在 1930 年就提出，
学习马克思主义的本本必须同我们中国的实际情况相结合。后来在实践工
作中，他又一再指出，一定要把马克思主义在中国具体化，使之带有中国
的特色。在长期的革命斗争中，毛泽东同志对中国的现状做了大量的、深
入的调查研究，制定了符合中国革命实际的马克思主义的路线、方针、政
策，引导革命从胜利走向新的更大的胜利。在马克思主义的基本原理同中
国革命实践相结合方面，毛泽东同志做过一系列科学的精辟论述，构成了
一套比较完整的原则和方法，极大地丰富了马克思主义的理论宝库，为我
们党和人民留下了宝贵的财富。

粉碎"四人帮"之后，特别是十一届三中全会以来，我们党及时总结
了历史的经验教训，开始并实现了党的指导思想上的拨乱反正，重新确立
了马列主义普遍原理同中国具体实际相结合的原则，使各项工作逐步走上
了健康发展的轨道。正反两方面的经验和教训表明，坚持马列主义普遍原
理同中国实际相结合，革命就发展，就胜利，反之，就受到挫折，甚至遭
到失败。这是一条被实践反复证明了的真理，是一条根本性的原则。建立
中国式的社会主义法学体系也必须遵循这一原则。

彭真同志在中国法学会成立大会上曾经指出："立法要从实际出发，
但也要有自己法的体系，前后、左右不能自相矛盾"。又说："实际是母
亲。实际产生法律。法律、法理是儿子。"理论来源于实践，服务于实践。
中国革命和建设的实际，中国的国情，是建立中国式的社会主义法学体系
的母亲，而中国式的社会主义法学体系则是这位母亲生养和哺育的儿子。
我们的国家是一个地大物博、拥有 10 亿人口的、多民族的社会主义国家。
我们有先进的社会制度，但也有半殖民地半封建旧中国遗留的残余影响，
这就是中国的特殊国情。建立中国式的社会主义法学体系，就要从这个实
际出发，既要保障先进的社会制度不断巩固发展，促进落后的社会生产力

迅速提高，又要注意有步骤地清除旧的习惯势力的影响，抵制资产阶级思想的腐蚀。

特别值得指出的是，中国目前正在进行经济、政治体制的改革。胡耀邦同志指出，改革要从实际出发，全面而系统地改，坚决而有秩序地改。这是我们进行改革的总方针。所谓改革，从实质上讲就是认真地、更好地贯彻执行马列主义基本原理同中国具体实践相结合的原则，使中国的社会主义上层建筑更加适应经济基础、适应生产力的发展，以保证党的十二大提出的总任务、总目标的实现。对法学工作者来说，建立中国式的社会主义法学体系要贯彻改革精神，要为四化建设服务，要适应新时期变化了的新情况。

建立中国式的社会主义法学体系并不是一件容易的事情，需要付出艰苦的劳动，需要有坚强的信念和顽强的毅力，还需要有科学的态度和求实的精神。在整个工作过程中，必须坚持四项基本原则，坚持以马克思主义的法学理论为指导。既要反对教条主义、实用主义的学习态度，又要反对怀疑马列、否定马列的资产阶级自由化的倾向。同时，还必须认真总结中国法制建设正反两方面的经验和教训，正确对待古今中外法制建设的宝贵遗产，不管是奴隶制的法律、封建制的法律，还是资产阶级的法律，我们都要进行认真的研究，去其糟粕，取其精华，既要反对崇古媚洋的思想，又要反对全盘否定，一概抛弃的做法，真正做到"古为今用"、"洋为中用"。我们在建立中国式法学体系的过程中，必须注意吸收对建立健全中国式社会主义法制有利的经验。正如 1982 年 7 月 22 日彭真同志在法学会成立大会上所说："研究法学必须吸收古今中外的有益的经验。不要以为中国几千年封建社会，法学上没有什么东西。中国古代法有丰富的经验，要加以研究，去其糟粕，吸收有用的精华。研究中国过去的、外国的法干什么？是跟着它跑？不是。要'古为今用'、'洋为中用'，要为中国社会主义民主、社会主义法制服务。对中国社会主义有益的就吸收，对糟粕、毒素要抛弃，要批判。这和实用主义不同，我们有四项基本原则，以历史发展的客观规律为标准。法学会要研究古今中外的法律，不管进步的、中间的、反动的，不管是奴隶主的、封建的，还是资本主义的，都要研究，取其有用的精华，去其糟粕和毒素。"这一指示对我们研究法学、建立中国式法学体系有着重要意义。只要我们坚持实事求是的思想路线，一切从中国的实际情况出发，坚持马克思主义的基本原理和中国的具体实践相结合的原则，深入调查研究，不断总结经验，我们就一定能够在建立中国式的社会主义法学体系的工作中，有所发明，有所创造，有所前进，就一定能够开创中国法学工作的新局面，使中国式的社会主义法学体系更加完善地建立起来，并且放射出自己灿烂的光辉。

论新宪法在建设中国社会主义法律体系中的地位和作用

王叔文

党的十二大在确立全面开创社会主义现代化建设新局面的同时，提出了加强社会主义法制建设的重要任务，指出："今后，我们党要领导人民继续制订和完备各种法律，加强党对政法工作的领导，从各方面保证政法部门严格执行法律。"从中国实际情况出发，逐步建设具有中国特色的社会主义法律体系，对于进一步完善中国的立法工作，保证宪法和法律的实施，加强社会主义法制的建设，有着重要的意义。在立法方面，建设中国社会主义法律体系，有助于制定立法总体规划，有计划有步骤地进行各方面的立法工作，完善各部门的立法，及时发现和加强立法中的薄弱环节，使各部门法能协调地发展。在法律的实施方面，建设中国社会主义法律体系，有助于政法机关和广大人民掌握、运用和遵守法律，严格按照法律的规定办事。新宪法的制定和实施，对建设具有中国特色的社会主义法律体系，有着十分重要的意义。下面就新宪法在建立中国社会主义法律体系中的地位和作用，谈谈个人的几点体会。

一　新宪法对建设中国社会主义法律体系的指导作用

新宪法是具有中国特色的社会主义宪法，也是适应社会主义现代化建设需要的总章程。新宪法科学地总结了中国社会主义法制建设的经验，特别是党的十一届三中全会以来法制建设的新经验。它坚持了把马列主义的普遍真理同中国的具体实践相结合、同新时期的新情况相结合的原则，对国家生活各方面的根本制度和根本任务问题做了规定。新宪法对建设具有中国特色的社会主义法律体系的指导作用，主要表现在以下几个方面。

第一，新宪法坚持以四项基本原则为总的指导思想，这也是建设中国社会主义法律体系的根本指导思想。四项基本原则是中国近代历史基本经验的科学总结，反映中国社会主义革命的客观规律，是经过长期实践检验的真理。只有坚持四项基本原则，才能做到从中国的实际情况出发，建设具有中国特色的社会主义法律体系。

第二，新宪法在序言中以根本大法的形式肯定了我们国家在新的历史时期的根本任务是"集中力量进行社会主义现代化建设"，"逐步实现工业、农业、国防和科学技术的现代化，把中国建设成为高度文明、高度民主的社会主义国家"，这就为建设中国社会主义法律体系，指明了正确的方向。我们建设中国社会主义法律体系本身不是目的，而是要通过建设科学的法律体系，加强社会主义法制建设，为建设高度的社会主义物质文明和精神文明服务，为建设高度的社会主义民主服务。因此，我们在探讨和研究如何建设中国社会主义法律体系时，必须紧紧围绕实现上述宏伟目标，把为实现新宪法规定的国家今后的根本任务，为社会主义现代化建设服务，作为建设具有中国特色的社会主义法律体系的根本任务。

第三，新宪法规定了中国社会主义经济制度的基础是生产资料的社会主义公有制，它消灭了人剥削人的制度，实行各尽所能，按劳分配的原则，这是建设中国社会主义法律体系的经济基础。马克思曾经指出："法律应该以社会为基础"。① 法律只有做到以社会为基础，才能适应统治阶级在经济上和政治上统治的需要。法律体系也是如此。生产资料的所有制关系是建立法律体系的基础。中国的法律体系只有做到以新宪法肯定的社会主义公有制为基础，才能具有社会主义法律体系的根本性质。同时，新宪法从中国实际出发，根据新时期的特点，适应经济体制改革的需要，对中国社会主义经济制度做了许多新的规定，这些规定，对于促进社会生产力的发展，有着十分重要的意义。中国的法律体系只有符合新宪法的这些规定，才能具有中国的特色，适应中国的经济状况，科学地准确地反映中国社会主义的社会关系，维护和促进社会主义经济基础的巩固和发展。

---

① 《马克思恩格斯全集》第 6 卷，人民出版社，1961，第 292 页。

第四，新宪法规定的建设高度的社会主义精神文明，是建设具有中国特色的社会主义法律体系的思想基础。新宪法除了把建设社会主义精神文明作为国家的一项根本任务外，还对如何建设社会主义精神文明，从文化建设和思想建设两个方面做了明确的规定。这不仅在中国制宪史上是前所未有的，就是同其他社会主义国家的宪法比较起来，也有着重大的特点和新的创造。新宪法关于建设社会主义精神文明的规定，对于建设中国社会主义法律体系有着巨大的指导作用。共产主义思想建设是社会主义精神文明的核心，它的主要内容是，工人阶级的、马克思主义的世界观和科学理论，共产主义的理想、信念和道德，同社会主义公有制相适应的主人翁思想和集体主义思想，同社会主义政治制度相适应的权利义务观念和组织纪律观念，为人民服务的献身精神和共产主义劳动态度，社会主义的爱国主义和国际主义等。共产主义思想建设的这些基本方面，都必须体现和贯串在中国社会主义法律体系中。同时，新宪法关于建设社会主义精神文明的各项原则性规定，不仅作为宪法规范成为有关这方面的法律规范的核心部分，而且把有关这方面的部门法，包括教育、科学、文化等方面的立法，提到了显著的位置，迫切需要加强，以保证和促进社会主义精神文明的建设。

第五，新宪法把建设高度的社会主义民主作为根本目标和根本任务之一，并规定了人民民主专政是中国的国家制度，人民代表大会制度是中国的根本政治制度，中国是统一的多民族国家，这是建设中国社会主义法律体系的政治前提。中国的人民民主专政制度、人民代表大会制度和民族区域自治制度等，是中国人民在中国共产党的领导下，在长期的革命和建设中，运用马列主义的国家学说，结合中国具体实践的伟大创造。它们不仅在本质上和资本主义国家的国家制度、政治制度有着根本的不同；同其他社会主义国家比较起来，也有自己的特点。要建设具有中国特色的社会主义法律体系，必须充分反映我们国家在政治上的这些特点。例如，在国家结构形式上，我们是单一制的社会主义国家，因此，在法律体系上同联邦制的社会主义国家有所不同，只有全国性的宪法和法律，不存在多层次的宪法和法律问题。同时，新宪法规定，我们的民族区域自治地方的人大有权依照当地民族的政治、经济和文化的特点，制定自治条例和单行条例；国家在必要时得设立特别行政区，全国人大有权决定特别行政区的设立及其制度。因此，同其他单一制的社会主义国家比较起来，在法律体系上也有中国自己的特点。

第六，新宪法明确规定了"国家维护社会主义法制的统一和尊严"的原则，这是建设中国社会主义法律体系的一项根本指导原则。社会主义法制的统一，是指国家必须制定统一的宪法和法律，并保证它们在全国范围内和全体公民中得到统一的执行和遵守。恩格斯曾指出："在现代国家中，法不仅必须适应于总的经济状况，不仅必须是它的表现，而且还必须是不因内在矛盾而自己推翻自己的内部和谐一致的表现。"① 只有坚持新宪法规定的社会主义法制统一的原则，才能使中国的法律体系内部和谐一致，包括结构完整，各部门的法划分明确合理，层次清楚，各规范性文件在法律效力上具有严格的从属关系等。

二　新宪法在建设中国社会主义法律体系中的核心作用

新宪法对建设中国社会主义法律体系起着指导的作用，但这并不意味着新宪法居于中国社会主义法律体系之外，而是它的不可分割的有机组成部分。这不仅表现在宪法是日常立法工作的法律基础，是制定一般法律的依据，一系列宪法规范同时又是一个或几个部门法的法律规范，另一系列宪法规范则在一般法律中得到具体化、补充和发展（这点后面将专门论及）。同时，宪法也是法律（根本的法律），它和其他法律一样，具有直接的法律效力，即具有直接的约束力和强制力。宪法的直接法律效力不仅表现为新宪法在序言中明确规定，一切组织和个人都必须以宪法为根本的活动准则，而且也体现在新宪法的各项规定中。例如，新宪法规定了年满18周岁的公民有选举权和被选举权，尽管在选举法中也有了同样的规定，但从法律依据来说，公民的选举权利直接来源于宪法。这正好表明选举权利具有基本权利的性质，它不仅受到一般法律的保障，而且首先受到宪法的保障，因而通常也把这种权利叫做宪法权利。既然宪法是一般法律的基础和依据，同时又是人们活动的基础和依据，因此，新宪法在中国社会主义法律体系中，和其他各部门法一样，都是其中的组成部分。同时，新宪法作为国家的根本大法，在中国社会主义法律体系中又处于特殊的地位，是

---

① 《马克思恩格斯选集》第4卷，人民出版社，1972，第483页。

建设中国社会主义法律体系的核心。

中国社会主义法律体系必须建立在全部法律规范调整的社会关系的基础上，而社会关系是十分广泛的、复杂的和多层次的。新宪法对中国社会关系中的根本性问题，包括中国社会主义的社会制度，人民民主专政的国家制度，公民的基本权利和义务，以及国家机关的组织和活动的基本原则等，都做了原则性的规定。围绕新宪法的各项规定，能够不断完善国家法和其他部门法，逐步建立起调整各方面社会关系的多部门的多层次的完整法律体系，组成若干部门法相互区分而又相互联系的和谐一致的统一体。

在民法、经济法方面，新宪法规定了中国社会主义公有制有全民所有制和劳动群众集体所有制两种形式。国营经济是国民经济中的主导力量，国家保障国营经济的巩固和发展，国家保护城乡集体经济的合法权利和利益，鼓励、指导和帮助集体经济的发展。同时规定，在法律范围内的城乡个体经济，是社会主义公有制经济的补充，国家保护个体经济的合法权利和利益；国家依法保护公民的财产所有权和私有财产的继承权。新宪法还规定，国家完善经济管理体制和企业经营管理制度，实行各种形式的社会主义责任制；国家通过经济计划的综合平衡和市场调节的辅助作用，保证国民经济按比例地协调发展；国营企业和集体经济组织依法享有自主权和实行民主管理等。这些规定，是调整中国经济关系的基本原则和基本措施，为中国民事立法、经济立法提供了法律基础。

在刑法方面，新宪法在序言中指出，在中国，剥削阶级作为阶级已经消灭，但是阶级斗争还将在一定范围内长期存在。中国人民对敌视和破坏中国社会主义制度的国内外的敌对势力和敌对分子，必须进行斗争。同时，在总纲中明确规定："国家维护社会秩序，镇压叛国和其他反革命的活动，制裁危害社会治安、破坏社会主义经济和其他犯罪的活动，惩办和改造犯罪分子"（第28条）。这些规定，是中国刑事立法的指导思想和基本原则。

在行政法方面，新宪法规定："一切国家机关实行精简的原则，实行工作责任制，实行工作人员的培训和考核制度，不断提高工作质量和工作效率，反对官僚主义"（第27条第1款）。同时，根据民主集中制的原则和新中国成立30多年来政权建设的经验，对改革和完善中国政治体制、领导体制和干部制度等，做了许多新的重要规定。这些规定，是中国行政立法的法律基础。

在诉讼法方面，新宪法设专节规定了人民法院、人民检察院的组织和活动的基本原则。这些规定，是中国刑事诉讼和民事诉讼立法的指导原则。

在财政法方面，新宪法对国家财政活动，如预算的编制和通过，设立审计机关，对各级政府的财政开支进行审计监督等，做了原则性的规定。

在劳动法方面，新宪法规定了公民有劳动的权利和义务；国家通过各种途径，创造劳动就业条件，加强劳动保护，改善劳动条件，并在发展生产的基础上，提高劳动报酬和福利待遇等。

在婚姻法方面，新宪法规定了婚姻、家庭、母亲和儿童受国家的保护；父母有抚养教育未成年子女的义务，成年子女有赡养扶助父母的义务；禁止破坏婚姻自由，禁止虐待老人、妇女和儿童等。

在土地法方面，新宪法规定土地属于国家和集体所有；任何组织或者个人不得侵占、买卖、出租或者以其他形式非法转让土地；一切使用土地的组织和个人必须合理地利用土地等，这具有中国的特色。

在环境保护法方面，新宪法规定，国家保护和改善生活环境和生态环境，防治污染和公害。国家组织和鼓励植树造林，保护林木。

在教育、科学、文化立法方面，新宪法对发展社会主义的教育、科学、文化事业的基本原则和基本措施，都做了明确的规定。

在计划生育法方面，新宪法规定了国家推行计划生育，使人口的增长同经济和社会发展计划相适应，这也具有中国的特色。

在民族立法方面，新宪法把实行民族平等、团结和共同繁荣作为基本原则，并对扩大民族自治地方的自治权，做了许多新的规定。

在军事法方面，新宪法规定了中国武装力量的性质和任务，依照法律服兵役和参加民兵组织是公民的光荣义务，国家设立中央军事委员会领导武装力量等，为中国军事立法提供了法律基础。

以上只是列举了新宪法的各项规定对建设一些主要部门法的核心作用。新宪法对建设各部门法的核心作用，实际上还不止于此。值得指出的是，新宪法对建设中国法律体系起着核心作用，并不意味着它对各部门法的具体划分和它们的层次提供了现成的答案，这也不是宪法本身能够加以解决的。我们只有根据新宪法的各项规定，从中国的实际情况出发，认真地加以探讨和研究，才能逐步建设起具有中国特色的社会主义法律体系。

三　新宪法是建设中国社会主义法律体系的法律基础

新宪法对建设中国社会主义法律体系，不仅起着指导作用和核心作用，而且还是建设中国社会主义法律体系的法律基础。斯大林同志曾指出："宪法是根本法，而且仅仅是根本法。宪法并不排除将来立法机关的日常立法工作，而要求有这种工作。宪法给这种机关将来的立法工作以法律基础。"① 这一论断，指出了宪法和日常立法的关系，也指示了宪法和建设法律体系的关系。以新宪法的制定和通过为准，中国的立法按历史发展可以分三个部分。一是新宪法通过以前制定的大量的立法文件。这些立法文件是否继续有效，需要以新宪法为基础加以审定，决定其废止、修改或补充。二是根据新宪法的规定，重新修订或做修改的法律，如全国人大组织法、国务院组织法、地方各级人大和地方各级人民政府组织法、选举法等。三是根据新宪法即将制定的法律。这三部分法律对于建立具有中国特色的社会主义法律体系，都具有重大的作用。新宪法是建设中国社会主义法律体系的法律基础，主要表现在以下三个方面。

首先，新宪法的各项条文规定，预定要制定大量的法律和其他规范性文件，是我们制定立法总体规划的基础。新宪法为日常立法提供宪法依据，大致可分为四种情况。

第一，在新宪法的条文中，概括地表明了要制定一系列的法律。新宪法规定：一切组织和个人必须遵守法律，一切违反法律的行为，必须予以追究，任何组织或者个人都不得有超越法律的特权（第5条第3、4款，第53条）；公民在法律面前一律平等，任何公民享有法律规定的权利，同时必须履行法律规定的义务（第33条第2、3款）；全国人大代表必须模范地遵守法律（第76条）；在中国境内的外国经济组织和外国人必须遵守中华人民共和国的法律（第18条第2款、第32条第1款）等。这些原则性的规定，表明了国家要在宪法的基础上，制定大量的法律，以便做到有法可依。

第二，在新宪法条文中直接地、明确地规定了要制定有关法律。例如

---

① 《斯大林文选》（1934—1952），人民出版社，1962，第101页。

新宪法第 31 条规定：国家在必要时得设立特别行政区，在特别行政区内实行的制度按照具体情况由全国人大以法律规定。这意味着需要制定特别行政区法。以同样的形式，新宪法在其他有关条文中规定了要制定全国人大和地方各级人大选举法（第 59 条第 3 款，第 97 条第 2 款）；全国人大组织法（第 78 条）、国务院组织法（第 86 条）、地方各级人大和地方各级人民政府组织法（第 95 条第 2 款）、民族区域自治法（第 95 条第 3 款）、居民委员会和村民委员会组织法（第 111 条）、人民法院组织法（第 124 条）、人民检察院组织法（第 130 条）。由于这些法律具有特别重要的意义，所以新宪法对其制定专门做了规定。国外有的宪法学者把这类法律称为宪法性法律，以表明其重要性。

第三，新宪法明确规定需要制定有关法律，但未明确规定如何具体制定法律。这有待立法者根据实际情况，来确定制定一个或一系列法律，或在某一个法律中结合加以规定。这些规定，有以下一些表述：①"依照法律规定"，这样的表述共有 16 处。例如新宪法第 2 条第 3 款规定，人民依照法律规定，通过各种途径和形式，管理国家事务，管理经济和文化事业，管理社会事务。这意味着除了已经制定的法律外，还将根据需要通过一系列的法律，以保证公民行使当家作主的权利。②"依照法律规定的程序"，有 5 处。例如第 72 条规定，全国人大代表和全国人大常委会组成人员有权依照法律规定的程序分别提出属于全国人大和全国人大常委会职权范围内的议案。③"依照法律规定的权限"，有 5 处。例如第 99 条第 1 款规定，地方各级人大应依法律规定的权限，通过和发布决议，审查和决定地方的经济建设、文化建设和公共事业建设的计划。④"在法律规定的范围内"，有 3 处。例如，第 11 条规定，在法律规定范围内的城乡劳动者个体经济，是社会主义公有制经济的补充。⑤"除法律规定外"，类似的表述有 4 处。例如第 125 条规定，人民法院审理案件，除法律规定的特别情况外，一律公开进行。⑥"在遵守有关法律的前提下"。第 17 条规定，集体经济组织在遵守有关法律的前提下，有独立进行经济活动的自主权。⑦"受法律的保护"。第 40 条规定，公民的通信自由和通信秘密受法律的保护。⑧"保护合法的权利和利益"，有 8 处。例如第 4 条规定，国家保障各少数民族的合法的权利和利益，这意味着为了保障少数民族的合法权利和利益，需要制定一系列法律。⑨"禁止非法"的活动。类似的规定有 3 处。例如第 37

条规定，禁止非法拘禁和以其他方法非法剥夺或者限制公民的人身自由，禁止非法搜查公民的身体。这意味着限制公民人身自由，必须有法律的明文规定。

第四，新宪法并未明确规定制定有关法律，但从条文规定的内容来看，需要制定一系列的法律来使之具体化。例如，宪法第35条规定，公民有言论、出版、集会、结社、游行、示威的自由。为了保障公民正确地行使这些政治自由，需要制定一系列的法律。

以上充分表明新宪法对完善中国的立法，健全社会主义法制，给予了高度的重视，是进一步完善中国立法的基础。

其次，新宪法明确规定了中国各级国家机关制定的主要规范性文件的名称和它们的法律效力，从而为完善中国社会主义立法体系（即立法文件的体系）提供了基础，这对于建设具有中国特色的法律体系具有重要的意义。新宪法确定的规范性文件的名称以及它们制定的机关和法律效力如下。

（1）宪法。宪法的修改由全国人大常委会或者1/5以上的全国人大代表提议，并由全国人大以全体代表的2/3以上的多数通过。宪法是国家的根本大法，具有最高法律效力，一切法律、行政法规和地方性法规都不得同宪法相抵触。

（2）法律。分为两种：①刑事、民事、国家机构的和其他的基本法律，由全国人大制定。②基本法律以外的其他法律，由全国人大常委会制定。法律的法律效力仅低于宪法。中国1954年宪法参照苏联1936年宪法，规定全国人大是行使国家立法权的唯一机关，全国人大常委会只能制定法令，不能制定法律。新宪法根据中国社会主义法制建设的经验和新时期发展的需要，规定全国人大和全国人大常委会行使国家立法权，全国人大常委会有权制定法律，这在立法体系上反映了中国的特色。

（3）行政法规。由国务院制定，其法律效力低于宪法和法律。

（4）指示。由国务院各部、各委员会制定，其法律效力低于行政法规。

（5）规章。同上。

（6）地方性法规。由省、自治区、直辖市的人大和它们的常委会制定，报全国人大常委会备案。地方性法规的法律效力低于宪法、法律和行政法规。

（7）决议。由全国人大和它的常委会做出（参看第71条），或者由地方各级人大通过和发布（参看第 99 条第 1 款）。其法律效力是多层次的，根据制定机关的地位来确定。

（8）决定。由全国人大常委会（参看第 62 条第 11 项）、县级以上地方各级人大常委会（参看第 99 条第 2 款）通过；也由国务院（参看第 89 条第 1 项）和地方各级人民政府及其所属各部门发布（参看第 108 条）。其法律效力是多层次的。

（9）命令。由中华人民共和国主席（第 80 条），国务院（第 89 条第 1 项），各部、各委员会（第 90 条第 2 项），地方各级人民政府（第 107 条第 1 款）发布，其法律效力是多层次的。

（10）自治条例。由民族自治地方的人大通过。自治区的自治条例报全国人大常委会批准后生效，自治州、自治县的自治条例报省或自治区的人大常委会批准后生效，并报全国人大常委会备案。其法律效力也是多层次的。

（11）单行条例。同上。

新宪法对以上规范性文件所做的明确规定，对于建设中国社会主义立法体系，十分重要。我们只有严格援用这些规范性文件的名称，才有利于使中国法规名称标准化，有利于维护中国社会主义法制的统一原则。同时，在宪法规定的这些规范性文件名称的基础上，努力使中国实际存在的各种规范性文件的名称做到规范化。这对于完善中国的立法体系，建设中国特色社会主义法律体系，是十分必要的。

最后，新宪法是建设中国社会主义法律体系的基础，也体现在现行法律的各项规定中。现行法律以新宪法为依据，把新宪法的各项规定具体化，以保证新宪法从基本精神、基本原则到具体条文的贯彻实施。主要体现在以下几个方面。

（1）在法律中明确规定它是以新宪法为依据制定的。例如，国务院组织法（第 1 条）规定：根据中华人民共和国宪法有关国务院的规定，制定本组织法。选举法第 1 条规定：根据中华人民共和国宪法，制定全国人大和地方各级人大选举法。

（2）法律以新宪法的各项原则规定为主要的立法原则。例如新宪法中关于各级人大代表选举产生办法，公民享有选举权和被选举权的原则规定，都作为重要的立法原则规定在选举法的总则中。

（3）在法律中仅规定依照新宪法有关规定和条文，而不规定具体内容。例如，全国人大组织法规定：全国人大会议，依照宪法有关规定召集（第1条）；全国人大常委会行使宪法规定的职权（第22条）。国务院组织法规定：国务院行使宪法第89条规定的职权（第3条）。做这样的规定，主要还不是为了避免重复，而是为了强调这些规定的重要性，必须作为宪法规范而严格遵守，不得违反。

（4）直接援用新宪法有关条文的规定内容。例如全国人大组织法规定："全国人民代表大会代表必须模范地遵守宪法和法律，保守国家秘密，并且在自己参加的生产、工作和社会活动中，协助宪法和法律的实施"（第40条）。这些规定直接援用了新宪法的条文，这是因为宪法本身已经相当具体。

（5）对新宪法的条文规定进行补充。例如，新宪法规定，全国人大常委会的组成人员，不得担任国家行政机关、审判机关和检察机关的职务，全国人大组织法做了以下补充规定："如果担任上述职务，必须向常务委员会辞去常务委员的职务。"新宪法规定了全国人大代表的豁免权，全国人大组织法做了如下补充规定：全国人大代表如果因是现行犯被拘留，执行拘留的公安机关应当立即向全国人大主席团或者全国人大常委会报告。

（6）使新宪法的条文规定具体化。例如，新宪法对全国人大设立专门委员会做了原则性的规定，全国人大组织法则对专门委员会的组成和各项工作做了具体规定。新宪法对全国人大和地方各级人大代表的名额做了原则性规定，选举法则规定了各级人大代表的具体名额。

总的说来，新宪法在建设中国社会主义法律体系中的地位和作用是十分重要的，它不仅为建设中国法律体系提供了指导原则，而且是建设中国法律体系的核心和基础。我们只有在新宪法的基础上，从中国的国情出发，系统地、科学地总结中国社会主义法制建设的经验，从中国新时期的需要出发，从建设中国特色社会主义的需要出发，才能建立起中国特色社会主义法律体系。

建设一个和谐统一的社会主义法律体系

齐乃宽

法的体系，是指按照一定的原则和标准，将一国国内的现行法律规范划分为多种法律部门，从而形成的内部结构严密、外部形式统一、彼此有有机联系的法律规范的整体。随着新宪法的公布实施，中国的立法体制有了新的发展，中国社会主义民主和法制建设进入了一个新的阶段：中国的立法工作将得到进一步的发展，整个法制建设也将开创一个新的局面，搞好社会主义法的体系建设的任务也越来越迫切了。自从党的十一届三中全会以来，随着中国政治、经济形势的变化，社会主义法制建设已经有了长足的进步，各种法律规范文件日益增多，而随着 1982 年新宪法的制定和颁布，随着社会政治、经济、文化体制的改革，中国的立法机构也将进一步健全，法规的种类和数量也必将更广泛地发展。在这种情况下，如果只是随波逐流，需要什么就搞什么，什么机关愿意怎样搞就怎样搞，而不考虑一个总体规划，不严格区分各个法律门类的界限，不注意法的体系内部结构的和谐统一，势必形成各项法规之间的矛盾和混乱，破坏社会主义法制的统一和尊严。法律规范尽管应按照社会关系发展的需要不断变化，但法律规范的制定必须依据特定的程序，法律规范本身又应具有相对的稳定性，不能随心所欲，朝令夕改。这就要求我们创制法规的部门，正确认识法律规范的制作规律，科学地规划、指导、协调各级各类法规的创制活动，树立全局观点，防止各立其法，各行其事，以建设一个和谐统一的社会主义法律体系。

怎样才能建设一个和谐统一的社会主义法律体系呢？建立和谐统一的法律体系，需要解决哪些具体问题呢？本文仅从以下几个方面谈一些粗浅的看法。

一　法律体系的和谐统一是中国法制建设的根本要求

法是依靠国家强制力保证实施的，具有国家意志的尊严与权威，如果缺少这一点，便失去了创制法规的意义。法要具有尊严与权威，就要使法律规范本身求得相互统一。列宁指出："法制不应该卡卢加省是一套，喀山省又是一套，而应该全俄统一，甚至应该全苏维埃共和国联邦统一。"①阶级意志从根本上说是一致的，因而法也应该是统一的。中国社会主义法是工人阶级及其他劳动人民共同意志与根本利益的表现，由于政治上以四项基本原则为指针，经济上消灭了私有制和剥削制度，全体人民共同的经济关系与政治基础业已形成，所以我们的法律体系不仅有统一的必要，而且完全有统一的可能。

所谓统一，不仅要求所有法律规范在效力上高度一致，而且要求法律体系的内在结构逻辑严密、体例合理、体系完整，成为一个完善的统一有机体。具体地说，首先，要求法律规范体系内部的纵向结构（如宪法、法律、行政法规、地方性法规）或横向结构（如宪法、实体法、程序法等）都要完整或基本完整，否则就不成其为体系。其次，要求层次清楚，不仅立法机构要层次清楚，而且法律规范之间、法律部门之间也要清楚、合理。再次，要求体系内部的法律规范，其上下（如基本法律与一般法规）、左右（如民法与刑法）、前后（如前法与后法）、内外（如对内经济法与对外经济法）等各方面都不能互相矛盾，而要和谐统一。此外，还要求法律体系本身与体系之外的国家大政方针、道德规范、科学规律等之间的关系达到和谐统一。

避免现行法律法规中个别条文规定不够严谨甚至互有矛盾的现象，对此我们必须充分注意。法律规范如果不协调统一，就不能很好地保护人民、打击敌人、制裁犯罪，法律就有失却尊严与权威的危险。所以，我们必须做到像恩格斯所说的那样：法"必须是不因内在矛盾而自己推翻自己的内部和谐一致的表现"。② 社会主义法律体系的和谐统一，是维护法制的统一与尊严的重要条件，是中国社会主义法制建设的根本要求。

---

① 《列宁全集》第 33 卷，人民出版社，1957，第 325～326 页。
② 《马克思恩格斯选集》第 4 卷，人民出版社，1972，第 483 页。

二　内部结构严密是法律体系和谐统一的基础

法律体系的和谐统一，是以其内部结构严密为基础的。这里涉及的主要问题是对法律规范如何进行分类，法律体系内部各个法律部门如何划分的问题。这个问题可以说是自资产阶级革命夺取政权，巩固政权时便提出来的。在资本主义上升时期，资产阶级学者曾经提出了许多关于法律规范分类的理论。他们当中大多数的人是因袭历史上关于"公法"与"私法"的划分的。这是自罗马法以来的传统的分类法，它是历史性的，并且是相对的。但作为制度的结果，两者的区分和对立已成为现代资本主义法律制度的基本结构，尤其是在一些成文法占主导地位的国家更是如此。就划分"公法"与"私法"的标准来说，有各式各样的学说：例如，有以法所保护的利益为标准的"利益说"，主张凡是有关公益的法为公法，有关私益的法为私法。有的以法律关系的主体为划分"公法"与"私法"的标准，通称"主体关系说"，即凡是以国家或公共团体的一方或双方为主体来规定法律关系的为公法，而仅仅规定私人相互关系的法为私法。另外也有以法律关系的内容和性质作为划分标准的"法律关系说"，主张凡是规定国家与公民之间的服从关系的为公法；而有关公民相互间平等关系的法为私法。但是资产阶级学者的任何一种学说，都有难以解决的矛盾，都不能自圆其说，这是由于资产阶级学者的理论，都有其一定的阶级局限性，他们的目的都是掩盖资本主义法的实质，为维护和巩固其资本主义剥削制度服务。由于以上各种法律规范的分类学说矛盾百出，莫衷一是，因此有的资产阶级学者干脆否认"公法"与"私法"划分的必要，而提倡"公法私法无差别论"。奥斯丁认为，一切法都是主权者的命令，是通过国家权力起强制作用的，这并不因公法和私法的划分而有什么不同。凯尔森则从其"纯粹法学"的立场出发，不顾客观事实，用抽象的等级来规定规范的体系，用以否认公法与私法的区别。在当代资本主义国家中，还出现了所谓处于公法与私法的中间领域的社会法，其内容包括"禁止垄断法"、"证券交易法"、"工业所有权法"、"土地法"等等。

十月革命后列宁在领导苏维埃国家的法的体系的建设中，否认社会主义法的体系中关于"公法"与"私法"的划分，他指出，在社会主义条件下一切法都是公的，这是完全正确的。然而，这并没有最终解决社会主义法的体系内部各法律部门具体划分的问题。自那以后的 60 多年的过程中，苏联对法的体系问题曾开展过 3 次大的讨论：一次是 1938～1940 年期间，初步解决了苏维埃法的体系的概念的原理，有许多原理一直保持到现在。当时划分法律部门的标准是法律调整的对象（M. A. 阿尔扎诺夫首先提出了这一划分标准）。但是这种划分标准，忽略了法律调整方法的意义。直到 1956 年第二次大讨论时，苏联法学界才比较一致地肯定必须把法律调整对象同法律调整方法一起看做划分法律部门的标准。近年来（自 1977 年起）苏联又开展了第三次关于法的体系问题的大讨论，至今仍在继续进行。其目的在于保证"苏联全国境内立法调整活动的一致"，讨论涉及法律创制活动的远景规划，涉及经济法的对象和经济法律部门的划分标准，并且提出了关于农业法、自然保护法、社会保障法等概念，探讨有关苏联法的体系的重大原理及其构成和发展规律等一般问题。

探讨中国社会主义法律体系和法的部门划分问题绝不能就事论事。而应该联系中国社会主义法的整个体系，从法制建设的全局出发来考虑问题，因为，社会主义法的体系中的各个法律部门是相互依存的，而不是孤立的。例如关于经济法问题的探讨，就要防止只见树木不见森林的倾向，克服单纯以狭隘的部门法的观点来看待经济法，以便把经济法的研究视野打开，正确认识经济法在整个社会主义法的体系中的性质、地位和特点。从而明确确立和不断完善经济法本身的法律体系。

划分法律部门的最根本的标准，当然是人们的社会关系，即法律所调整的各种不同的社会关系，它是划分法律部门的最根本的依据。这是马克思主义法学原理的最基本的观点，也是社会主义国家法的体系中法律部门划分的最主要的根据。法律部门所调整的社会关系，并不是指一切社会关系，而是指与特种社会规范——法律规范有关的社会关系。至于人与人之间的友谊、爱情关系，则不由法律规范所调整，而是受道德规范所制约的。但是，法律规范所调整的社会关系，直接的是由社会中占统治地位的阶级的意志支配的，而归根结底是由统治阶级所处的社会物质生活条件所决定的。正是在这种意义上，马克思才特别强调："法律应该以社会为基础"①。

---

① 《马克思恩格斯全集》第 6 卷，人民出版社，1961，第 292 页。

这就是说，法的体系中各个部门的划分以及法的体系内部结构的安排，都离不开现实的具体社会关系，特别是社会主义的所有制关系。法律规范的外部形态是人们主观意志的产物，但规范所反映的内容即法律规范所调整的社会关系却是客观存在。人们的主观意志不能违背客观现实，而其本身恰恰是从现实的实际生活中来的。所以社会主义法的体系的内部结构，以及法的体系内部各个法律部门的划分，不是单纯依靠什么人的主观愿望，而必须适应客观的法律关系的内容的需要。也正是在这种意义上，马克思说，人们不是在创造与发明法律，而仅仅是在表述法律，并借以反映客观规律。

马克思主义法学关于法、法律、法的体系与社会现实关系的原理，从总的方面给了我们科学的启示，这是我们任何时候都不能违反的。违反了它便会使我们的法学研究走入歧途。当然，在实际问题方面，在具体分析法的体系中各个不同法律部门时，对具体问题还必须作具体分析。例如，我们说法律部门应以法律规范所调整的一定的社会关系为标准来划分，那么"一定的社会关系"究竟是指什么呢？抽象地谈论"一定的社会关系"是讲不清楚的。"一定的社会关系"主要指与一定的法律规范相联系的社会关系，它包括社会关系的主体、客体，当事人在具体社会关系中的地位，以及调整这种社会关系的原则、方法和步骤等等。由于这种社会关系是与一定的法律规范相联系的，因此还必须考虑影响这种社会关系的正常发展所应承担的法律责任。所有这些，都是我们划分法的体系中各不同法律部门的基本考虑，只有这样才能在法的体系内部结构的统一性和共性中，找出各个法律部门的特殊性和个性，决定这一法律部门和那一法律部门的区别。

三　外部形式的统一是法律体系和谐统一的重要条件

在法的体系建设中，最重要的问题在于法的体系内部结构的科学划分，而为了达到这样的要求，除了从法律规范的内容上（按其所调整的社会关系的性质、原则、方法和手段）明确法律部门的划分以外，还要从法律规范的外部表现形式（法的渊源、法律规范性文件名称、格式）上做出科学的规定。很难想象，一个国家的法律规范性文件的名称、格式杂乱无章，而其法的体系却是条理分明符合科学规定的。

就法的表现形式（法的渊源）而言，中国自上古时代便有典、谟、训、诰、誓、命等形式，到了隋唐时代明确以律、令、格、式等并行，在古代世界各国的法制史上具有深远的影响（例如，日本古代法即以中国隋唐的律令制为其法的主要渊源）。到了宋代则在敕令格式之外，又另加刑统、编敕、断例等形式。但大多仍因袭隋唐律令之制。元代有格、制、典，明清时代又加以因袭，并试图使政刑分开，以律定罪，以典范政。从中国古代法制史的发展中，可以看出随着历代政治制度的兴衰革废，法的形式也日渐复杂，但法的渊源上却是互相因袭的。历代王朝为了巩固其统治地位，大多注意成文法的制定，并务求去芜存精，形成简练的法的体系，以利于君主对吏民的统制。到了国民党统治时期，其政治统治虽日趋腐败，但对于旧的法统却颇为重视，直到蒋家王朝崩溃的前夕，仍然不忘维护其伪法统。在整个国民党统治时期，在法的渊源方面引用抄袭了欧美以至日本的许多东西，编辑了《六法全书》，形成了庞杂的法律体系。

作为社会主义的中国，自应非常重视为社会主义现代化建设服务的社会主义法的体系的建设。要确立具有中国特色的独立的法的体系，当然不能不注意总结中国33年来的法制建设经验，不能不注意研究中国法的形式渊源以及法律规范性文件的名称及格式问题。

就中国法的形式意义的渊源而言，新中国成立初期由于当时历史条件的局限，中国的立法经验不足，在"左"的法律思潮的影响下，又不愿借鉴于西方国家，只有依靠苏联的立法经验，时至今日则感到远远不够了。中国有中国自己的具体情况，照搬照套是行不通的。党的十二大以来，随着新宪法的公布实施，对于中国社会主义法的体系中的形式渊源问题，有的同志做了阐述（见许崇德的《维护社会主义法制的统一和尊严——中华人民共和国宪法讲话》第十四讲，载1983年1月6日《人民日报》第5版）。把中国社会主义法的形式渊源确认为：①宪法，具有最高法律效力。②法律：分为"基本法律"和"法律"两种，具有同等效力。③国务院制定的"行政法规"，发布的"决定"和"命令"，其效力均低于"法律"。④国务院各部委依其权限范围发布的规范性文件，称"命令"、"指示"、"规章"，统称为部门性质的"行政规范"，效力又低于"行政法规"。⑤全国人大和地方各级人大做出的叫"决议"；国务院和地方各级人民政府发布的叫"决定"，以示权力机关和行政机关的区别。⑥中华人民共和国主席发布"命令"，省、自治区、直辖市的国家权力机关颁布地方性法规，民族自治地方制定自治条例和单行条例，这些概念不变。最后，作者还指出"以上六点当然不只是厘定名称的问题"，"除'命令'是行使行政权的形式外，每一类都意味着制定的机关不同和效力不同，从而使中国社会主义法律的体系进一步严整化"。

以上说明基本上是清楚的，合乎实际的。如关于"决议"和"决定"的区别是合理的。但有些概念，还有必要做出科学的解释。例如关于什么是"基本法律"，什么是一般"法律"，人大常委会的"决议"属于什么性质；"行政法规"与"行政规范"有何区别；"地方性法规"包括哪些内容；等等。对中国法的形式渊源的名称的厘定工作，确实是一项迫不及待的工作。但既然要"厘定"，就不能大而化之，而应该从上到下，从中央到地方，进行科学分析，提出各种形式渊源的明确含义，以便真正地使中国社会主义法律的体系进一步严整化。

与法的形式渊源有关的问题，是法律规范性文件名称的标准化问题。从新中国成立以来所制定的法律、法令的具体规范性文件来看，大约有几千种。而根据我们初步地了解，这些法律规范性文件的名称（法规称谓）不少于五十种，而有些文件的称呼相同，但其格式却迥异。例如"条例"这个法律规范性文件的名称，是我们司空见惯的，而从制法机关来看，全国人大常委会可以用它，如《中华人民共和国律师暂行条例》（1982 年 8 月 26 日五届全国人大常委会第十五次会议通过）；国务院及各部委也都可以使用，如《中国科学院科学奖金暂行条例》（1955 年 8 月 5 日国务院全体会议第十七次会议通过，8 月 31 日发布）。至于民族自治地方制法机关使用"单行条例"名称，更是常有的事。尤其令人难以理解的是：有些法规文件的格式大体相仿，称谓也大体相似，但就是不加统一。如"规则"、"通则"、"简则"，"命令"、"指令"、"通令"、"训令"，"通知"、"通告"、"布告"，"指示"、"批示"、"批复"、"复示"，"规则"、"规程"、"规定"、"规范"等等五花八门，不一而足。另外还有一些弄不清究竟算不算法规文件的东西，如"关于县（市）统计科目前应进行几项工作的提纲"（浙江省人民政府财政经济委员会订发），"为补助各公私社救机构生产资金的代电"（浙江省人民政府民政厅）等等。之所以出现这样一些情况，其原因有三：一是中国的法制机关不健全，30多年来从未对法规文件的名称进行过科学厘定，对于滥用法规文件名称者，没有人提出过批评指正；二是中国的法制不健全，长期以来习惯于以政策代替法律，有些地方甚至依照"土政策"、"土法律"办事；三（尤其重要的）是，我们的干部，包括某些领导干部缺乏法律知识和法制观念，遇到问题单凭想当然，"一言堂"行事。现在看来，这样的局面是非改不可了。

我们建议：

（1）对新中国成立33年来，全国（包括中央及地方）制定和颁布的法规文件，来一次大的清理，检查其效力如何，是否与现行的宪法、法律、法令的精神相违背。其中该改的改，该废的废，该重新制定的就重新制定。

（2）在此基础上，全面分析各种法规文件的内容与名称，厘定各种法规文件的格式。划分各级制法机关，在哪种法的形式渊源中应采用哪种法规文件的名称和格式，务求做到全国统一和标准化。

（3）在全国各级国家机关，普遍设置类似国务院经济法规研究中心那样的机构，负责对各国家机关的制法工作的规划、指导、组织和检查，以保证中国社会主义法制的统一和尊严。

总之，社会主义法的体系建设是一项伟大的总体工程，既需要总结以往中国法制建设的经验，又需要在理论上进行新的探讨。这里需要研究的问题很多，并非一朝一夕所能解决。同时，我们的水平有限，调查研究还没有深入展开，许多问题看得不深，研究得不透。有些只是把我们想到的问题提了出来，对它的完满的解答，还有待于全国法学界及关心这个问题的同志的共同努力。不过我们认为这个问题并非什么抽象的理论问题，而是十分具体的实际问题；不是将来再去考虑的问题，而是当前迫不及待应该解决的问题。以马克思主义为指导的法学研究，一刻也离不开实际，它必须紧密结合实际为现实服务。建设一个和谐统一的社会主义法律体系，是中国的实践所提出的重要课题，需要立法工作者、司法工作者、法学教育工作者和法学科研工作者的共同努力，让我们团结起来，共同奋斗吧！

建立中国式的社会主义法律体系

吴大英　刘　瀚

　　《法学》编辑部关于加强法学基本理论研究的倡议，很适时。这一倡议说明，中国社会主义法学研究工作正朝着新的深度与广度稳步前进。可以预期，在切实加强法学一系列重大理论与实践问题的研究，并不断取得新成果的情况下，必将对中国立法、司法、守法、法学教育和法学研究起到积极的指导与推动作用。这是法学各学科本身建设的需要，是建设高度的社会主义民主、健全社会主义法制的需要，也是建设社会主义物质文明和精神文明的需要。

一　什么是法律体系

　　法律体系是一个国家在一定发展阶段上，以所有现行的和即将制定的法律为基础，以部门法为主干，以宪法为统帅组成的，内容和谐一致，形式完整统一的法律规范的有机整体。它是立法机关制定或认可的法律规范即立法成果的总体表现，是法学研究的一个重要对象，也是法学教育的一个主要内容。法律体系完善与否，是国家法制健全与否的前提，同时，也直接关系到宪法与法律在国家的政治、经济、文化及其他社会生活领域里能否更充分地发挥作用，因而，这一问题不仅有重大的理论意义，而且有迫切的实践意义。

　　探讨建立具有中国特色的社会主义法律体系，着重点在于从中国的国情和实际需要与可能出发，从部门法是否齐全、实体法与程序法是否配套、多层次的法律是否衔接等方面，解决法律体系的完备问题。例如，哪些法律是急需制定的，哪些法律是近期内要制定的，哪些法律需要施行细则，哪些法律需要立法或司法解释，哪些法律需要做部分或较大修改、补充等，使法律成龙配套、互相衔接、互相配合、互相制约，从法律本身保证其切实实施上没有疏漏。这是健全社会主义法制的首要环节，必须紧紧抓住，着力解决。

至于过去人们讲的法系，与法律体系更不同。它是根据各国法律的某些特征，在世界范围内对法律所做的总的划分。如在历史上有过重要影响的中华法系、印度法系、阿拉伯法系，现在还有重要影响的大陆法系、英美法系等。

二　法律体系的外部结构

法律体系外部结构的基础是宪法、基本法律、法律、行政法规、地方性法规以及有法律效力的法律解释和类推适用的法律文件等等。没有比较完善的各项法律，部门法的划分、法律体系完备的整体便都无从谈起。法律体系的外部结构，要求各项法律自身有比较完善的形式，例如，每项法律的名称，编、章、节、条、款、项的结构，条文设置的层次和逻辑性，文字用语等表述形式；法律议案的提出、审议、通过、公布、生效日期以及解释权限、有权修改或撤销的机关等是否合乎立法程序等等。就是说，每项法律都要合乎规格，否则，就犹如残砖断瓦，盖不起稳固而壮观的大厦。所以，这是法律体系的基础环节，必须十分重视。

各个部门法是法律体系外部结构的主干。部门法由各项同类或相近的法律构成。以某一项法律为主体，加上同一层次、次一层次和再次一层次的各项法律，才构成一个比较完善的法律部门。中国刑法，作为部门法，相对来说，比中国民法、行政法等部门法要完善；这除了五届全国人大通过刑法这一重要因素外，还因为新中国成立以来，我们对刑法历来就比较重视，制定和颁布施行了一系列刑事法规。在通过刑法以前，中国刑法就已作为一个部门法而存在了，只是那时它是由一些单行条例组成，构成形式不够完善罢了。每一部门法有无基本法律，是该部门法构成形式完善与否的一个重要标志，因此，我们必须抓紧各部门基本法律的立法工作。从当前的司法实践来看，民事方面无法可依的现象相当突出。从民事基本法律来说，只有程序法而无实体法；民事方面的单行法规也较少，而民事案件的上升趋势，相对于刑事案件来说，有增无减。而要处理大量案件，自然就要遇到许多困难，产生许多问题；中国的立法工作，近几年来，成绩很大，但任务还很重；不抓紧立法，建立中国特色的比较完备的社会主义法律体系，就是一句空话。

法律体系整体的外部结构，要求多层次的各项法律和各个部门法门类齐全，严密完整，而不是支离破碎。这是我们研究法律体系的重点。中国30 多年来立法的成绩和实践经验，使我们建立一个比较完整的具有中国特色的社会主义法律体系有了现实的可能性；社会主义现代化建设事业的需要，又使建立比较完整的法律体系具有极大的迫切性。因此，我们一定要以高度自觉的负责精神和积极认真的态度来抓紧进行这项工作。

有人认为，法律体系是客观存在的，不是人们想要建立什么样的法律体系就能够建立的。我们认为，这里有两个问题、两层意思，必须弄清楚。

其一，一般说来，有国家必然有法律（不论其具体形式和特点如何）；有法律必然有法律体系（不论其内容和形式完备的程度如何）。人们既不能随心所欲地创造出离开以经济为基础的社会客观需要的法律体系，也不能人为地取消法律体系，如果有人硬要那样做，势必受到历史的惩罚。在这个意义上，对一个国家来说，法律体系是客观存在的，不以人们的意志为转移的。

其二，我们再进一步考察，法律体系的客观存在，是否说明人们对法律体系无所作为了呢？不是。一个国家，特别是就一个国家的一定的历史发展阶段来说，法律体系的完备程度，是同这个国家当时的立法者、司法者、法学家等等对于法律体系重要意义的认识和完善法律体系的自觉性与主观努力的程度成正比的。不然，就无法解释为什么历史上存在过众多国家，有的法律体系比较完善，而有的则支离破碎，互相矛盾。明确这一点，扭转人们对完善法律体系无所作为的观念，是非常重要的。特别是在现代科学技术突飞猛进的今天，人们可以运用各种精确的科学手段，预测各种社会关系发展的趋势，那么，调整各种社会关系的各项法律的发展趋势，经过人们的努力，当然也是可以做出科学的预测的。这就提供了一种可能，使我们能够对短期以至长期应制定哪些新的法律，构成哪些新的法律部门，整个法律体系又将是什么样的，做到胸中有数，形成比较周密的近期计划和比较概括的长远规划，使我们对建立具有中国特色的社会主义法律体系有一个总体上的认识。这是十分必要的，也是能够做到的。过去我们对这一点认识不足，工作薄弱。现在要加强这方面的工作，首先应从理论研究做起。我们从事法学理论研究的同志，应该为研究这一重要课题，做出自己应有的贡献。

三　法律体系的内部结构

法律体系的内部结构，即法律体系的内容，是由各种法律规范构成的。各种法律规范之间，必须和谐一致，相辅相成，并在同一方向上相互作用，否则，势必彼此冲突，造成执行中的困难，损害法律的权威。因而，相对于法律体系的外部结构来说，它的内部结构即实际内容是更为重要的。

要使法律体系的内部结构和谐一致，最重要的是解决好以下四个问题。

第一，任何法律（这里是从广义上说的），从原则精神到条文规定，都要符合宪法。宪法是国家的根本大法，在法律体系中，宪法有其特殊的地位。一方面，在整个法律体系中，它是一个部门法（这个部门法称国家法更科学些），同其他部门法一样，也有其特定的调整对象和调整方法；另一方面，在整个法律体系中，它又居于统帅的地位，因为它规定国家各方面的最基本、最重要的问题，是制定其他法律的依据。其他法律或某一法律的某些规定，如果同宪法相抵触，自然就破坏了法律体系内部的和谐一致。这项法律或某一法律的某些规定就是违宪的，必须依据法律程序予以修改或撤销。

法律体系是多层次的，除了宪法之外，各项法律还有同一层次、下一层次、更下一层次的区分，如宪法、基本法律、法律、行政法规、地方性法规，这是中国法律的大的方面的几个层次，这是从纵向来说的；从横向来说，除宪法外，其下的每一层次，还有同一级别的各项法律，如基本法律，虽然相对来说，数量较少，但也不止一个两个，而是有若干个，法律和行政法规，同一级别的数量就很多；地方性法规，就其人和地的效力来说，不同于法律和行政法规，它们只在本行政区域内有效，但从总体上来看，全国各省、自治区、直辖市的地方性法规则是同一级别的。在横向关系中，还有实体法和程序法的衔接问题。就某一个部门法来说，除基本法律和法律之外，还有单项法规、施行细则、有法律效力的法律解释以及类推适用的法律文件等等。行政法规和地方性法规，按其性质和内容，也都分属于有关的部门法。这样，要保持法律体系内部的和谐一致，每项法律除了要符合宪法外，还要与同一层次的法律保持一致，不能有矛盾；下一层次的法律要依据宪法和上一层次的有关法律来制定，不能违背；地方性法规和民族自治地方的自治条例和单行条例应有的特殊和普通的规定，必须是宪法、基本法律、法律和行政法规所允许的，不能超出其所允许的范围。这样，所有的法律，分开来，是分门别类的各个部门法、各项法律以及各种各样的法律规范，各自担负着调整不同社会关系的任务，各自有其根据不同的调整对象而采取的不同的调整方法；合起来，又是上下一致、左右协调、完整严密、和谐一致的一个统一体。

第二，任何法律，自身的和谐一致以及整个法律体系的和谐一致的根源，在于必须适应经济状况、其他社会关系的状况及其发展的需要，即必须符合实际，而不能与实际脱节。法律的连续性、稳定性和权威性，法律的作用等等，归根结底，都取决于它是否科学地反映了客观实际和能否很好地为客观实际服务。任何脱离实际，虚构出来的法律，不论其形式如何完备，都不过是一纸具文；在法律体系中，如果充塞了这种虚构的法律，则必然破坏它的内容的和谐一致。

中国工作重心转移，走上了现代化建设的道路，经济、政治、文化及其他社会生活领域都发生了很大变化。要在社会主义物质文明和精神文明建设中，充分发挥法律的有力作用，就要如实地把握住这种变化了的新情况，面对历史所赋予我们的新任务，在这个基础上，来逐步完善中国社会主义的法律体系。五届全国人大五次会议通过的《中华人民共和国宪法》，在肯定中国的根本制度和根本任务中，对中国当前各方面的实际情况的科学概括和反映，对中国20世纪内要完成的宏伟任务的体现，是一个很好的典范。不论是基本法律、法律、行政法规还是地方性法规，不论是实体法还是程序法，各部门、各层次的法律，在制定时都要高度重视这一点，这样，我们的各项法律和整个法律体系就能符合实际，并保持它的内容的和谐一致。

第三，法律都是由法律规范的三个组成部分即假定、处理、制裁构成的，三者缺一，就不成其为法律规范，也无法执行。但是，某一项法律或某一条文，并不都是明确表述出这三个组成部分的。如果在每项法律或每一条文中，把这三个组成部分都明确表述出来，势必使法律和法律条文的结构及文字表述重叠累赘，冗长繁琐。因此，单独的一项法律或一个条文，是无法解决这一矛盾的。只有把一项法律或一个条文，作为整个法律体系的一个有机组成部分，才能解决这一矛盾。例如，宪法条文一般不规定对违宪行为的制裁，因为这是刑法等有关法律应该而且必须规定的内容。如果要求宪法的每一条文把这三个组成部分都详尽无遗地做出具体规定，那宪法就不成其为宪法，而成为无所不包的法律大全了。再如，违反婚姻法应受的刑事制裁，在婚姻法中只做了原则规定，其具体内容规定在刑法第7章中。如果在婚姻法中规定刑事制裁的具体内容，在刑法中规定婚姻、家庭方面的假定和处理的详细内容，那么，婚姻法就不成其为婚姻法，刑法也不成其为刑法了。同时，那样做，也违反国家刑罚统一的法制原则。其他法律，如行政法、经济法、劳动法、选举法等等，也都是这样。这就说明，在制定每一项法律时，都要把这项法律，以至这项法律的每一条文，放在整个法律体系中去考虑。在根据该法律的调整对象、调整方法和实际需要规定假定、处理、制裁的内容时，既不能不考虑自身内容的和谐一致、严密完整，也不能不顾整个法律体系的和谐一致、严密完整。法律、部门法、法律体系之间的关系，是部分、局部、全局的关系，立法者胸中必须有这个全局。

目前，有些法律、行政法规、地方性法规，在制定时，涉及需要追究刑事责任者。但是，有时在刑法中找不到能够直接对上口的罚则，这说明刑法要随着实践的发展，做必要的补充、修改，才能适应不断发展变化了的实际需要。需要给予刑罚的对象，是随着社会关系的发展变化而发展变化的。有些刑罚不需要了，在刑法中就不再规定；有些是新产生的问题，就要补充进刑法中。例如，新中国成立初期制定有关公私合营方面的法律，早就没有用了。因为社会关系中已经没有那样的对象了。又如刑法第120条规定的以营利为目的，伪造、倒卖计划供应票证罪的罚则，在1953年、1954年开始对粮、棉、油等物资实行计划收购和计划供应之前，就没有这个问题，现在有这个问题，刑法中就要规定；将来，票证逐步取消后，刑法中的这一规定也就随之失效。所以，刑罚作为一种重要的法律制裁手段，其适用的具体对象是有发展变化的，而刑罚在保证法律体系内容的和谐一致上又起着牵动全局的作用，这是值得我们高度重视的一个问题。这一问题如果解决不好，那就或者刑出多门，破坏法律体系的和谐一致、完整统一，给司法工作带来许多问题；或者法网疏漏，使一些应该追究刑事责任的问题，因无法可依而受不到应有的制裁。

第四，任何法律，在制定时无论显得多么和谐一致、严密完整，由于社会生活的复杂多样、不断变化，也不会没有对其中的某些条文进行补充、修改或做出法律解释的必要，法律体系中的各项法律，也不会没有修改、废止或用新法代替的必要。恩格斯曾经指出："'法发展'的进程大部分只在于首先设法消除那些由于将经济关系直接翻译为法律原则而产生的矛盾，建立和谐的法体系，然后是经济进一步发展的影响和强制力又经常摧毁这个体系，并使它陷入新的矛盾（这里我暂时只谈民法）。"[①] 从宏观来看，整个人类社会历史中存在过的法律和法律体系，就是在不断地解决这个"新的矛盾"中得到发展的，区别只在于一切剥削阶级的法学家看不到或有意回避这一点，而马克思主义法学家揭示和承认这一点。解决这种"新的矛盾"的办法，就是根据出现的新情况、新问题，及时对法律进行废、改、立，从而使不和谐的法律体系，成为和谐的法律体系。所以，法律体系的和谐一致，严密完整，是相对的，而不是绝对的，是发展变化的，而不是凝固不变的。如果我们强求一蹴而就，一劳永逸的和谐一致和严密完整，则必然事与愿违，适得其反。由此可见，法律和法律体系的连续性，绝不是一经制定或建立就一成不变，而是在不断发展中保持连续性。法律和法律体系的稳定性，也绝不是没有丝毫变动的稳定性，而是在不断变动中求得新的稳定的稳定性。法律和法律体系的权威性，也只有在这种连续性和稳定性的前提下，才能保持和在新的基础上得到不断提高。

四　科学地划分部门法

一个国家在什么情况下制定什么法律？许多法律分门别类划分为哪些部门法？从根本上来说，是由法律所调整的社会关系即法律所调整的对象

---

① 《马克思恩格斯选集》第 4 卷，人民出版社，1972，第 484 页。

决定的。国家法、行政法、刑法、民法、经济法、财政法、劳动法、婚姻法、诉讼法等部门法的划分，就说明了这一点。法律调整的方法，对部门法的划分也起着一定的作用。刑法、民法之所以成为两个独立的法律部门，除了它们调整的对象不同外，它们调整的方法也不相同。所以，依据法律所调整的对象和方法，就可以大体上把法律部门划分开来。但是，不论从调整对象还是从调整方法来说，都有交错重叠的现象。经济法调整的对象是经济关系，民法、财政法、劳动法等调整的对象主要也是经济关系。就调整方法来说，违反经济合同法，在多数情况下，适用经济、行政制裁，但刑事制裁也是必不可少的。根据婚姻法处理的大量婚姻案件，并不诉诸刑罚，但婚姻、家庭方面的诸种犯罪，则要使用刑罚。这说明，同一调整对象，可以有两个或两个以上的部门法来共同调整；同一种调整方法，当然更可以用于几个部门法。具有交错重叠的这种情况，是否就意味着无法划分部门法了呢？不是。从每项法律调整对象和方法的总体上，从不同法律调整同一对象的不同角度及其采取的主要方法上，我们仍然可以把它们划分开来。另外，在划分法的部门时，还应考虑到其他因素，如实际是否需要，在整个法律体系中是否协调等等。有些法律本应成为一个独立的部门法，但由于组成它的各项法律，特别是基本法律尚付阙如，归入相近部门法的情况也是有的。如长时期以来，中国行政法庞大驳杂，在很大程度上，就是由于包容其中的一些应该独立出来而法律又不完备这一情况造成的。按经济法调整的对象和方法来说，也可以把它归入民法，这是顺理成章的。但不少同志主张，从社会主义现代化建设事业的实际需要和近年来大量的经济立法以及拟议中的更多的经济法规来说，把它独立出来更符合实际需要，在法律体系结构上也更合理。至于在立法和司法、执法上，如何妥善解决经济法与民法、刑法、行政法的关系问题，这可以通过实践，逐步找到最佳方案来解决，不能由此或基于其他考虑而否认经济法的崛起。

从发展趋势来看，中国将会建立一些新的部门法。例如，有人认为，农业集体经济法、涉外经济法、军事法应成为独立的部门法。又如，四个现代化的关键是科学技术现代化，为此，必须发展各类教育事业和科学文化事业。这方面的法规，过去都包括在行政法之中，为适应形势的需要，科教文法就很有独立成为一个部门法的必要。还有民族区域自治法、土地和住宅法、利用和保护自然资源法等，是否应成为独立的部门法，也值得研究。当然，如同法律不能制定得太多，以致成为灾难，反而无助于充分发挥法律的作用一样，部门法更不宜划得过细，以致失去划分部门法的意义和作用。

科学地划分部门法，不仅对立法预测、立法的总体规划和建立比较完善的具有中国特色的社会主义法律体系有着重要的意义，而且对司法、执法工作有直接的应用价值；不仅对广大干部和群众学习法律、掌握运用和遵守法律带来很大方便，而且是建立中国马克思主义法学体系的一个直接的基础和依据；不仅对法学研究和教育工作有直接作用，而且对法学论著的撰写、对法学工具书的编写和法学图书资料的科学分类和管理都有好处；不仅会减少法规分类统计时的许多混乱和麻烦，而且有利于法规整理汇编以至法典编纂工作的顺利开展。因而，那种认为部门法的划分是纯学术问题，实际应用价值不大的看法，是不对的；由此而引起的对部门法的科学划分问题研究不够，在实践中也不大重视的现象，应该努力加以扭转。

我们相信，经过大家充分酝酿讨论，提出有科学根据和实际应用价值的意见，一定会有助于逐步建立具有中国特色的社会主义法律体系。

建设中国特色的社会主义法律体系的几个问题

孙国华

一

法的体系是指一国的现行法总是由内在联系、互相协调的各个部分（规范、制度、部门）构成的一个统一的整体、统一的体系。

法的体系的这种统一性、系统性，取决于一国现行法规范都是同一经济基础的上层建筑的特殊组成部分，反映同一社会政治制度的特点和同样的阶级意志，有共同的指导思想和需要完成同样的使命。

法的体系说明一国现行法既分成不同的部分（规范、制度、部门），又在基本的属性和职能上具有整体性、协调性和一致性，其具体表现如下。

第一，在同一阶级本质和反映同一阶级意志的基础上，形成调整社会关系的主要法律思想、法律原则和法律概念的有机统一，以及与此相联系的法律调整在整个社会调整体系中的地位。

第二，一国法律规范所调整的社会关系的共同性、系统性和相互联系，也要求调整这些社会关系的法律规范之间的一致、协调和互相配合，法律规范与法律规范之间既存在着"纵"的隶属关系，也存在着"横"的配合和协调关系，适用或违反一部分法律规范，就要引起另一部分法律规范发生作用。

第三，这种协调性和一致性还表现在普遍性较大的规范（如宪法性规范、基本的部门法规范）在普遍性较小的规范（如部门法或子部门法规范、地方性规范）中的贯彻、渗透和具体化。在不同等级的规范性文件（法的渊源）之间，不仅在法的创制上存在着"母子"关系，而且在法的效力上也存在着等级的从属关系。

第四，这种协调性和一致性，也表现在法的运动发展中，在法与社会实际需要相适应的限度内和先后制定而仍然有效的规范之间，应是协调一致的，而不应自相矛盾。

因此，研究法律体系问题，在已知该法律体系的阶级和社会的本质的条件下，应着重研究该国主要的法律思想、法律原则和法律概念，以及与此相适应的法律调整在该国整个社会调整体系中的地位问题；研究该国现行法的部门划分；研究该国创制规范的方法和规范的表现形式（法的渊源）。而这些问题的正确解决又都与对该国国情的认识正确与否和认识的深度有关。

可见，研究建设有中国特色的社会主义法律体系问题，就应从中国国情的全部实际出发，着重研究反映中国社会主义建设需要的、适合建设有中国特色的社会主义的主要法律思想、法律原则和法律概念，以及与此相适应的法律调整在中国整个社会调整体系中的地位问题；研究中国法的部门的划分；研究法的体系的外部表现形式，即中国法的渊源、法规汇编和法典编纂问题。

二

在一切阶级社会的社会调整体系中，法律调整都是必要的、不可少的。但在不同的社会、不同的国度、不同文化传统的条件下，法律调整在整个社会调整体系中所占的地位却不尽相同。这个问题同在该国占统治地位的法律思想有直接联系。而在该国占统治地位的法律思想，除在根本性质上为该国经济制度、政治制度的本质所决定外，还受该国的民族传统、地理人口、社会心理及其具体国情中的其他种种因素所影响。

从中国的国情出发，我认为我们现在法律调整的作用还发挥得很不够。我们今后必须大力加强社会主义法制，充分重视法律调整在整个社会调整中的重要的、不可少的地位和作用。我们重视把思想教育、政策指导和法律调整相结合，重视把法制建设与精神文明建设相结合起来的优良传统，应当发扬。我们不能也不应照搬资产阶级国家那种一切通过打官司来解决问题的办法，而是要在充分发挥法律调整作用的同时，在法律调整与其他社会调整措施（政治的、道德伦理的、群众团体的、居民自治的）的有机配合上多做文章。在资本主义社会，冷冰冰的现金交易，使人们精神空虚，自然需要过多地诉诸法律来解决纠纷，其法律也偏重于给人以制裁的威胁。而我们中国是社会主义国家，要以毛泽东思想为指导，贯彻正确处理人民内部矛盾的原则，更多地侧重于发挥法律的指导作用、教育作用，更多地强调通过调解解决纠纷。

在这方面，从历史上说，我们应兼各家之长，而避其所短。儒家思想，重义轻利，"重义"（指重视思想教育）是对的，"轻利"则不可，因为人们的行为，归根到底都同他们所追求的一定物质利益有关。因此对重要的社会关系必须进行法律调整，以贯彻国家、集体和个人利益相结合的原则，明确权、责、利的相互联系和限度，这样才能把人们的行为、把人们的积极性，引入有利于社会主义建设的轨道。从我们党领导革命和建设的经验来说，应该注意发挥我们重视政治思想工作、群众工作和重视党的政策的优良传统，同时也要看到我们的不足，我们还不善于运用法律武器。我们必须学会运用法律武器的本领，必须加强法制建设，要切实做到有法可依、有法必依、执法必严、违法必究。

所以，我认为：思想工作、政策、法律、精神文明的建设，缺一不可。要问以什么治国，我认为，应该是十八般武器件件精通。应该做到党有党规，国有国法，社会团体各有规章，乡有村规民约，在社会日常生活中人人礼貌相待；这样才能继承我文明礼仪之邦的优良传统，建设高度民主、高度文明的社会主义现代化国家。

总之，我们要把法律体系放到整个社会调整体系中来观察。我们必须重视法律体系的建设。加强社会主义法制是社会主义社会发展的客观需要。当前主要的问题是有相当数量的群众，相当数量的党员，包括一些负责干部，对法制建设的重要性还认识不足，有法不依、执法不严的现象在一些方面仍然存在，已经制定的法律还没有得到充分的遵守和执行。这种状况必须坚决改变，法律调整必须加强。但我们在指导思想上不能认为法律调整就是社会调整的全部，不能就法律体系来谈法律体系。在组织上，我们要形成以共产党为领导核心的，包括各级国家机关、各民主党派和人民团体在内的社会主义民主机构；在社会意识和社会规范方面，要形成以马列主义、毛泽东思想和党的方针、政策为指导的整个社会意识和社会规范体系（其中包括法律体系）。

三

　　研究建设有中国特色的社会主义法律体系需要解决的另一个重要问题，就是中国法律部门的划分问题。这个问题也可以说是从结构方面研究法律体系的中心问题。

　　法的部门是一国法律体系中调整同一类社会关系的规范的总和。但是怎样划分法律调整的社会关系呢？因为法律规范的特点在于作用于社会关系，因此在区分据以划分法律部门的社会关系时，具有重要意义的正是这类社会关系客观上要求具有的特殊调整原则、方针和调整方法的那种属性。譬如，并非所有的经济关系都必须采取等价、平权的调整方法，也并非所有的人身非财产关系都需要采取管理从属的方法。因此某类社会关系客观上要求的调整原则、方针和调整方法，对于确定某一法的部门所调整的社会关系范围有着直接的意义。法律部门划分的根据是法律调整的对象，但这是客观上需要有统一的调整原则和方针以及大体上相同的调整方法的调整对象。因此，确定某些规范是否能构成一个部门，就应看这些规范是否有需要从统一的调整原则和方针出发并采取大体相同的调整方法和调整对象。

　　从法的历史发展看，部门的划分总是随着社会生活的复杂化而出现的。早期的法，无所谓部门的划分，而是民刑合体，诸法统一。大概最早出现的主要是刑法，即执行法的保护职能的那部分规范，其他规范也有，但尚未分化出来成为相对独立的一个部门。在古罗马帝国时期，由于商品经济的发达，开始出现了公私法的划分。直到晚近，法的部门才有了进一步的分化。如，出现了国家法（或宪法）部门，这是同资产阶级民主宪政制度的发展紧相联系的；出现了诉讼法部门，这是同国家机关的分工、司法活动、诉讼活动分化为一个相对独立的领域和保证实体法实施的程序法经验的积累有关；出现了行政法部门，这也同国家机关的分工和有关行政管理经验的积累有关。

　　总之，随着社会生活的复杂化、法律调整的多样化，一国的法，日益分化为更多相对独立的部分——部门。虽然这种划分在不同的国度、不同的法系不尽相同，但总的看来，基本的或者说可以明确区别开来的有五个部门，这就是：国家法（宪法）、行政法、民法、刑法和诉讼法（包括民事诉讼和刑事诉讼）。在这五个基本的法的部门中，国家法部门是整个法律体系的基础和核心，它确定一国的社会制度、国家制度和公民的法律地位等大政方针问题，是其他法律部门立法的根据，行政法调整的是在实现国家行政管理活动中形成的管理从属关系，民法调整的是确认不同的所有制以及不同所有者之间的等价、平权关系，刑法则执行法的保护职能，调整犯罪者与国家之间的关系；而与这几个实体法部门相适应的程序法（主要是民事的和刑事的、部分国家也逐渐出现行政的），也各有自己独特的调整原则和调整方法。这些原则和方法都是法的基本原则和方针在各社会生活领域的具体化。

　　随着社会生活的复杂化，特别是随着社会制度的根本变革，一些社会生活领域又独立出来，于是法的部门又有了进一步的或者说第二层次的分化。如在社会主义国家，从民法中划分出劳动法、土地法、合作社集体农庄法、婚姻家庭法等，同时也出现了一些主要是从几个基本法律部门中分化和合成的如经济法、环保法等综合的部门。如经济法就主要是从民法和行政法中分化和合成而来，而环保法也主要是从行政法、民法等部门分化合成而来。说它们是"综合部门"，是说这些部门的规范往往来自不同的基本法律部门，它们需要同时采用不同部门的调整方法，如环保法就主要采用行政法的调整方法、部分采用民法的调整方法，甚至还采用刑法的调整方法。但它们所调整的社会生活领域的相对独立性和实际生活的需要，决定这些法律规范必须服从统一的调整原则和方针，就是在调整方法上虽然也采用类似其他基本法律部门的方法，但必然会带有自己的特点。所以它们也应是相对独立的法律部门。不过应该把它们视为次于基本法律部门的第二层次的法律部门，因为这些部门同它们原来分化出来的基本部门，仍有着较为紧密的联系。如经济法的许多规定，仍应以民法一些总的规定为基础，并且对它的适用也要通过民事程序而由民事诉讼法调整。

　　法的结构的复杂性、多层次性，反映了法律调整的方针、方法和手段的多种多样性，以及它从不同的角度作用于社会生活。有的学者把法律调整的方针、方法，划分为两大类：一类是集中的、权威的方法；一类是非集中的、自治的方法。并认为根据调整对象的不同，各个法律部门的调整方法都是这两种不同方法千差万别的不同配合。①

因此，我们认为：确定某些法律规范能否构成一个独立的部门，不仅应看调整对象和调整方法的统一，而且应看调整对象所决定的调整原则、方针和调整方法的综合联系。

一国法的体系有其中心部门，基本部门，还有在基本部门的基础上分化出来的子部门（如劳改法是刑法的子部门），也还有由几个基本部门分化合成而形成的"综合"部门。这种划分不是绝对不变的，是随着法律调整的社会生活的分化而分化的；这种划分也不是绝对的无条件的，而是相对说来是独立的，它们有着内在的紧密的联系。这样，就构成一个以宪法部门为中心的分等级、有层次的上下联系、左右协调的法律规范体系。正确认识由社会生活制约的法的结构的这种规律性，才能从整体上和相互联系、相互制约上把握法的各个部门、制度以及单个的规范，从而充分发挥它们的相互促进、相互保证的作用。

<h2 style="text-align:center">四</h2>

建设有中国特色的社会主义法律体系需要解决的另一个重要问题就是正确确定中国法的渊源（法律规范的外部表现形式）和加强规范性文件的系统化工作问题。

这里首先应该注意的一个问题就是不应把法的体系和法律渊源（即规范性文件）的体系混为一谈。法的体系是被客观制约的法的内部结构。规范性文件的体系则是这种结构的近似的外部表现。规范性文件的系统化主要有两种形式：法规汇编和法典编纂。进行法规汇编和法典编纂工作，当然应该考虑法的结构的内在规律性，但更为直接的是要考虑到实际工作的需要和适用的方便。

如果说法的体系说明的是法的结构的内在规律性，规范性文件体系则

---

① 参见 C. H. 勃拉图西《苏维埃部门法：概念、对象、方法》，《苏维埃国家与法》1979 年第 11 期。

是法的结构的外部表现形式，这种外部形式，虽然也受该国经济制度、国家制度、法的类型所制约，但都往往更多反映了一国民族传统和法律文化的影响。例如，同是资本主义社会的法，大陆法系各国则采用了立法性规范体系，即制定法渊源；而英美法系各国则采用了司法性规范体系，即判例法渊源。前者是个相对封闭的系统，而后者是个比较开放的系统，二者都有各自产生的历史原因，反映了不同的法律传统，并各有利弊。

从中国的传统看，我们主要是以制定法为法的渊源，不承认法院的判决有普遍适用的效力。但在现实生活中，党和国家机关在宪法和法律的范围内提出的某些政策，实际上起着法的渊源的作用。把党和国家的政策同国家正式制定和颁布的规范性法律文件简单等同，认为政策可以代替法，是不对的。但我们同样认为，把执政党的政策同国家的政策、法律割裂开，对立起来，也是错误的。否认在宪法和法律的范围内，党和国家机关提出的某些政策实际上起着法律渊源的作用，至少在目前和今后一段相当长的时期内，是不符合中国实际的。这个问题还有待在健全和完善中国社会主义法制的过程中，做进一步的研究，逐步加以解决。

为了正确、有效地运用法律调整，应该尽可能地使一般的政策调整制度化、法律化，使之转变为正式的、规范性的法律调整，以保证法律的连续性、稳定性和权威性。同时也应该自觉地把对社会关系的一般调整和从属于一般调整的个别调整结合起来。也就是说要有一般的规定，但又不能把有些问题规定得太细、太具体。成熟的问题、看准的问题应该及时制定为一般性规定，以便有法可依、有章可循，避免单纯的偶然性和任意性，不成熟的问题、看不准或看的还不够准的问题，就应允许在宪法、法律、其他法规和一般政策原则的限度内进行试点，总结经验。有的需要做出一般规定，有的则只应在一般规定指导下具体问题具体解决，避免"一刀切"。把一般调整和个别调整正确地结合起来，就既能保持法律秩序的相对稳定，又能适应发展和改革的需要，不断从变化着的实际生活中吸取新的成分，改变旧的过时的部分。也就是说应该从中国的实际出发，研究兼采两大法系的优点而避免各自的缺点。

在这方面当前的另一个重要问题，就是应该明确中国规范性文件的名称和等级。对此新宪法有原则的规定，但有些问题似应进一步明确，如省、自治区、直辖市人民政府的规范性文件的法律地位，县、省辖市、市辖区、乡、民族乡镇的人民代表大会及其常委会以及人民政府的规范性文件的法律地位等问题，就有进一步明确的必要。

在研究并认识法的结构的规律的基础上，应大力加强法规整理、法规汇编和法典编纂工作。完善中国立法是建设有中国特色的社会主义法律体系的主要工作，当然，这一工作只有在正确解决以上几个问题，深刻认识中国法的结构的内在规律性并讲求立法技术的基础上才能奏效。应该明确规范性法律文件的种类、等级，应该从中国实际出发，总结中国创制规范的经验并参照别国经验，制定关于起草规范性文件和编纂法典的技术性规则。

总之，解决建设有中国特色的社会主义法律体系问题，应当从中国国情出发，正确确定中国法律体系的指导思想和基本原则，正确认识法律调整在整个社会调整中的地位，正确处理法律调整与其他社会调整的关系，并找到体现这些原则和思想的行为模式，应当根据法律调整的对象、原则、方针和调整方法，划分中国法的各个部门，基本上弄清各部门上下左右的从属关系和协调关系；应当明确中国法律渊源的种类和具体形式，加强法规整理和法典编纂工作，制定起草规范性文件草案的规则。而所有这些，又都应围绕保障和促进社会主义建设这个中心，保证坚决而有秩序地改革，以充分发挥社会主义制度的内在"活力"。

论中国社会主义法律体系

沈宗灵

一个国家建立法律体系是本国法学工作者极为关注的问题之一。由于中国社会主义法学是一门较新的、基础较为薄弱的学科,因而对研究法律体系的要求就更为迫切。这一问题不仅与法学基础理论课的教学内容和法律院校教学计划中的课程设置直接有关,而且对立法规划、司法实践、法规整理与法规编纂、法学研究规划、法学图书资料分类以及法学工具书的编辑等工作,都具有直接或间接的意义。

中国的法律体系应是具有中国特色的社会主义法律体系,它必须是从中国实际出发,能体现中国社会主义法制建设的需要。当然,在研究中国社会主义法律体系时,我们同样也应借鉴外国的或中国历史上的法律和法学的经验,但决不能盲目照搬。

陈守一同志和笔者于 1980 年曾合写《论法学的范围和分科》一文[①],其中也探讨了中国社会主义法律体系的问题。在该文发表后两年左右的时间里,中国社会主义法制建设又取得了重大进展,同时随着时间的推移,笔者对这一问题的认识也有所发展。本文旨在以上述论文为基础,进一步阐明中国社会主义法律体系问题。

一 法律体系的含义

体系一词泛指和谐、协调、具有内在联系的一个整体。因此,法律体

---

① 1981 年 2 月在北京法学会首届年会中宣读,全文载《法学论集》,法学杂志社,1981,第 1~4 页。

系往往具有不同含义，成为一个多义词。在中国法学界，对该词的用法就很不一致，例如芮沐同志所写的《建立为社会主义现代化建设服务的法律体系》一文（载 1982 年 11 月 12 日《中国法制报》）中所讲的"法律体系"，实质上泛指比较完备的法律。1983 年 1 月 6 日《人民日报》所载许崇德同志写的《维护社会主义法制的统一和尊严》一文中所讲的"法律体系"，实质上是指根据宪法、不同国家机关制定法律规范性文件分类的体系，也即很多法学著作中所称的成文法法律渊源的体系或西方分析法学派通常所称的法律规范等级（层次）体系。有的文章中更将法律体系扩大解释为法制体系，或更广地解释为法治系统工程。在 1949 年新中国成立以来的法学理论课中，"法律体系"一词的含义，沿袭苏联《国家与法律理论》教科书的解释，指一国的各种部门法组成的体系。《法学辞典》对该词的定义是"由各法律部门组成的一国法律有机联系的整体"。① 本文所讲的"法律体系"也是在最后一种意义上使用的。因而，中国社会主义法律体系是指由中国社会主义法律的各部门法组成的整体。研究中国法律体系，也即研究如何将中国全部法律分门别类，从而建立起一个由各部门法组成的具有内在联系的体系。一国的法律体系仅指本国仍生效的（加上正在或即将制定的）法律，不包括国际法或已不生效的国内法。

部门法当然离不开成文法的规范性文件（即通常所讲的法规汇编意义上的"法规"），但二者并不是一个概念。尽管有些部门法的名称和相应规范性文件名称是一致的，例如作为一个部门法的"刑法"和作为一个规范性文件的刑法或刑法典。有些部门法的名称，例如行政法、经济法等名称，一般来说，只是许多同类的单行的成文法规范性文件的总称，并没有行政法或经济法之类的规范性文件。

部门法的划分和法律的其他分类（如实体法和程序法、根本法和普通法等）是有密切联系的，在划分部门法时要考虑到这些分类，但部门法的划分并不等于这些分类。

有些法学著作中提出了法律体系和立法体系之间的区别问题。这里应注意的是：立法和立法体系二词可以有不同意义的理解。狭义的立法仅指国家最高权力机关或代表机关（在中国还包括最高权力机关的常设机关）

---

① 《法学辞典》，上海辞书出版社，1980，第 466 页。

制定法律这种特定的规范性文件的活动，广义的立法则泛指制定任何成文法规范性文件的活动。中间意义的立法则指除以上狭义的立法外，还包括根据宪法规定或最高权力（代表）机关授权，由政府部门或地方国家机关制定某种成文法规范性文件的活动。因而中国法学界个别文章中所提出的一级立法和二级立法，或西方法学著作中通常所讲的议会立法和授权立法（或委任立法），从字面上讲，就分别指以上狭义的立法和中间意义的立法。

如果从以上狭义的立法来说，法律体系显然不同于立法体系，前者的范围远比后者为广，例如行政法是法律体系中被公认的独立的部门法之一，但这一部门法中的主要成分是各种行政法规，它们并不是由最高权力机关或其常设机关制定的。如果从广义的或中间意义的立法来讲，这种立法体系又可以有不同含义，例如，它可以是指国家在某一时期的立法规划，而立法规划显然不同于法律体系；它也可以指有关法规整理或法规编纂的结构，但这种意义上的"立法体系"是否等于法律体系，就取决于这一国家的法规整理或法规编纂采取什么形式。如果根据中国 20 世纪 50 ~ 60 年代出版的《法规汇编》形式（将一定时期的法规加以粗线条式的分类编排），或采用《美国联邦法典》的形式（将联邦议会通过的全部现行制定法划分为 50 类）或苏联近年来出版的《法律汇编》的形式（将全苏联的法律划分为关于社会制度和国家制度等七类），那么，这些分类并不等于部门法的分类，因而法律体系也不同于立法体系。如果采用西方国家民法体系（即大陆法系）国家法规编纂形式，如日本的"六法全书"之类的形式，就可以说法律体系大体上等于立法体系。但不论对立法或立法体系的含义如何理解，法律体系和立法体系二者是密切联系的。

二　划分部门法的根据

研究一国法律体系的一个关键问题是划分本国部门法的根据（或标准、原则）是什么。20 世纪 50 年代初以来中国法学著作中关于这一问题的传统观点是：划分部门法的标准主要是法律所调整的不同社会关系，即调整对象，其次是法律调整的方法。[①]

---

①　参见孙国华主编《法学基础理论》，法律出版社，1982，第 270 页。

这里讲的"不同社会关系"实际上是指社会关系的不同领域。划分部门法时无疑首先应考虑法律所调整的社会关系的不同领域。因为法律调整的对象是社会关系，即人们相互之间的关系。这里讲的"人们"既包括个人，也包括能作为法律关系主体的法人（国家、国家机关、企事业组织等）。社会关系涉及经济、政治、文化、宗教、民族、家庭等各个领域。有关自然资源的使用和保护、科学技术的应用和发展以及环境保护等方面的法律，尽管其直接的保护对象并不是某种社会制度或社会关系，而是某种自然现象，但其内容仍在于调整人们在有关这种自然现象方面的相互关系。程序法不同于实体法，但程序法同样是调整一定社会关系的，即调整在实体法所规定的某种权利义务受到侵犯时而产生的诉讼活动中所发生的社会关系。

法律在调整社会关系时所采用的方法也的确是划分部门法时所应考虑的一个重要因素。例如刑法调整的范围涉及社会关系的各个重要方面，它之所以成为一个独立的部门法，原因在于它是以刑罚（即刑事制裁）作为手段来实现法律调整社会关系的任务的。在这里，调整方法实际上是指对违法行为制裁的方式。因而我们也可以说，民法、行政法和刑法的区别之一在于民法和行政法是分别以民事制裁或行政制裁的方式来保证民法和行政法所要调整的社会关系的。

划分部门法是一个极为复杂的问题。仅以社会关系的不同领域和不同的调整方法作为划分部门法的根据显然是不够的。除了以上二者，我们还应考虑到其他一些因素。

例如第一，法律所调整的社会关系的不同主体以及这种主体之间关系的不同形式。法律所调整的社会关系的主体实质上就是法律关系的主体。如上所述，法律关系的主体包括个人和法人。

法律关系主体之间关系也有不同形式，例如有的是民事平等关系，有的是行使国家权力所发生的关系等等。民法和经济法这两个部门法都是调整经济社会关系的，它们之间的差别主要在于法律关系主体的不同以及他们之间关系的不同形式。关于这一问题，在本文下节中再加申述。

第二，在划分部门法时，我们也应考虑到不同社会关系领域的广泛程度和相应法规的多寡。社会关系包括无数领域。但部门法的划分并不意味着调整任何社会关系领域的法律都应成为一个独立的部门法。例如选举法调整社会政治生活中的一个领域，但在中国目前，选举法规的数量还是很有限的，事实上，有关选举的法律规定是分散在许多不同的部门法中的。因此，至少就目前或可预见的将来而论，不必将选举法作为一个独立的部门法，而不妨将它列入宪法这一部门法中的一个附属部门。反过来看，有的社会关系，例如通常所说的经济关系领域，其范围极为广泛，我们几乎可以说每一部门法都在不同程度上调整经济关系，因此很难设想可以把凡涉及经济领域的法律都纳入作为部门法之一的经济法。

在实行成文宪法制的国家，只有一个宪法，但它是国家的根本法，在一国法律体系中占有主导地位。它不像一般部门法那样，仅调整社会关系的一个或几个领域，它调整的是全面的社会关系，即对本国社会关系的各个重要领域都做了原则的规定。严格地说，不能称宪法是部门法，它是一切部门法的基础。如果称它为"部门法"，也只是在特定意义上才这样称的，即它是一国法律体系的一个组成部分——虽然是占主导地位的部分。

第三，与上述因素密切联系的另一因素是：划分部门法既不应过宽也不应过细，在它们相互之间还应保持适当的平衡。过宽过细或过大过小，都有背划分部门法的原意。划分部门法对法律院校课程设置、立法规划、司法实践、法规整理与法规编纂、法学研究规划、法学图书资料的分类以及法学工具书的编辑等工作之所以都有重要意义，归根结底就在于通过这种划分，有助于人们了解和掌握本国的全部法律。

为此，在每一独立的部门法之下，不妨再分为第二层次甚至第三层次。第二层次的法律存在两种形式。一种是在这一独立的部门法中，如宪法，除了占主导地位的宪法外，又有几个附属的、较小的或第二层次的部门法，如各级国家机关组织法、选举法、民族区域自治法、国籍法等。另一种是某一独立的部门法，如自然资源法，由几个平行的、较小的或第二层次的部门法组成（如土地法、森林法、能源法等），其中并没有一个占主导地位的法律。

在考虑部门法的划分不应过宽或过细时，一个难题是：一国的部门法划分为多少比较合适。这里不可能有一个绝对的原则。根据各国立法史的经验来看，普通法法系（即英美法系）国家对部门法的划分，特别是私法的划分，是相当模糊的；苏联和民法法系（即大陆法系）国家，一般将部门法划分为十个上下。

第四，在划分部门法时，我们应以全部现行法律为基础，同时也应适当考虑正在制定或即将制定的法律。为了保持法律体系的相对稳定性，特别是中国法制正处在逐步完备的过程中，在划分中国部门法时，虽然应以全部现行法律为基础，但也应考虑到正在制定或即将制定的法律，尤其是一些重要的法律。我们现在将民法、经济法或行政法分别划为独立的部门法以及在考虑它们内部的层次如何划分时，显然应考虑到很多正在或即将制定的有关法律。

综上所述，划分部门法的根据或原则，应包括六个因素：法律所调整的社会关系的不同领域；调整社会关系的不同方法；社会关系的不同主体和主体之间关系的不同形式；不同社会关系领域的广泛程度和相应法规的数量；不应过宽或过细并保持适当平衡；以全部现行法为基础，同时适当考虑正在或即将制定的法律。

还应着重指出，以上这六个因素是互为联系的、交错的。对每一部门法的划分要综合各种因素加以考虑。

三　经济法作为一个部门法

一国的法律体系首先随着本国法律，最终必然是随着社会客观实际的发展变化，同时也随着立法者和法学工作者的认识水平的逐步提高，而不断改变。当然，法律体系应保持相对的稳定性。立法者和法学工作者的任务之一在于使本国法律体系既有健全的发展变化，又能保持相对稳定性，避免动荡不定。

各种社会关系是错综复杂地结合在一起的，因此各部门法之间也不可避免地存在交错。例如，宪法要对本国社会关系做出全面的、原则规定，因而宪法和其他所有部门法必然存在着交错。又如经济法和民法、劳动法、行政法和自然资源法等部门法之间，就调整经济关系这一角度而论，存在更多的交错。因此，科学地划分部门法要求善于区别必要的交错和不能容许的重复以至混乱。

从近年来中国有关法学文章以及法律起草工作的实践来看，经济法与其他一些部门法，特别是与民法之间的界限是一个争论较多且迄今尚无大体一致意见的问题。日本名古屋大学法学教授加藤曾就中国法学界关于民法与经济法之争问题写了一篇长文，先在日本发表，后又在美国发表。文章的基调是，对社会主义国家来说，这是一个必然的难以解决的问题。"对中华人民共和国来说，就像对其他社会主义国家一样，民法典的制定提出了一些特殊的问题。在民法法系（即大陆法系）中，民法（包括合同法、民事侵权行为法、财产法和家庭法）和经济法（反托拉斯法和对私人交易的公共调节）之间是有明显区别的。可是在社会主义国家，由于私法和公法在某种程度上是合在一起的，这种区别就变得难以分清了。社会主义国家在制定民法过程中，起草人就遇到了民法是什么以及它和经济法又如何区别开来的问题。"①

应该承认，研究中国社会主义法律体系时，经济法作为一个部门法的问题，包括经济法和民法之间的界限问题，是一个比较复杂的问题，但也并不必然是一个难以解决的问题。本文主题限于一般地探讨中国法律体系，不宜过多地论述有关经济法问题，但另一方面，在中国目前研究法律体系，即研究如何划分部门法时，明确经济法作为一个部门法的概念，以及它与其他部门法之间的界限，又是一个不能回避的问题。

在研究上述问题时，我们应特别注意：作为一个部门法的经济法和泛指的经济法（或经济立法、经济法规）是两个既有联系却又不同的概念。这也就是说，经济法这一概念有狭义和广义之分，二者不应加以混淆。围绕经济法问题上的有些争论，看来是和经济法概念上的混淆有关的。

我们完全可以指出，为了适应现代化经济建设的需要，必须重视经济法，加强经济立法，制定大量经济法规，等等。我们也可以一般地对经济法下一个简短的定义：经济法是"调整经济关系的法规的总称"②。同时，我们也完全可以根据这样的定义，来写一本以"经济法"为题的专著，编一本《经济法规汇编》的资料，在法律院校中设立一个经济法专业，等等。但应注意，所有以上讲的"经济法"（或经济法规、经济立法）都可能是（事实上也大体上是）泛指的或广义的经济法，而不是指作为一个部门法的经济法或狭义的经济法。

如上所述，我们可以一般地将经济法界说为"调整社会经济关系的法规

---

① 原载《中国的法律和现代化》（东京大学出版社，1980）和《名古屋法律季刊》（1980年），后载《美国比较法季刊》1982年第4期，第430页。

② 《法学辞典》，上海辞书出版社，1980，第485页。

的总称"，因为顾名思义，经济法是调整社会经济关系的，但这是一个泛指的或广义的经济法的定义，对作为一个部门法或狭义的经济法来说，上述定义是不合适的。从逻辑上说，定义者和被定义者的外延是不相等的。就一国的法律体系来说，经济法是其中的一个独立的部门法，它是调整社会经济关系的法律，却并不是调整一国全部社会经济关系的法律。事实上，一国法律体系中的其他各个独立的部门法都在不同程度上调整社会经济关系，特别是民法，主要是调整社会经济关系的。从这一点上讲，"经济法"这一术语，就像法学中的其他不少术语，诸如法、法律、法制、法治等一样，是一个多义的，甚至是容易引人误解的名词。现代世界各国都制定了大量有关经济领域的法律，但就大多数国家的法学著作来说，一般并不将"经济法"作为部门法的名称，这不是偶然的。

　　一个财经学院如果单独开设"经济法"这门课，而不开设其他更多的法律课程，它完全可以从泛指的、广义的"经济法"定义出发来理解这一课程。但在一个法律院校中（不论是法律专业或经济法专业），它所开设的课程，除了经济法这门课外，还有民法以及其他许多法律课程，在这种情况下，它就必须要明确"经济法"这一课程与民法等课程之间的界限。不认真地研究这些问题，固然是不合适的，仅提出"大经济法"或"大民法"之类的原则，看来也是不够的。

　　一般来说，一国的法律体系问题，包括经济法与民法或其他部门法之间的划界问题，是一个学术上的问题，但这些问题不仅与法律教育、法学研究、法规整理和编纂、法学工具书编辑、法学图书资料整理等工作直接联系，而且与立法和司法工作也有直接或间接的联系。这里有一个明显的例证：1981 年 12 月通过的经济合同法一般被认为是狭义的经济法的一个重要法规。根据该法第 2 条、第 54 条，经济合同法适用范围是企业、农村社队、国家机关、事业单位、社会团体等法人之间的经济合同关系；个体经济户、农村社员同法人之间的经济合同关系则参照该法执行。这里我们就需要研究，在中国社会主义社会中，有没有以上所讲的经济合同关系以外的合同法律关系，有没有例如公民之间或除个体经济户、农村社员以外的公民和法人之间的合同法律关系？如果有，又用什么法律来调整？经济合同法和拟议中的民法中的合同篇（即合同法）有什么关系和差别？我们在这一问题上的立法方针是像个别东欧国家那样，不同的合同法关系分别由经济合同法和民法合同法来调整？还是像其他多数东欧国家和大陆法系国家那样，所有合同关系都由民法合同法调整？或者还有其他方针？

据报载，"近几年来，中国法制建设取得了可喜成绩。目前中国已颁发了约300个新法律、法令和行政法规，其中近250个是经济法规。此外还有140多项经济法规正在制订中"。① 笔者的理解是：这里讲的"经济法规"是指广义的经济法或经济法规，即其中仅一部分属于狭义的、作为一个部门法的经济法，其他部分属于别的几个同样也在不同程度上调整经济关系的部门法。反过来，如果以上讲的近250个经济法规都可以归入作为一个部门法的经济法，又如以上讲的300与250之比可以适用于中国全部现行法规的话，那就意味着：在中国法律体系中，经济法作为一个部门法的数量占5/6，其他所有部门法的总和仅占1/6。

显然，这样来理解作为一个部门法的经济法，无论从理论上或实践上说，都是不合适的。我们不能把凡是调整经济关系的一切法律都称为作为一个部门法的经济法，同时，上面已指出，划分一国部门法时应遵循的一个原则是：不应过宽也不应过细，各个部门之间也应保持适当的平衡，过宽过细或过大过小，都有失划分部门法的原意，即有助于人们理解和掌握一国的全部现行法律。

四　关于中国社会主义法律体系的建议

笔者建议，经济法作为中国社会主义法律体系中的一个独立部门法，是与一些传统的部门法如民法、劳动法、行政法等并列的部门法；劳动法可扩大为劳动法和社会福利法（一称社会安全法或社会保障法）；各种自然资源法和环境保护法也可合在一起作为一个独立的部门法。以上这些部门法都在不同程度上调整社会经济关系，相互之间建立合理的分工关系，既有交错又有区别。

大体上说，经济法调整的是国家、国家机关在计划和管理国民经济以及各种经济组织内部或相互之间所存在的大部分经济关系。民法调整的是国家、国家机关、经济组织、公民与其他法人在财产所有权、一般民事合

① 参见《中国法制报》1982年8月27日。

同、民事侵权行为方面的关系，同时也调整与财产关系有关或无关的某些人身关系（如版权、发明权、姓名权等）；民法中规定的很多总则和重要法律概念也可适用于调整经济关系的其他所有部门法，特别是经济法。行政法调整国家行政机关在实现一般的行政管理活动方面的关系，其中也包括有关工农商行政管理的法律。劳动法调整的是劳动关系，社会福利法调整国家和有关组织在不断满足人民日益增长的物质和文化需要方面的关系；二者密切联系，也都主要涉及经济关系。自然资源法和环境保护法调整各种自然资源的经营管理、规划、利用、保护以及环境保护等方面的关系。

在研究经济法与其他有关部门法之间的划界问题时，我们一方面应注意，这种划界并不是立法部门或法学工作者"随意规定"的，但另一方面，也应认识到这种划界是相对的，这不仅是因为一国的部门法的划分，即法律体系，是随着本国法律的发展变化以及立法者和法学工作者认识水平的逐步提高而不断改变的，而且还因为，往往可能同时存在几种划分法，它们都各有利弊。在这一点上，我们不妨回顾一下资产阶级立法史中关于"民商合一"和"民商分立"之争。单纯从立法技术来看，对这两种划分法是很难做出肯定结论的。

除了将自然资源法和环境保护法列为独立的部门法外，作者还建议将文教科技法和军事法也分别作为独立的部门法，以适应科技和国防现代化建设在法制方面的需要。

在划分部门法时，应注意实体法和程序法之分的问题。实体法所规定的权利、义务关系（或职权、职责关系），如果没有相应的程序法的保障，这一国家的法制很难说是健全的。中国已制定了刑事诉讼程序法和民事诉讼程序法（试行），但行政诉讼程序法尚未制定，有关行政诉讼的体制问题也不明确。例如，行政机关和公职人员在其职权范围内的活动中侵犯公民权利，从而引起行政侵权行为的责任问题，究竟由专门的行政法庭处理还是由普通法院处理，还是由二者分别处理。为了加强社会主义民主和机构改革的需要，行政实体法和程序法亟待健全。就划分部门法来说，刑事和民事诉讼法在中国法学界一般已被公认作为一个独立的部门法，而不是分别属于刑民法实体法部门。在本文中，行政诉讼程序法暂且与行政实体法合在一起作为一个独立的部门法。

有的法学著作将司法制度或司法组织，甚至将法院组织法和检察院组织法都单列为一个独立的部门法。司法制度或司法组织等作为一门课程或一本专著的名称，当然是无可非议的，但作为一个独立的部门法，往往产生一个副作用，即或者是与宪法发生不必要的重复，或者是削弱了宪法作为一个部门法的内容。笔者建议有关国家机关的组织法（包括司法机关组织法）作为宪法这一部门法中的一个附属的部门法，司法制度或司法组织等不作为一个独立的部门法。当然，在行政法和行政诉讼程序法，刑、民事诉讼程序法，经济法等部门法中，都会涉及相应的组织法问题。

附录：关于中国社会主义法律体系的建议说明

（1）宪法。以宪法为主导部门，并包括以下附属部门：国家机关组织法、政府机构改革法、民族区域自治法、选举法、国籍法等。

（2）经济法。由以下各并行的部门组成：国民经济计划法、基本建设法、财政法、金融法、工业企业管理法、农业经济管理法、商业管理法、交通法、对外经济关系法（包括中外合资经营企业法、海商法等）、经济合同法（与民法中合同法之间关系待定）等。

（3）民法。

（4）家庭法。由以下各并行的部门组成：婚姻法、计划生育法、亲属和继承法等。

（5）自然资源法和环境保护法。由以下各并行的部门组成：土地法（包括土地征用法）、森林法、草原法、能源法、水利法、水产资源法、矿产资源法、环境保护法等。

（6）劳动法和社会福利法。由以下各并行的部门组成：工会法、职工参加企业管理法、劳动保护法、职工奖惩法等。

（7）文教科技法。由以下各并行的部门组成：教育法、科学法、专利法、发明奖励法、新闻法、出版法、文艺法、广播电视法、文物保护法等。

（8）行政法和行政程序法。由以下各并行的部门组成：民政管理法、治安管理法、城市规划和建设法、卫生管理法、交通管理法、工农商行政管理法（包括企业登记法、商标法等）、行政诉讼法等。

（9）刑法。

（10）司法程序法。以刑、民事诉讼法为主导部门，并包括以下附属部门：律师法、公证法、调解法和仲裁法、劳教法、劳改法、监狱管理法、国际私法（指冲突法）等。

（11）军事法。

对建立中国式社会主义法律体系的探讨

王绍棠　张传桢　陈鹏生

建立社会主义法律体系，是中国社会主义历史发展的必然要求，它直接关系到立法、司法、法学研究和法律教育等各个方面的工作，是中国法制建设一项迫切的战略任务。这里，首先要解决的是一个走什么路子，建立起什么样式的法律体系的问题。邓小平同志在党的十二大开幕词中指出："我们的现代化建设，必须从中国的实际出发"，"走自己的道路，建设有中国特色的社会主义"。毫无疑问，建立中国社会主义法律体系，也完全应该坚持这个正确的方向。只有"从中国实际出发"，"走自己的道路"，一个具有中国特色的社会主义法律体系才能"立"起来，行得通。

我们所讲的中国实际，指的是中国历史和现实的实际，我们要在马列主义毛泽东思想的指导下，既立足于中国是一个具有10亿人口的发展中社会主义国家的今天和明天，又不割断中国作为一个具有悠久历史文化传统和革命传统的国家的昨天。这在我们建立中国式社会主义法律体系的过程中，同样是十分必要的。

一

从历史上看，中国古代法律体系究竟是个什么样子呢？要了解它的基本特点，从中借鉴，还得研究凝聚着中国古代法律体系精神原则的中华法系。诚然，在中国过去行文中，法系和法律体系是有区别的。但是，两者密不可分，法律体系是法系的基础，法系是法律体系精神原则的集中体现，人们通常就是以一个国家的法律体系为基本依据来判断其法系的归宿的。因此，割裂法系和体系的联系，甚至对法系抱虚无主义的态度，是不科学的。纵观中国古代的法律，从最早一部封建成文法《法经》开始，到最后一部封建法典《大清律》为止，其发展沿革一脉相承，十分清楚，表现出独树一帜的中华法系的紧密内在联系。而从中华法系中表现出来的中国古代封建法律体系的一个显著特点，便是重刑轻民，诸法合体。一方面，在中国古代颁行的法典中，基本上是刑法典，有关田土、户籍、婚姻等民事法律关系的规定较少，条文也较为简单。作为成文法始祖的《法经》，所属 6 篇全是刑事法规。以后，汉代《九章律》，也只是在户律和杂律里有少数民事法规。到了唐代，成为封建法典楷模的唐律 12 篇，属于民事法规的仅户婚、杂律中的一部分。另一方面，中国古代历朝统治者都十分重视法律编纂工作，但从未正式颁布过一部按调整的民事法律关系来划分的独立民法典。少量民事法规都包含在刑事法典里面，不自成体系。因而形成民刑不分、诸法合体的结构。上述情况和罗马法系、英美法系中民法始终占突出地位的情况相比较，更显出中国封建法律体系重刑轻民的倾向。

在中国，古代法律体系从确立到发展，经过了近千年的漫长历史过程，重刑轻民、诸法合体的特点则与之相始终。这是为什么呢？探索这一现象的社会根源，从中吸取教训，应该是我们"鉴古"的着力处。

（1）法的关系"根源于物质的生活关系"。[①] 中国古代法律体系所采取的重刑轻民、诸法合体的保守性结构形式，从根本上说，是由封建土地占有制下的农业与家庭手工业相结合的封建自然经济所决定的。中国封建社会长期停滞、发展缓慢的历史条件，使中国古代法律这种保守性结构陈陈相因，从未间断，而自成体系。作为上层建筑之一的法律制度，总是要竭力维护它的经济基础的，以商品经济为调整对象的民事法规的发展，不但要以商品经济的发展为前提，而且必然会因为它自身所具有的能动性而对商品经济起推动作用，这就会危及封建专制制度所赖以建立的自然经济的基础。正是由于这个原因，所以中国古代历朝封建统治者，都实行"重本抑末"的基本国策。并推行一整套由这种基本国策派生出来的法律制度，来限制、摧残商品经济，在这种情况下，民法相应落后，"轻民"作为古代法律体系中长期存在的现象，就必不可免了。

---

① 《马克思恩格斯选集》第 2 卷，人民出版社，1972，第 82 页。

（2）中国古代民法不发达的另一个重要原因，就是礼的调整代替了民事法律而起作用。礼法结合是中华法系的基本特点。自西周创建礼制以来，礼一直成为历代统治者的重要统治工具。特别是进入封建社会以后，儒家的纲常伦理思想不断法典化，通过法律的形式，对婚姻、继承、亲属和尊卑等广泛的民事关系起直接的调整作用。而在"国无二君，家无二尊"的思想指导下，封建社会历来十分注意强化家长的特权，作为族权化身的家长实际上拥有调整、裁决家庭成员之间民事纠纷的权力，并形成一套相当完整的家族法，在整个封建法律体系中占有重要的地位。这样，对于封建社会来说，独立的民法典的存在就没有必要和可能了。

二

那么，从中国的历史和现实的实际出发，我们在建立中国式的社会主义法律体系时，应着重注意哪些问题呢？

（1）从中国社会主义经济基础的现实情况出发，法律体系是植根于经济基础之上的，它应是有什么样的规模，形成一个什么样的体系结构，都必须符合中国目前的经济发展需要，从当前的国情出发。中国社会主义经济基础，不但反映社会主义经济的一般规律，而且反映了中国条件下的特殊规律。这主要表现在所有制形式上，既坚持以生产资料公有制为基础，又根据中国现阶段生产力水平低，生产力结构多层次性，而允许各种经济形式长期地同时并存。和经济形式的这种多层次结构相适应，中国在经济管理体制上，也实行多种多样的管理方式，建立责、权、利紧密结合的不同形式的生产和经营责任制。所有这些，都反映出中国在生产关系具体形式方面的主要特点。这就要求决定并服务于经济基础的法律，不但要确认它们的存在，而且必须建立具体的专门法规，对这些制度、原则的实施给予切实的法律保障，以推动多种形式所有制和经济责任制沿着社会主义方向不断发展和完善，从而更充分地发挥法律保护社会主义经济基础和促进生产力发展的能动作用。

当然，法律体系在反映社会主义经济基础发展情况时，还有一个先后主次的问题。我们在法律体系上应该首先注意反映经济建设宏伟目标的战略重点和根本环节。由于中国的基本国情是，10亿人口8亿在农村，3亿多劳动力从事农业生产，农业作为国民经济的基础，其发展的快慢，在很大程度上直接影响甚至制约着经济发展的全局。正因为农业关系如此之大，所以今后 20 年中国的经济发展战略重点把农业排在首位。这种客观的形势，理所当然地要求我们在立法上采取相应的措施，重视运用法律的手段，保护农村的集体所有制，和作为农村合作经济主要经营管理形式的联产承包责任制，使它们在社会主义原则指导下充分发展，并更好地为社会主义服务。我们过去对于农村集体所有制的原则，虽然在理论上、政策上加以承认，也明确提出"三级所有，队为基础"，但是，由于没有在法律上相应地做出反映，缺乏严格的法律保障，因而一再出现"一平二调"的共产风，损害了生产队的自主权，严重挫伤农民的积极性。历史的教训深刻地告诫我们，在发展农业经济，保护农村集体所有制和联产承包责任制方面，应该有相应的法律，并使这些法律在我们社会主义法律体系中占据应有的地位。

（2）适应阶级和阶级斗争的现状及其趋势。我们过去在法制工作上长期受"左"倾错误思想影响，在理论上的表现之一，就是片面地强调以阶级斗争作为法的唯一的质的规定性，从而认为法的作用仅仅是阶级斗争的工具，并以此来说明一切法律问题。这样，实际上是削弱了作为反映全面社会主义社会关系的法律的应有作用。一方面把一些非阶级斗争性质的问题当成阶级斗争问题来进行法律处理；另一方面是把大量本应由法律来调整的非阶级斗争性质的社会关系，排除在法律调整之外。今天，民法、行政法、经济法之所以落后于客观形势的需要，应该说这是一个重要的认识根源。

在我们对阶级和阶级斗争问题的认识拨乱反正之后，特别是面对剥削阶级作为一个阶级已经不再存在，"中国社会存在的矛盾大多数不具有阶级斗争的性质"这一新情况，我们不是应该削弱法制，而是必须进一步加强和完善法制，提高建立中国式社会主义法律体系的自觉性。我们还应该看到，今天存在于我们社会的"一定范围"内长期存在的阶级斗争，主要表现为人民同敌对分子的斗争。并且在某种条件下还可能激化。因为历史上的剥削制度和剥削阶级在各方面的遗毒不可能在短时间内清除干净，祖国统一大业还未最后完成，资本主义势力以及某些敌视中国社会主义事业的势力还会进行侵蚀和破坏，还可能有某些社会成员腐化变质，并出现少数剥削分子和各种敌对分子。所以我们必须做好长期斗争的精神准备，坚持人民民主专政国家的专政职能，坚持用马克思主义的阶级观点来处理问题。因此，从经济、政治和思想文化等方面加强和完善法制，已成为历史发展的客观要求，这是我们建立中国式社会主义法律体系应考虑到的一个特点。

（3）适应统一的多民族国家的特点。中国是一个统一的多民族的国家，自秦汉以来的两千多年中，虽然几经动乱分合，但各民族始终互相依存，我们一直是作为多民族的统一国家立足于世的。在现有的50多个民族中，各族所处的地理环境，以及经济、政治、文化状况差别很大，形成不同的传统习惯和社会基础，正是考虑到这一状况，新宪法在明确宣布各民族一律平等的原则下，强调"国家保障各少数民族的合法的权利和利益"，并进一步充实和完善民族区域自治制度，规定自治机关在国家计划的指导下，自主地安排和管理地方性的经济建设事业，自主地管理本地区的教育、科学、文化、卫生、体育事业，等等。我们国家民族结构的这一特点，以及新宪法对民族问题的规定，无疑应该有具体法规来做出相应的反映。过去我们在"左"的思想影响下，对少数民族地区的特点研究不够，习惯于一刀切，现在我们的法律应该根据新宪法规定的精神，进一步体现国家集中统一和民族区域自治的正确结合，体现全国人民共同利益和少数民族特殊利益的正确结合，让有关少数民族自治的专门法规，在整个社会主义法律体系中相应地反映出来，使社会主义法律在加速民族自治地方的发展繁荣，逐步消除历史遗留的民族地区间的差别中，发挥更大的积极作用。

（4）注意稳定性和发展性的结合。具有中国特色的社会主义在建设和发展中，与之相适应的中国式社会主义法律体系，也只能处在建设和发展的阶段。法律体系的形成和发展，本身就是一个不断克服实际与法的矛盾的过程。特别是中国尚处在体制的创新改革时期，情况在不断发展变化，当前的实际只是我们建立法律体系的出发点而不是终点。因此，我们的法律体系既要总结已有立法、司法的成果，又必须适应社会发展趋势的要求，把稳定性和发展性正确地结合起来。比如环境保护法规，它是一种范围广泛的综合性法规。随着工业的不断发展，环境立法、司法和环境法学都必然日益发展而自成体系。又比如人口控制、计划生育，这是对中国经济和社会发展都具有极端重要性的问题，中国已经把它作为基本国策，把实现人口控制与实现经济发展的策略目标紧密地结合在一起，因此，本质地说，我们人口与经济的关系，可以说是物质资料生产和人类自身生产的"两种生产"的关系，其重要性不言而喻。而中国人口众多，不同民族、不同地区的风俗习惯，生产水平，人口密度，都有明显差异，构成中国人口问题的复杂性和特殊性。但是，直到现在，我们没有一个关于人口控制、计划生育的正式法规。目前各地在执行这一方针时，主要是依据中央和地方一些政策原则和工作指导，在工作中往往因法无明文，自为其政，采取了各种各样的限制措施和奖罚办法，客观上产生了一些矛盾和问题。可见，无论从重要性还是迫切性来说，建立这方面的专门法规已是势在必行了。

中国社会主义历史的发展进程，已经到了迫切需要研究、探索和建立具有中国自己特色的社会主义法律体系的时候了。我们不揣浅陋地谈了对建立中国式法律体系的初步认识，目的在于抛砖引玉，以期集思广益，共同促进讨论的深入开展。

中国社会主义法律体系简论

罗耀培

进一步建立具有中国特色的社会主义法律体系，这是一个有关开创中国法制建设新局面，推动立法、执法和教学科研工作的具有重要深远意义的研究课题。本文试图对中国社会主义法律体系的重要意义、特点、划分标准和建立等问题做些粗浅的探讨。

一

"法律体系"，或称"法律的体系"、"法的体系"，一般指的就是以法律规范为基础，由各部门法构成的有机统一体系。它是建立在一定的社会经济基础之上的，有它存在和发展的客观必然性，是统治阶级以国家意志进行法制建设的积极成果。恩格斯在 1859 年以德文写的《论卡尔·马克思著政治经济学批判一书》一文中，就曾指出："所有在历史上出现的一切社会的和国家的关系，一切宗教的和法律的体系，一切理论的观点，都只有在了解了每个相应时代的物质生活条件后才能了解，而且所有这一切都是从这些物质生活条件中引导出来的。"[1] 正如马克思所说：人们不能主观地"制造"法律，但立法者认识到它的存在和发展的必然性，是可以将这

---

[1] 《马克思恩格斯文选》第 1 卷，莫斯科中文版，第 346 页。参看同书德文版第 1 卷，第 343 页；英文版第 1 卷，第 368 页。请注意："法律的体系"一词，德文原著为"rechtsysteme"，英译为"legal system"。现在一般英语行文中对"法律体系"一词都不用"family of law"、"geneology of law"（法律谱系），而通用"legal system"。见《国际社会科学大百科全书》英文版，1975，第 204~220 页。

些"内在规律""表述"为法律的，① 当然也就可以建立起适合于一定的
社会经济基础的法律体系。恩格斯当年在评论拿破仑法典时曾说："法发
展"的进程大部分只在于首先设法消除那些由于将经济关系直接翻译为法
律原则而产生的矛盾，建立和谐的法体系，然后是经济进一步发展的影响
和强制力又经常摧毁这个体系，并使它陷入新的矛盾。② 这正科学地揭示
了法律体系的辩证发展过程，也同样适合于我们社会主义国家。

我们社会主义国家的立法者，以马克思主义的法学理论为指导，我们
是能够逐步认识和掌握法律体系的存在和发展规律，建立起适合于中国社
会主义经济基础的法律体系的。新中国成立以来，董必武同志、刘少奇同
志就曾多次强调健全和完备社会主义法制的重要性，在1982年7月召开的
中国法学会成立大会上，彭真同志讲话又进一步明确指出："社会发展了，
经济基础发展了，法要随着发展。""法要有自己独立的体系，有自己的逻
辑。""立法要从实际出发但也要有自己法的体系，前后、左右不能自相矛
盾，不能灵机一动想搞什么法就草率地搞什么法。"经五届全国人大五次
会议决议批准的杨尚昆同志代表全国人大常委会所做的工作报告中，也曾
强调指出："立法要从中国的实际情况出发，按照社会主义法制原则，逐
步建立有中国特色的独立的法律体系。"③

当然，我们要建立具有中国特色的社会主义法律体系，并不是轻而易
举，一蹴而就的。它是通过实践—认识—再实践—再认识，逐步建立起来
的。这正如恩格斯当年所说的："一方面，要毫无遗漏地从所有的联系中
去认识世界体系；另一方面，无论是从人们的本性或世界体系的本性来
说，这个任务都是永远不能完全解决的。但是，这种矛盾不仅存在于世界
和人这两个因素的本性中，而且还是所有智力进步的主要杠杆，它在人类
的无限的前进发展中每天地、不断地得到解决，这正象某些数学课题在无
穷级数或连分数中得到解答一样。"④ 我们承认在一时一地人们主观认识的
局限性，不可能在哪一个早上就立即建立起具有中国特色的最完美最和谐

---

① 《马克思恩格斯全集》第1卷，人民出版社，1956，第183页。
② 参看《马克思恩格斯选集》第4卷，人民出版社，1972，第484页。《马克思恩格斯文
　选》英文版第2卷，第490页。
③ 《中华人民共和国第五届全国人民代表大会第五次会议文件》，第211页。
④ 《马克思恩格斯选集》第3卷，人民出版社，1972，第76页。

统一的社会主义法律体系，但是通过反复的实践，我们确能够建立起社会主义法律体系，使它在"无限的前进发展中每天地、不断地得到解决"。这绝不是主观地"创造体系"，而是运用马克思主义的实践的观点客观地反映中国社会主义法制建设的必然趋势。它不但标志着人们对法制建设认识水平的提高，而且还是进一步推动中国"完备法制"的一项战略性措施。

在党的十二大以后，我们制定了治国安邦的新宪法，开创了社会主义民主的发展和法制建设的新局面，也将中国社会主义法律体系建设工作推进到了一个新阶段。因此，当前进一步提出建立具有中国特点的社会主义法律体系是有着重大的理论和实践意义的，主要有以下三点。

第一，有利于加强中国社会主义法律规范的制订和完备工作。明确建立具有中国特点的法律体系的目标，将使我们能够更好地从中国实际出发，高屋建瓴地制订正确的法制建设规划，进行立法工作预测，使法制建设工作更加有领导、有计划、有步骤地向前发展。我们社会主义法规的"废改立"工作，由于有了明确的目标和规划，将能分清主次缓急。从积极方面，便于抓住主要矛盾，明确主攻方向，集中主要的人力物力，尽早成龙配套，解决燃眉之急；从消极方面，可以避免法规之间的矛盾重复，基本法与部门法之间、实体法与程序法之间的残缺脱节，以及仓促立法等弊病。

第二，有利于法学教育和科研工作的发展。我们的法学研究和教育工作是密切联系实际，为社会主义现代化服务的。通过深入的法律体系研究，将推进中国法学体系的建立工作，使我们正确地划分法学的基础学科和分支学科，科学地安排教学、科研项目，正确地编制教学大纲和科研规划，不致分散力量，临渴掘井，舍本逐末。

第三，有利于坚持独立自主的发展道路，邓小平同志在党的十二大开幕词中指出："把马克思主义的普遍真理同中国的具体实际结合起来，走自己的道路，建设有中国特色的社会主义，这就是我们总结长期历史经验得出的基本结论。"中国30多年的法制建设实践也充分证明了这一点，什么时候我们采取了符合中国实际、具有中国特点的做法，我们的法制就比较健全，社会治安就比较良好。30多年来，我们已初步摸索到一些具有中国特色的法制建设的经验，如维护具有中国特点的人民民主专政的国家制度，实行人民代表大会的政治制度，推行民族区域自治，加强基层的群众自治，开展人民调解工作，推广乡规民约，等等。中国是社会主义国家，属于第三世界，有着世界近 1/4 的人口和最为悠久灿烂的历史文化。各族人民正在 960 万平方公里的广袤国土上进行亘古所无的大规模的社会主义现代化建设，在国际上，我们坚持独立自主的对外政策，进行着反对帝国主义、霸权主义和殖民主义的英勇斗争。因此，我们完全有必要和可能开创一条中国式的社会主义法制建设道路，建立具有中国特色的社会主义法律体系。那种"邯郸学步"、人云亦云、照抄照搬的做法，既不能适应国内建设，也无法适应国际斗争。

二

中国社会主义法律体系，是建立在中国的社会主义社会基础之上的、崭新的社会主义类型的法律体系。它在本质上与资本主义国家的法律体系是对立的，但又不是一般的社会主义法律体系，而是具有中国特色的社会主义法律体系。因此，在它的建设中，既不能照抄西欧资本主义国家的体系，也不能照搬其他社会主义国家的体系。中国的体系，只能按照中国的政治、经济、文化和历史传统情况来办，它主要具有以下四个特点。

第一，它是建立在生产资料社会主义公有制基础之上的。我们的社会主义法律体系是建立在以社会主义全民所有制和集体所有制为基础的社会主义经济制度之上的。我们消灭了人剥削人的制度，建立起了以国营经济为主导的强大社会主义经济，这就为消除生产的无政府状态、实行计划经济、贯彻按劳分配的原则提供了保证。与资本主义法律体系把维护资本主义的生产资料私有制作为自己神圣使命的目的相反，我们的社会主义法律体系是为保障中国的社会主义经济制度的巩固和发展服务的，在现阶段是为实现新时期的总任务服务的。因此，我们既不能把罗马法的绝对所有权、"公私法观念"，资产阶级的"契约自由"、"贸易自由"等等塞进我们的社会主义法律体系之中；也不能无视中国现阶段的生产力发展水平和历史特点，照搬外国的社会主义模式，片面强调"国有化"、"计划化"、"割资本主义尾巴"。我们必须在保证国营经济主导地位的前提下，承认多种经济形式存在的长期性，兼顾国家、集体和个人的利益，实现国民经济有计划按比例地向前发展。新宪法以根本法的形式规定了中国的基本经济制度和经济政策。我们已经制定了一些部门法，如经济合同法、中外合资经营企业法、商标法、民事诉讼法等，今后还要制定具有中国特点的计划法、财政法、银行法、保险法、工商行政管理法、基本建设法、会计法、成本法、城市建设法、专利法、民法等等，为建立完备的法律规范体系奠定基础。

第二，它是维护人民民主专政的国家制度的。资本主义法律体系是维护少数资产阶级对广大劳动人民实行专政的工具，而中国社会主义法律体系是维护占人口最大多数的人民对极少数敌人实行专政的武器。我们实行的是工人阶级领导的、以工农联盟为基础的人民民主专政。这实质上就是无产阶级专政。在一个人口众多、生产落后的东方大国，我们坚持了工人阶级的领导——通过共产党的领导，坚持了社会主义的发展道路，而且扩大了实行民主的范围，实行了"与可以合作的非劳动人民之间的一种联盟"①。这是对马克思主义无产阶级专政理论的丰富和发展。因此，在制定中国社会主义政治生活方面的法律规范时，既不能沿袭资产阶级的政治制度，什么议会民主、两党制、两院制、总统制、内阁制都不过是资产阶级实行统治的一种形式罢了，我们也不能照搬苏维埃的两院制，我们只能采取适合中国国情和革命传统的人民代表大会制。从阶级结构看来，剥削阶级已经不复存在，工人、农民、知识分子成为了三支基本的社会力量。为了建设高度的社会主义民主，我们不仅要按照民主集中制原则进一步加强和完善人民代表大会制度，保证各族人民牢固地掌握国家权力，真正当家做主；还要把社会主义民主扩展到经济生活、文化生活和社会生活的各个方面，发展企事业单位的民主管理和基层社会中的群众自治。我们实行的人民民主专政，还有对人民的敌人实行专政的职能。中国现阶段的阶级斗争主要表现为人民同这些敌对分子的斗争。在剥削阶级作为阶级消灭以后，中国社会存在的矛盾大多数不具有阶级斗争的性质，阶级斗争已经不再是我们社会的主要矛盾。但阶级斗争还将在一定范围内长期存在，并且在某种条件下还有可能激化。因此，我们的宪法和法律规定了镇压叛国和其他反革命的活动，打击经济领域和其他领域的蓄意破坏和推翻社会主义制度的严重犯罪分子等专政职能。新宪法以法律形式规定了中国的基本国

---

① 参看刘少奇《关于中华人民共和国宪法草案的报告》。

家制度和政治制度。此外，我们还制定了一些国家机关的组织法、选举法、国籍法、职工代表大会条例、兵役法、刑法、刑诉法、保密条例、逮捕拘留条例、律师条例、公证条例、居民委员会条例等。今后还要制定审计机关组织法、行政法、编制法、国家工作人员考核法、村民委员会条例等等，以进一步完备法制。

第三，它是建设社会主义精神文明的保证。资产阶级国家的法律体系是资产阶级实行精神奴役的工具，与之相反，我们的社会主义法律体系则是建设高度的社会主义精神文明、反对腐朽颓废思想的强大武器。为了建设高度的精神文明，我们不仅要普及初等义务教育，兴办各种正规学校，允许集体或私人办学，而且还要通过普及理想、道德、纪律和法制教育，提倡"五爱"公德，在人民中进行爱国主义、集体主义、国际主义和共产主义教育等，反对资本主义、封建主义和其他腐朽思想，进一步培养社会主义的公民意识，提高道德水平，以改变社会风尚，保障社会安定，促进四化建设。中国是久负盛名的文明古国，是"世界上最古老最巩固的"[1]国家。在长期的改造自然、改造社会的实践中，勤劳智慧的各族人民形成了尊老爱幼、家庭和睦、邻里相助、排难解纷、礼让息讼、民族团结等优良传统。新宪法创造性地将建立以共产主义思想为核心的高度精神文明建设写进了总纲之中，将禁止虐待老人、妇女和儿童，保护青少年健康成长，开展基层的调解、治保工作，推行群众自治的乡规民约等写进条文，与资产阶级宪法和法律规定的维护剥削者的精神奴役，保护低级下流的文化娱乐设施等，形成鲜明的对比。在这方面，我们已制定了新的婚姻法、人民调解委员会暂行组织通则、治安保卫委员会暂行组织条例、文物保护法、学位条例等，还必须根据国情制定有关保护教育权的教育行政管理法规以及防止精神污染、保护作者权利、繁荣创作的新闻出版法和著作权法，还须制定药政法、公共卫生法、劳动保护法、儿童福利法、青少年保护法等等。

第四，具有简明普及的法律形式。在我们的法制建设实践中，注意保持了我们社会主义法律规范具有的"肯定的、明确的、普遍的规范"[2] 形

---

① 《马克思恩格斯全集》第 7 卷，人民出版社，1959，第 265 页。
② 《马克思恩格斯全集》第 1 卷，人民出版社，1956，第 71 页。

式，不管是 1954 年宪法，还是 1982 年制定的新宪法，我们都注意了内容规定的科学性，逻辑结构的严谨性，语言形式的简明通俗性。新宪法总共138 条，只 2.3 万字，便将中国根本的国家和社会制度规定得一清二楚，比起那些动辄四五百条，洋洋十余万言，把如何酿酒、宰牛等等都规定进去的宪法的烦琐庞杂，就显得十分简明和通俗。在其他的法律规范中，也有着良好的文风和形式。

三

中国法律体系的部门法划分标准，是涉及体系结构的大问题。在苏联，也曾进行过多次大规模的讨论。在 20 世纪 30 年代的大讨论中，M. A. 阿尔扎洛夫曾提出以法律调整的不同社会关系进行划分，当时曾得到大家的确认。但以后随着法制建设的发展，人们就越发感到它的不足之处。到20 世纪 50 年代中期以后苏联法学家就比较一致地认为必须把调整的对象和方法作为划分法律部门的标准。1977 年以后，随着苏联新宪法的颁布实施，苏联经济转到集约发展的途径上，立法任务激增，他们又认为这种分类标准已经陈旧，正在探讨新的划分标准。有的主张以调整的机制、目的、职能进行划分。在中国这次讨论中，一般还是按调整对象和方法进行划分，但同样也感到有不能适应社会主义法制建设需要的不足之处。有的同志提出要采取多层次、多标准的划分方法。至于有的同志提出按法律关系的不同主体客体和内容进行划分，则不敢苟同。因为：第一，容易导致以不明概念解释不明概念。用民、刑事法律关系来分别划分民、刑事法律部门，就有从概念到概念之嫌。第二，在法律实践中，法律关系是错综复杂的，很难有纯粹的民事关系、刑事关系，或别的什么关系。第三，背离了历史唯物主义的分析方法。马克思说："法的关系正像国家的形式一样，既不能从它们本身来理解，也不能从所谓人类精神的一般发展来理解，相反，它们根源于物质的生活关系。"① 法是以社会为基础的。法律关系是建立在社会经济关系之上的，法律体系也是如此。因此，就应从经济基础与上层建筑之间的辩证关系，从它调整的社会关系来进行划分。

---

① 《马克思恩格斯全集》第 13 卷，人民出版社，1962，第 8 页。

　　当然，我们坚持这一基本方法，并不是把它简化、凝固化。如果像有的外国学者所说的，只能按起决定作用的财产关系、非财产关系和组织管理关系等三种社会关系来进行划分，则除了民法、刑法和行政法三大基本法外，要做其他划分就寸步难行了。但实际情况，绝非如此。社会关系既包括物质关系，也包括思想关系。而恩格斯称誉的马克思的伟大革命发现，正是："物质生活的生产方式制约着整个社会生活、政治生活和精神生活的过程。不是人们的意识决定人们的存在，相反，是人们的社会存在决定人们的意识。"① 列宁当年曾做过更加明确的阐述："他们的基本思想是把社会关系分成物质关系和思想关系。思想关系只是不以人们的意志和意识为转移而形成的物质关系的上层建筑，而物质关系是人们维持生存的活动的形式（结果）。"② 实际上物质关系也包括许多方面，生产力的状况，说明了人们在利用和征服自然中形成的关系；生产关系（如马克思所说的就是法律上的"财产关系"），就包括生产过程中人与生产资料的关系、人与人的关系，分配关系，交换关系，消费关系等等。而在思想关系方面，也绝不是单一的，它包括婚姻、家庭、伦理、道德、宗教、文艺、哲学等社会生活和精神生活方面的关系，也包括阶级、国家、民族、行政管理、军事、法律等国家和政治生活方面的关系。而随着社会的发展，人与自然、人与人之间的交往日益频繁而复杂，社会关系日益丰富，因此作为调整社会物质和思想关系的法律规范，也必然随之繁复而发展。不仅会出现新的单行法规，还会出现新的部门法。在我们社会主义现代化建设的新时期，情况尤其是如此。为了适应新情况，解决新问题，运用法律手段更好地保障社会主义现代化建设，我们不能停滞不前，不能执着、僵化。我们必须制定一些新的法规，必须从旧的部门法中做出新的分化，因此，也就必须考虑适应调整不同范围和层次的社会关系的需要，做更多层次的法律部门的划分。

　　从根本上说来，我们认为还是应该坚持以法律调整对象作为划分法律部门的基本标准。这就是说，凡调整同一类型社会关系的法律规范，包括调整同一种类社会关系的基本法律、法律、行政法规、地方性法规，以及

① 《马克思恩格斯选集》第2卷，人民出版社，1972，第82页。
② 《列宁选集》第1卷，人民出版社，1960，第19页。

各种条例、决定、规定等具有法律规范性质的文件等等，就属于一个法律部门。一般来说，在一个部门法中，又有一个基本法，居于主导地位，而宪法则是诸部门法中居于统帅地位的根本大法，以此形成统一严整和谐的法律体系。比如：宪法这个部门法，就是以综合调整国家的基本政治、经济和文化生活等社会关系为对象，它包括居于主导地位的宪法，下属各种国家机关的组织法、选举法、民族区域自治法、特区法、国籍法等等。民法是以调整公民之间等价交换性质的财产关系为对象的，它包括居于主导地位的基本法——民法（有的国家没有民法典，可能是侵权行为法、契约法、损害赔偿法），下属合同法、继承法、民诉法等等。婚姻法是以调整公民婚姻家庭关系为对象的部门法，它包括婚姻法及其下属的计划生育法、妇女儿童保护法、老年人扶养法、亲属法，也还包括一些省、自治区制定的民族自治地方实施婚姻法的补充规定或变通办法等等。刑法是以调整由犯罪而引起的各种社会关系为对象的部门法，在中国，它包括刑法及其下属的关于严惩严重破坏经济的罪犯的决定、刑事诉讼法、惩治军人违反职责罪暂行条例、关于处理逃跑或者重新犯罪的劳改犯和劳教人员的决定，等等。行政法则是调整国家机关的行政管理关系的部门法，它包括国家机关的行政管理法、编制法、国家工作人员奖惩考核法、行政诉讼法、文教管理法、科技管理法、卫生管理法、交通管理法、治安管理法等等。财政法是调整国家预决算、税收、财政资金等财政管理关系的部门法，包括财政法及其下属的税收法、预算法、决算法等等。劳动法是调整劳动关系的部门法，包括劳动法及下属的工会法、工厂企业管理法、职工奖惩法、劳动保护法等等。军事法就是调整国家的安全保卫关系的部门法，包括兵役法及下属的海关管理法、防止爆炸物品管理法、军队干部服役条例、政治、军事和后勤工作条例，等等。

当前为了适应现代化建设的需要，我们正从民法、行政法等部门法中抽出部分有关法规，考虑建立综合调整国家集体和个人之间的经济管理关系的经济法部门，如计划法、企业法、物价法、农业经济管理法、自然资源保护法、国土整治法等等。同样，随着社会主义文化关系的发展，为了加强精神文明建设，保障教科文卫事业的发展，我们也有必要考虑建立调整教科文卫管理关系的部门法包括教育行政管理法、科技法、专利法、著作权法、出版法、新闻法、卫生法、食品卫生法、文物保护法、广播电视法等等。可以说，我们当前正在进入第二层次的划分。我们也不排除，随着两个文明建设的发展，适应保障社会安定，改变社会风尚，保护妇女、青少年儿童的健康成长，防止环境和精神污染，保障就业和老、弱、病、残人员生活等需要，我们又建立一套综合调整国家、社会和个人关系的更广泛的社会保障法规部门，进行更多层次的划分。

因此，我们认为采取这种以调整对象和方法为主的多层次划分方法，既是必要的，也是科学的。因为：第一，它是合乎法的发展进程的，在很大程度上，消除了由经济关系直接翻译为法律原则产生的矛盾。当我们的社会主义法律规范已由简到繁、由低级到高级不断地向前发展的时候，我们必须适应新形势，为当前的完备法制建设服务。第二，这是合乎实践是检验真理的标准的认识论原则的。我们应该把客观实践放在第一位，以客观的丰富多彩的法的建设实践作为检验我们划分标准的依据，不断地调整我们的主观认识，使之更好地合乎客观实际，才不致使我们的认识僵化。恩格斯说得好："不是自然界和人类去适应原则，而是原则只有在适合于自然界和历史的情况下才是正确的。"① 这样的划分，正是坚持了逻辑方法和历史方法的统一。也只有这样，才能使我们的划分方法更好地为社会主义法制建设服务。

四

为了进一步加强中国社会主义法律体系的建设，本人提出以下几点不成熟的设想。

第一，必须明确坚持实事求是，从中国的实际出发的原则。我们的中国社会主义法律体系，从内容、结构到形式，都必须具有鲜明的中国特点。规范内容必须符合中国国情，逻辑结构必须具有中国的民族特色，形式必须具有中国的简明普及的特点。毛泽东同志说："应当从客观存在着的实际事物出发，从其中引出规律，作为我们行动的向导。"② 当然，世界的现状，各国的现实也是我们要了解的，但主要的还是中国的实际。正如

---

① 《反杜林论》，人民出版社，1970，第32页。
② 《毛泽东选集》第3卷，人民出版社，1953，第757页。

杨尚昆同志在五届全国人大五次会议上的报告中指出的："就法律体系本身来说，宪法是母法，但归根到底，我国一切法律的依据是拥有十亿人口、九百六十万平方公里土地的中国的实际。"我们既反对故步自封，抱残守缺，又反对主观主义地自想一套，或见着别的国家有什么法，就照搬什么法。为此，我们要研究中国的历史和现状，研究中国历代法制建设的经验，尤其是中国近现代的经验，我红色根据地和解放区的革命法制经验。

经过30多年的法制建设实践，我们已初步摸索到一套"由简到繁，由单行法规而形成整套的刑法、民法"的法制建设规律，对此，我们就应当重视，加以贯彻。比如现在经济立法十分迫切，国务院所属31个部委、局已先后设置了主管和兼管机构，计划制定一百多个经济法规。财政方面的法规到1986年即将制定22个。如此浩繁多头的法制建设工作，就急需从中国的实际出发，全面考虑到人力、物力和技术条件，做出统一规划，避免交叉重复，分散力量，防止出现脱离实际、不成龙配套等现象。

第二，以新宪法为活动准则，加强对中国现行法规的整理研究，高屋建瓴地制定出切合中国实际的法制建设方案。千里之行，始于足下。首先，我们必须把中断20多年的法规编纂工作恢复起来，这一方面可以更加清楚地了解现有的法制建设基础，另一方面可以及早出版标准的法律文件版本，以进一步维护法制的统一和尊严。现在我们急需了解现行法律规范的门类和种数，有多少与新宪法抵触，有多少急需的缺门法规，有哪些法规需要修订。据群众反映，不仅有许多急需的经济法规有待加快制定的进程，有许多"暂行"条例也亟待修订。保密"暂行"条例是1951年制定的，治保委员会"暂行"组织条例是1952年制定的，人民调解委员会"暂行"组织通则是1954年制定的，虽然从法律效力来看，只要不与新宪法抵触，它仍然有效。但既已"暂行"30多年，如无大碍似乎也应正名升格。何况30多年来政治、经济情况的发展变化，必然会出现一些不合时宜的条款，这方面的审议、修改工作也是大量存在的。

其次，我们还要开展对各国法律规范的比较研究。可以进行不同法律体系间的宏观比较，也可以进行同类法律规范之间的微观比较。对发达的社会主义国家的法律体系，尤其不能忽视。从比较分析中，我们可以借鉴一些有益可行的经验，取长补短，制定出切合实际的最佳法规建设方案和办法。在苏联，为了防止出现新设法规之间的重复矛盾，曾规定在制定过程中必须同时申报同类法规的清单。为了预防违宪，避免重复，我们也可以考虑在制定过程中，申报宪法依据和同类法规的名称，以便稽核。当然，我们整个法律规范的创制过程，除了宪法已经规定的不同级别、不同部门的权力划分和基本程序外，也还需要相应的比较严密的实施细则。中国法规的制定、审读、讨论、通过、颁布等规程，都有待于制度化、法律化。

第三，贯彻"双百方针"，开展比较法学研究。比较法学是 19 世纪以后，随着法制建设发展和国际交往频繁而蓬勃发展起来的学科。有比较才能鉴别。为了适应当前法制建设的需要，更新知识，开阔眼界，我们必须以马列主义毛泽东思想为指导开展比较法学研究，建立起自己的比较法学研究体系和法学理论体系，以便更好地为立法、执法和教学工作服务。

我们相信，只要坚持四项基本原则，密切联系实际，正确吸取古今中外的经验，通过实践—认识—再实践—再认识，我们一定能够进一步掌握社会主义法的发展规律和划分标准，建立起具有鲜明的中国特色的社会主义法律体系，以屹立于世界法律体系之林。

略论社会主义法律体系的几个问题

李积桓

《法学》编辑部关于加强法学基础理论研究的倡议，得到全国法学界的热烈响应，这表明它符合党的十二大提出的开创社会主义建设新局面的要求，适应中国社会主义建设实际的需要，表达了中国法学界的心声。现在正在开展讨论的关于社会主义法律体系及其科学分类问题，是法学基本理论的重大问题之一，深入研究和正确认识这个问题，对于加强社会主义法制，建设社会主义高度文明和高度民主，促进四化建设事业的发展，无疑具有重大意义。现就社会主义法律体系中的几个问题，谈点粗浅的看法。

一

什么是法律体系？它有哪些基本特征？过去国内外的法学界对此都做过一些探讨，也取得了一些成果。倡议提出后又发表了几篇有关文章，反映了这方面的新成就，例如在谈到法律体系的定义时，有的认为："法律体系是一个国家在一定历史发展阶段上，以所有现行法律为基础，分门别类，划分为若干部门法，而以宪法为根本大法组成一个有机的统一整体"。这个定义和十一届三中全会后中国出版的法学词典和法学教材提出的定义一样，共同的优点是进一步划清了概念反映的对象范围，即法律体系是一个国家的而不是国际的、是一定历史阶段的而不是全部历史的、是现行的而不是失效了的法律规范。在内涵方面，这些定义都肯定了法律体系具有统一性和多样性（各法律规范结成不同的法律部门）这两个基本特征。这无疑是正确的。但是法律体系还有两个基本特征，在这些定义中没有得到反映，这是值得商榷的。这两个基本特征，其一是，任何法律体系都具有客观性，这不仅表现在有阶级的社会就必然有法，有法就必然有法律体系；而且也表现在各法律规范因其调整对象不同而形成不同的法律部门和法律制度，同时这些法律部门和制度又因其具有共同的经济基础、反映共同的阶级意志、具有共同的指导原则而形成彼此联系的有机统一整体。这些都是客观的，不以人们意志为转移的。这个基本特征理应在定义中得到反映。但有的教科书只在解释中提到，在定义中却略而不提。有的定义只强调"以所有现行法律为基础，分门别类，划分为若干部门法"，而没有指出必要的条件，这就造成一个漏洞，似乎法律部门是可以由人们主观地任意划分的，还有，把"以宪法作为根本大法"作为社会主义法律体系的基本特征，无疑是正确的，但如果作为一切法律体系的共同特征，就值得商榷了。人们知道在奴隶制、封建制社会里，作为根本大法的宪法并不存在。宪法成为一个独立的法律部门是资产阶级革命胜利的产物，因此把它作为法律体系一般定义的内涵似欠妥当。

法律体系的另一个基本特征是它具有阶级性。表现在它以共同的原则作指导，集中地反映了统治阶级的意志和利益，同时对经济基础起反作用，积极维护自己的经济基础及其所制约的社会关系。作为上层建筑的法律体系对经济基础及其所制约的社会关系的反作用，是它本质联系的一个方面，如果我们只讲经济基础决定上层建筑的一面，而不讲它的反作用的一面，不揭示它的任务和目的，显然是不妥当的。同时考虑到构成法律体系的各种法律规范的极端复杂性，例如，分开来看，有些法律规范的阶级性就非常明显，有些法律规范，特别是法律技术规范的阶级性就不很明显，如果不是从这些法律规范的相互联结上，不把这些规范看成是整个法律体系的有机组成部分，就不容易看出其阶级性来，甚至会得出一部分法律规范有阶级性，另一部分法律规范没有阶级性的错误结论。因此，在研究法律体系时，必须揭示其阶级性。

基于上述考虑，似乎可把法律体系的定义表述如下：法律体系是一个国家一定历史阶段上的所有现行法律规范，由于其调整的对象不同而形成各个法律部门和法律制度，同时由于它们的经济基础相同，反映的阶级意志相同，指导原则相同，因而这些规范与规范、部门与部门之间，形成一个内部和谐一致的、有机联系的统一整体，它维护着自己的经济基础及其所制约的社会关系。

二

构成法律体系的基础是什么？划分法律部门应以什么为依据？这些都是研究法律体系必须解决的问题。

法律体系的结构是多层次的，但大体可分为三个层次。它的最基本单位是法律规范，可以说它是法律体系的"细胞"，若干法律规范以一定条件和方式结合起来组成法律部门，各个法律部门又以一定条件，形成互相联系的有机统一整体。由此可见，法律规范是构成法律体系的基础，而法律部门是法律体系的中心环节和最重要的组成部分。

但是法律规范的表现形式是多样的，它表现在国家制定的各种规范性文件中，如各种法律、法令、条例、命令、指示、施行细则等等；同时也表现在国家认可的习惯、判例中。由于法律部门是以法律规范为基础构成的，因此表现在形式上，往往是以各种法律文件为基础进行分类。这就容易给人一种误解，以为各项法律、条例、施行细则等等以及有法律效力的法律解释和类推适用的法律文件，是构成法律体系的基础，甚至认为"没有较完善的各项法律，部门法的划分，法律体系的整体都无从谈起"。这种看法是不符合事实的。大家知道，任何国家都有法律，有法律就有法律体系。但是许多奴隶制、封建制的国家并没有较完善的法律形式，它们的法律渊源主要是习惯法，而且都是民、刑不分，试问如果按照法律形式来划分，怎样理解当时也存在法律部门。中国封建时期虽有较完善的法典，但长期以来也是民、刑不分，甚至现代的英国至今还没有制定民法典，长期以来它的民法、刑法是混杂于普通法、判例法之中。难道这些国家都没有法律部门的划分问题吗？它们的法律体系"都无从谈起"吗？很明显，只有如实地把法律规范而不是各种法律文件看成是构成法律体系的基础，才能解决这个矛盾。

划分法律部门的标准是什么？有的说，只有一个标准。有的说，有两个甚至六个标准，我们认为法律部门的形成有其客观性，因此划分标准也应有其客观性。

首先，马克思主义认为，任何法律都是从一定社会关系中产生，并为这种社会关系服务的。马克思在谈到旧法律时曾说："旧法律是从这些旧社会关系中产生出来的，它们也必然同旧社会关系一起消亡。"他曾以《拿破仑法典》为例，说这部法典是资本主义社会关系的表现，只要"这一法典一旦不再适应社会关系，它就会变成一叠不值钱的废纸"①。法律反映着社会关系的性质和特点，是社会关系的调整器，各种法律规范因其反映和调整的社会关系不同，因而形成不同的法律部门。由此可见，划分法律部门应当以法律规范调整的对象作为主要依据。

其次，法律的调整方法也应该是划分法律部门的一个补充标准，有人觉得，法律调整方法是主观性的东西，以它作为划分法律部门的补充标准，就会带来主观随意性。这种看法是值得商榷的。马克思主义告诉我们，正确的方法是从实践中产生，是由矛盾的性质决定的。不同性质的矛盾，要用不同的方法去解决。法律调整方法也是一样，它是由调整对象决定的。例如民法、刑法、行政法各因其调整对象不同而采用不同的方法，它们是不能任意混淆的。也有人认为，一种方法可以用于几个法律部门；同一部门可以用几种调整方法，这说明并非每种调整对象都有它单独的调整方法，因此不能以它作为划分部门的标准。应该指出，几个部门都单纯采用一种完全相同的调整方法的情况，几乎是没有的。但一种方法用于其他部门时兼以其他方法配合，即以某种方法为主结合其他方法的情况却是较多的。某种社会关系由于它采用了两种或两种以上的调整方法相结合，这就形成了它自己独有的调整方法。由此可见，以调整对象为主要标准，结合调整方法，就能更好地把各法律部门划分开来。

此外，法律部门的划分，还应考虑到社会发展的需要。如果一种社会关系涉及面不广泛，或者一种新的社会关系正在形成过程中，与此相适应，调整它的法律规范也不很多时，就不应成为独立的法律部门。但当这种社会关系发展到一定程度，在原有的法律部门内调整已不适应它的需要时，就要成为一个单独的新的部门。

正确认识法律体系的结构和法律部门的划分标准，对于建立和完善中国社会主义法律体系有着重要意义。

---

① 《马克思恩格斯全集》第6卷，人民出版社，1961，第292页。

三

　　为了保障和促进中国社会主义现代化建设，逐步把中国建设成为高度文明和高度民主的社会主义强国，必须加强和健全社会主义法制，建立一个具有中国特色的社会主义法律体系。这一点已得到普遍承认了。但是什么是中国式的社会主义法律体系，如何建立这种体系，仍然需要我们认真总结经验和加强研究。以下几点，似乎是应当考虑的。

　　首先，中国式的社会主义法律体系必须与中国经济发展总状况相适应。马克思主义认为，任何法律归根到底都是由经济基础决定的。法律体系"必须适应总的经济状况"，"必须是它的表现"。这个原理对中国也同样适用。中国的经济状况与资本主义国家根本不同，与苏联、东欧各国也迥然有别。因此，建立中国的社会主义法律体系，绝不能照搬外国的模式，而必须从中国的实际情况出发。中国现在总的状况是，剥削制度已经消灭，私有制改造已基本完成，社会主义制度已经建立起来，而且形成了一个独立的、比较完整的社会主义工业体系和国民经济体系，工农业生产有了很大发展，人民生活有了较大的改善。但是，中国的社会主义还处于低级发展阶段，生产力还比较低，不能满足广大人民日益增长的物质和文化生活的需要。加上中国是一个地大物博、人口众多的国家，各地区的经济发展很不平衡。同时由于历史的原因和目前国际环境的影响，还存在着封建的和资本主义的种种腐朽、落后的因素。这就决定了在中国这块土地上建设社会主义，必然有自己的特点。"法律应该以社会为基础。"① 中国的社会主义法律体系必须与中国社会发展相适应，必须为中国社会主义经济服务，这也是对建立中国式的社会主义法律体系最根本的要求。十一届三中全会以来，党中央根据中国的实际情况，制定了一系列符合中国国情的方针、政策，提出了中国人民今后长时期内的根本任务和20年内的战略目标，制定了战略重点、战略步骤和重要原则。这就为我们建立中国式的社会主义法律体系指明了方向。我们的社会主义法律体系要充分反映这些内容，这样才能保证它适应中国的经济发展。

---

　　① 《马克思恩格斯全集》第 6 卷，人民出版社，1961，第 292 页。

其次，中国式的社会主义法律体系必须以四项基本原则为指导，以国家的根本大法宪法作为基础，建立内部的和谐一致。任何法律体系都要求内部和谐一致，为此就必须由根据经济基础产生的、反映统治阶级意志和利益的原则作指导，去克服各种矛盾，以达到内部的和谐一致。正如恩格斯在谈到资产阶级的法律时曾指出的"在现代国家中，法不仅必须适应于总的经济状况，不仅必须是它的表现，而且还必须是不因内在矛盾而自己推翻自己的内部和谐一致的表现"。他又说，"'法发展'的进程大部分只在于首先设法消除那些由于将经济关系直接翻译为法律原则而产生的矛盾，建立和谐的法体系。"① 中国与资本主义国家根本不同，但也有各种矛盾，我们也需要有共同的原则作指导，这就是必须坚持四项基本原则，并把它贯彻到所有法律中去，这是建立内部和谐一致的根本前提和保证，离开这个前提就不可能有真正的内部和谐一致，这是中国社会主义法律体系的根本特点。

要建立内部和谐一致的法律体系，还必须要有一部充分体现四项基本原则的宪法。中国1954年制定的宪法是较好地坚持四项基本原则的，因而为当时建立内部和谐一致的体系提供了基础。但在"十年动乱"期间制定的"七五"宪法，却偏离了四项基本原则，因而造成极大混乱。粉碎"四人帮"后制定的"七八"宪法，指导思想中虽然增加了一些实现四化的内容，但基本点仍然是"无产阶级专政下继续革命的理论"，仍然在不同程度上偏离四项基本原则。以这样的宪法作为基础，要建立内部和谐一致的法律体系是不可能的。1982年制定的新宪法重新肯定和全面贯彻了四项基本原则，从而为中国建立内部和谐一致的法律体系提供了基础。由此也可看出，离开坚持四项基本原则这个前提，单纯强调"任何法律从原则精神到条文规定，都要符合宪法"是不可能建立内部和谐一致的体系的。另一方面，也不能因强调要以四项基本原则为指导而否定要以宪法为基础。因为宪法是中国根本大法，是制定其他部门法和一切法规的法律依据，也是中国社会主义法律体系的核心部分，只有以宪法为基础才能保证中国法律体系的内部和谐一致，否则各国家机关都可制定法律，都强调自己制定的法规最符合四项基本原则，而缺乏一个统一的法律标准，就会法出多门，

---

① 《马克思恩格斯选集》第4卷，人民出版社，1972，第484页。

就不可能有真正的内部和谐一致。当然，要建立和谐一致的体系，还必须在一切部门法中，贯彻四项基本原则，要求一切法律规范都要符合宪法，凡与此抵触者都必须加以废除或修改。同时还要看到，情况是不断变化的，在达到内部和谐一致后，又可能出现新的矛盾，又需要我们去克服，以达到新的和谐一致。但所有这一切，只有在坚持四项基本原则和以宪法为基础的前提下才能达到。

最后，建立中国式的社会主义法律体系，要求在法律体系的结构和形式上也要适合中国国情。例如，在法律部门的划分上究竟应划分多少法律部门，要根据中国经济基础和社会关系发展状况，而不能照抄外国的。在法律体系的形式上应力求适合中国国情。英国的部门法在形式上互相混杂，这有它的历史原因，是资产阶级与封建贵族妥协的结果。同时也有其阶级原因，是出于资产阶级维护其统治的需要。因为保留那一套混杂的形式，统治阶级就可随心所欲地选择对它有利的条文和判例来镇压劳动人民，以维护其阶级利益。正如恩格斯所指出，英国的"成文法是由五百年来搜集的无数个别的议会法令、条例组成的。这些法令和条例彼此矛盾"，"谁对这一堆乱七八糟矛盾百出的法律杂烩确实花费了足够的时间，谁在英国的法庭上就是全能"①。中国国家和法律的本质决定了我们不能采用那种形式。中国的社会主义法律体系在结构形式上，应该要求每一个法律部门都有相应的基本法，并以基本法为骨干加上有关同类的单行法规以及分散于其他部门的同类的法律规范，组成一个部门法，要使每个部门法内部也要有较完整的体系。例如，基本法与单行法规之间，要有合理的分工。同时考虑到中国地大、人多、多民族、经济政治文化发展不平衡的特点，基本法不宜包括本部门的一切法规，不宜规定得过多过细；像法国民法典那样，搞几千条，包罗万象，是不适合中国国情的。总之在形式上，我们应力求简明，要便于群众了解、掌握和运用，以有利于保障和促进中国社会主义事业的发展为前提。

---

① 《马克思恩格斯全集》第 1 卷，人民出版社，1956，第 702 页。

在马克思主义指导下，建设中国社会主义法律体系

张泉林

以马克思主义为指导建设中国社会主义法律体系，必须正确地理解法律体系的含义。

法律是一定社会的上层建筑，是阶级社会特有的一种行为规范。一个国家，一定时期的法律，在本质上是一定统治阶级意志的表现，而法律所表现的统治阶级意志是由统治阶级的物质生活条件决定的。因此，法律反映经济关系的要求，调整以生产关系为核心的各种社会关系，既不可能漫无边际，也不会是杂乱堆砌，而必然要在物质生产关系的制约下形成自己的规范体系，这就是我们通常所说的法律体系。

法律体系作为一种法律现象，以法律或法律规范的存在为前提，它是一个国家现行的法律或法律规范按照它所调整的社会关系的不同和调整方法的不同而形成的一个有机的整体。构成这个整体的是各个不同的法律部门，各个法律部门又包括不同层次的法律、法规。作为法律体系的基石是各种法律规范。这些不同的法律部门和不同层次的法律、法规，有主有从，相互协调，重叠交错，相互配合。它们因所调整的社会关系的不同和调整方法的不同而相互区别，又因其反映与维护共同的经济基础，表现共同的阶级利益与意志而成为有机的整体。恩格斯在论述法律与经济的关系时，指明法律体系依附于经济，反映客观经济的要求，从而表现出"内部和谐一致"[①]。所以，法律体系的建立与发展具有其客观规律性，任何统

---

① 《马克思恩格斯选集》第 4 卷，人民出版社，1972，第 483 页。

治阶级不能随心所欲地制造出一个法律体系，也不能任意地抛弃或取消一个法律体系。但是，统治阶级，尤其是以工人阶级为领导，广大人民当家作主的社会主义国家可能而且应该认识这种客观规律性，及时地建立自己的法律体系，尽力保持它的和谐一致，以维护自己的政治、经济和文化的统治。

　　从历史发展来看，奴隶制国家、封建制国家、资产阶级国家和社会主义国家各自有其法律体系。在奴隶制度与封建制度下，由于生产规模狭小，科学文化不发达，人们认识能力与阶级利益的局限等，法律体系不可能有较为严密的和科学的分门别类，如中国古代诸法合一、民刑不分，罗马法曾以所谓市民法、万民法包括了当时全部的法律规范。到了资本主义社会，随着经济制度的改变，生产、科学文化诸因素的发展，法律体系建立的情况显然不同。无论以成文法为主要特征的大陆法系国家，还是以判例法为主要特征的英美法系国家，都建立了以宪法或宪法性文件为中心的法律体系。它们的法律部门的划分，法律制度的建立虽然有所不同，但法律体系严密与完备的程度较之奴隶制的、封建制的法律体系，则有明显的改进。例如大陆法系国家除明确地划分为公法与私法外，一般还划分为宪法、民法、刑法、商法、诉讼法等主要法律部门，并制定了各法律部门的基本法律。在英美法系国家，除宪法、刑法、诉讼法的划分外，没有民法这个法律部门，把侵权行为法、契约法等做单独的划分。社会主义法律体系是以社会主义经济制度为基础，在发扬社会主义民主的前提下建立起来的，其指导思想、阶级本质、形成过程和历史使命等都具有新的特征。因此，在认识法律体系的建立与发展时，必须严格地区别剥削阶级的法律体系与社会主义的法律体系。

一

　　以马克思主义为指导，建设中国的法律体系，必须坚持从实际出发，按照中国的实际情况，建设具有中国特色的社会主义法律体系。

　　马克思指出："立法者应该把自己看做一个自然科学家。他不是在制造法律，不是在发明法律，而仅仅是在表述法律……如果一个立法者用自己的臆想来代替事情的本质，那末我们就应该责备他极端任性。"① 依据马克思主义原理和我们的法制建设经验，中国法律体系的建设不可能一蹴而就，它必然是基于社会主义经济、政治、文化等发展的需要，尤其是根据经济发展的要求而逐步建设，渐臻完善的。当经济向前发展、客观实际情况发生变化之后，法律体系也要做必要的调整与完善，以符合客观实际的要求，有效地为社会主义经济、政治、文化服务。因此，建设与健全中国法律体系，必须把握住中国的历史、现状以及将来的发展。

从历史来讲，中国是一个文明古国，有悠久的文化传统与革命传统。由于几千年的封建主义统治和一百多年的帝国主义侵略，政治、经济、文化落后，没有什么现代的民主与法制，中国人民为争取解放进行了不屈不挠的斗争，一直到新中国成立。从现状讲，中国建立并巩固了以工人阶级为领导工农联盟为基础的人民民主专政的国家政权，建立并发展了以公有制为基础的社会主义经济制度，制定并实施了作为国家法律基础的《中华人民共和国宪法》。中国已经消灭了剥削制度与剥削阶级，但是阶级斗争还将在一定范围内长期存在。社会主义建设积累了正反两方面的经验，取得了新的进展与成就。作为一个幅员辽阔，民族众多，10 亿人口中有 8 亿农民的社会主义大国，经济、文化还不发达，各地区、各民族之间的发展也很不平衡，努力发展生产力，满足人民日益增长的物质和文化生活的需要，及时调整与处理生产关系与生产力、上层建筑与经济基础之间的矛盾，以促进社会生产的发展，是中国社会主义建设面临的中心课题。从发展前途讲，党的十二大提出了全面开创社会主义现代化建设新局面的宏伟目标。促进社会主义经济的全面高涨，建设高度的社会主义精神文明，进一步发展社会主义民主与社会主义法制，是全党、全国人民的神圣使命。因此，中国法律体系的建设，必须立足现实，瞻前顾后，统筹全局，符合中国实现四个现代化的需要。我们不能照搬照抄历史上奴隶制、封建制或现代资本主义国家为剥削阶级服务的法律体系，也不能生搬硬套其他社会主义国家的法律体系。对古今中外法律体系的继承或借鉴，绝不能代替我们自己合乎客观规律和合乎国情的创造。

为了坚持从实际出发，建设具有中国特色的法律体系，我认为应该着

---

① 《马克思恩格斯全集》第 1 卷，人民出版社，1956，第 183 页。

重掌握以下四点。

第一，必须以《中华人民共和国宪法》为主导来建设中国的法律体系。中国现行宪法总结了新中国成立以来社会主义革命与建设的经验，坚持了四项基本原则，体现了中国共产党十一届三中全会以来的路线、方针、政策和党的十二大精神，规定了今后国家的根本任务。新宪法是全国各族人民利益与意志的结晶，是一部具有中国特色的社会主义宪法，是中国进行社会主义现代化建设的根本法律保证。我们要依据中国现行宪法建设中国的法律体系，把宪法的原则和规定贯彻到各法律部门和各个层次的法律、法规，形成具体的法律规范网络。这样，不仅能使中国法律体系有纲有目、层次分明、繁简适度，而且能使中国的法律体系在经济结构、政治制度、文化发展、民族关系、国防外交和公民的权利与义务等各个方面切合国情、民情，具有我们自己的特色。

第二，必须深入研究中国社会关系的特点，按照所需要调整的社会关系的不同而制定各种规范性文件（包括基本法律、法律、法规等），完善或形成不同的法律部门。现阶段中国的社会主义经济，除包含全民所有制和集体所有制这两种主要经济成分外，还有城乡个体经济、中外合资经济等多层次的经济。中国社会主义经济的多种成分，决定了中国社会关系的特点与复杂性。各种法律、法规，各个法律部门调整各种社会关系必须各有侧重，各有特点，而又符合社会主义经济发展的要求。所以，考察中国法律体系的健全、完善与否，不能单纯以制定了多少法典或法规，建立了多少法律部门为标准，而应取决于法律的制定、法律部门的划分与建立是否表述了中国社会关系的特点，是否符合中国社会主义的现实与发展需要。如果中国法律的制定，法律部门的建立体现了中国社会关系的特点，符合以社会主义公有制为基础的各种社会关系的客观要求，那么中国法律体系的建设就是健全的，完善的；反之，如果对于应该制定的法律没有适时制定，对应该建立的法律部门没有建立，或者脱离社会关系的客观实际，形式主义地制定某些不必要的法律，建立某些不必要的法律部门，这就不能说是建立了完善的法律体系。

第三，必须适应全面开创社会主义现代化建设新局面的要求，围绕经济建设这个中心，继续加强经济法规的制定。近几年来，中国从中央到地方已经制定了大量的经济法规，一批新的经济法规正在草拟，中国经济立法有了新的发展。经济法作为一个独立的法律部门已经形成，但还需要进一步完善。当前，我们正在进行坚决而有秩序的改革，经济体制、经济管理等尚待完善与改进，某些经济工作还缺乏成熟的经验可循。在这种情况下，我们只能在总结经验的基础上逐步完善经济立法，只能有区别地把那些合理的、行之有效的经验上升为法律规范，加以贯彻执行。同时，还只能先制定较为原则的规范，通过试行，积累经验，逐步使之明细与完善，避免立法工作中的草率从事，以保证法制建设、法律体系建设的科学性与稳定性。

第四，必须有预见地建设中国的法律体系。社会主义法律既要符合当前的现实，又要适应将来的发展，因此，从实际出发建设中国法律体系，离不开科学的预见。党的十二大制定的发展中国社会主义经济建设事业的宏伟蓝图，就是有预见地建设中国法律体系的依据。我们必须加强调查研究，掌握社会主义建设事业发展的动态和信息，分析社会主义经济发展的客观要求，对法律体系的建设做出科学的预测。当客观条件成熟和需要的时候，就能有准备地制定相应的法律或建设相应的法律部门，对社会关系的某个方面或某种社会关系及时地发挥调整的作用。

二

以马克思主义为指导，建设中国社会主义法律体系，必须自觉地坚持法律体系的统一性。

法律体系的统一，是由于它具有共同的经济基础，体现共同的阶级意志及共同的指导原则。一个国家不论制定了多少法律规范，颁布了多少规范性文件，不论这些法律规范与规范性文件所调整的社会关系如何纷繁复杂，也不论建立或划分了多少法律部门，其法律体系在本质上是一个统一体，表现为法律体系的统一性与法律规范的多样性。历史上各个剥削阶级类型的法律体系和社会主义法律体系，都具有各自的统一性，一般都表现出各自内部的和谐统一。

但是，社会主义法律体系的统一性与剥削阶级法律体系的统一性有着原则的区别。这是因为：社会主义法律体系是以马克思主义的科学世界观与方法论为指导，而不是以任何一种剥削阶级的理论与思想作指导；它以社会主义公有制为基础，而不是以任何一种私有制为基础；它体现的是工人阶级领导的广大人民的利益与意志，而不是任何一个剥削阶级的利益与意志。它贯彻民主原则、社会主义原则和法制原则，体现出社会发展客观规律的要求，而不是贯彻任何一种剥削制度的原则，以致阻碍社会的向前发展。因此，社会主义法律体系内在的和谐统一性是任何一种剥削阶级法律体系所不可比拟的。

当然，社会主义法律体系的统一既不是人们主观臆想的，也不是自发地实现的，而是社会主义国家坚持理论与实际相结合的原则，依据客观规律，自觉地活动的结果。为了坚持中国法律体系的统一性，我以为应该掌握以下两个要点。

第一，必须坚持立法的统一和执法、守法的统一。立法的统一是法律体系统一的前提与核心。只有坚持了立法的统一，避免法出多门，各自为法，才可能使现行的各类法律规范、各种法律、法规和各个法律部门和谐协调，不致自相矛盾。因此，要加强调查研究，从实际出发，制定一部好的宪法，并在这个基础上，维护宪法的最大权威与最高法律效力，保证一般法律、法规的制定和法律部门的划分体现宪法原则，符合宪法规定，绝不能同宪法相抵触。同时，还必须按照宪法的规定统一行使立法权，统一行使立法监督权。

实现法律体系的统一，除坚持立法的统一外，还必须坚持执法与守法的统一。这就要求贯彻一切国家机关、政党和社会团体必须在宪法和法律范围内活动的原则，贯彻以事实为根据、以法律为准绳的原则，贯彻法律面前人人平等的原则。同时，必须把国家专门机关的法律监督同广大人民对执法与守法的监督紧密结合起来，还必须加强法制宣传教育，不断提高干部、群众守法的自觉性。这样，有了执法与守法的统一，才能使法律体系的统一性在现实生活中得到贯彻，并且通过执法与守法的实践检验这种统一性，促进这种统一性，使中国法律体系的建设实现科学性与实践性的统一，避免流于形式。

第二，必须适时地用法律体系新的统一代替其旧的统一。从具体发展过程来看，法律体系在一个时期、一个阶段对客观规律的反映，对社会关系的调整是正确的、适合的，各种法律与法规之间、各个法律部门之间是和谐的、协调一致的。但是，随着社会主义建设事业的向前发展，客观实际、社会关系出现了新的情况、新的变化，就要求对法律体系中的某些法律规范、某个规范性文件或某个法律部门进行必要的调整与变更，以便法律体系在新的条件下实现新的统一。五届全国人大常务委员会第二十二次会议通过的《关于严惩严重破坏经济的犯罪的决定》，对中国刑法有关条款所做的补充和修改，就是坚持法律体系在新的形势下实现新的统一的具体表现。因此，我们必须依据客观实际要求，及时地进行法律规范的废、改、立，自觉地用法律体系的新的统一代替其在原有条件下的旧的统一，从而持久地保持中国社会主义法律体系内部的和谐一致，充分发挥中国法律在全面开创社会主义现代化建设新局面中的作用。

社会主义法律体系的形成及结构

王传生

一

建立社会主义法律体系，是关系到中国法制建设的一个重要问题，它不仅要求按照所表明各种法律规范的共性和个性的统一标准，对中国的法律进行科学的分类和组合，使之构成一个既符合马克思主义法学原理，又具有中国特色的科学的法律体系，而且要求根据法律体系的总体要求，有步骤地完善立法，制定出切合实际需要的法律，完善法律设施，以适应客观的需要。所以，这不仅是个理论问题，也是一个重要的立法和司法实践问题，对加强社会主义法制建设，有效地保障中国的社会主义物质文明和精神文明的建设，都具有重要意义。

长期以来，建立法律体系问题，在中国并没有得到应有的重视，这当然是与中国在过去一个较长时期内"左"倾思想的存在分不开的。现有的法律尚且不被尊重，何谈法律体系。自从党的十一届三中全会以来，经过拨乱反正，奠定了正确的思想政治路线，法律在国家政治、经济、文化以及其他各个社会生活领域中的重要地位和作用，已为人们重新认识，法制建设逐步加强，各个部门的立法工作正在展开，在这个新的条件下，如何保证立法工作的计划性、科学性和现实性，保证各个法律部门都建立在合乎科学的体系基础之上，协调地为经济基础服务，就理所当然地被提为重要的议事日程。过去，由于对法律体系的总体考虑有欠缺之处，制定法律往往偏重于社会现象中某些突出存在的问题，而对于具有深远意义的完善法律体系的立法，则重视得不够，或者采取了过于谨慎的态度，以致给法学研究和法律实践都带来了一些难题。例如，由于经济建设的实际需要，我们已经有了不少以调整经济、财产关系为内容的法律，但是这些法律却缺少一个概括的原则总汇——民法总则，以致在研究和处理经济关系时必然涉及的法人、民事行为能力、行为时效等等问题，都只能依赖对原理的解释和习惯的沿用来解决，严格说来，这在法律的适用上不能不是一个缺陷。又如，因为各部门立法的着眼点不同，在相关联的立法中，对同一类行为的法律规范，也有出现责任程度的差异（如对企业职工违犯纪律的行政处分有时重于违法犯罪的法律责任），体例系列的差异（如在同一个法律的罚则中行政处分与刑事处分参差错杂、轻重失序、任意排列）的情况。有的以低一层次的法律改变高一层次法律的某些规定，有的以程序法补充实体法个别实质性问题的规定，等等。所以出现这种状况，固然有许多因素，而对于建立社会主义法律体系的问题缺乏研究是一个相当重要的原因。

建立法律体系是人们对法律这一社会现象的认识逐步深化的结果，它是同人们对自然界和人类社会本身的认识逐步深化相伴随的。我们知道，人类早期对自然界和社会本身的认识比较肤浅，只是在科学的分工日趋细密以后，人们才能对自然界和社会生活的各个领域分别做细致深刻的研究，逐步揭示它们各自的运动发展的规律，这既带来了科学的昌盛，也带来了人们对自然和社会认识的进一步深化。这种认识深化的结果，使人们进一步发现自然界以及人类社会生活的各个领域都是互相联系、互相制约、互为作用的。早在一百多年前，恩格斯就做出了对物质世界的整体性和科学整体性的论断，指出："我们所面对着的整个自然界形成一个体系，即各种物体相互联系的总体。"① 他还指出社会生活的各个领域无不存在互相结合、互相作用的情况。我们对任何自然现象和社会现象的研究与考察都要有整体观点和系统的观点。即不是把它当成单个孤立的现象，而是要把它始终当做整体中的一个环节，互相作用与联系的环节。

法律依存于社会。但是，我们也决不能忽视法律有着自身的形成、运动与发展的规律。社会是一个有机的整体，各个不同领域的社会生活以及

---

① 《马克思恩格斯全集》第20卷，人民出版社，1971，第409页。

不同领域的社会生活中的不同层次，都相互联系、相互作用，构成了多因素的复杂的动态系统。社会的系统性和整体性，决定了法律这门科学的系统化的要求，这就是要把对法律现象的微观研究和宏观研究紧密地结合起来，既要考虑到每个具体法律对其所规范的某种社会行为的适应性，更要考虑这项法律规定对整个社会生活的适应性，要把具体的研究对象放在全系统的范围内加以考察，要着重从法的整体与部分之间、整体与外部条件之间的相互联系、相互作用、相互制约的关系中进行综合比较的分析研究。比如，为搞活经济、促进经济建设的发展，需要有一系列的法律法规，以巩固与发展生产责任制、疏通商品流通渠道，繁荣集市贸易。法律作为具有强制力的行为规范，具有促进经济发展、维护社会稳定的作用，但它本身并不直接产生经济效益。法律是通过外部强加的约束对人们的行为产生影响，这是它与通过对人内心约束进而对人行为产生影响的道德的根本区别。因此，有关国家机关只对人们的违法行为予以追究和制裁，而不对人们的精神生活和社会心理是否受到法律影响进行考察。

二

如何划分法律部门及其隶属的各个层次，形成社会主义法律体系的科学结构，是建立社会主义法律体系的重要问题。

体系的划分是人们主观作用的结果，但体系的本身则是客观规律的体现，如果要建立科学的体系结构，就必须实现主客观的一致，否则就不能成为科学的体系。法律体系受经济基础的制约，不同的经济基础可以出现不同的法律分类。资本主义国家有资本主义法律体系的分类标准，社会主义国家有社会主义法律的分类标准。把法律分为公法与私法两大部类是资产阶级传统的法律分类方式。不过在近代，随着资本主义垄断的日益扩张，为了维护垄断资本利益而实行国家干预的加强，公法与私法的分野也有相互渗透的趋势。在社会主义社会，生产资料公有制决定了所有的社会关系都具有公共的、集体利益的性质，公法和私法的区分已失去客观基础，社会主义法律体系关于法律的分类标准，主要是以法律所调整的对象——社会关系为依据，社会关系的不同性质和不同层次，决定了法律不同部门的区分和层次的隶属。同时，法律调整的方法对不同部门法的划分也起着重要作用。但现在有两种情况值得注意。

一是平行并行，部门法越划越多。除现有的宪法、行政法、刑法、民法、婚姻法、诉讼法、经济法之外，还有主张适应经济建设发展的需要，将有关科学文化教育、军事、土地、人民公社、对外经济活动、利用和保护自然资源的法律等，都开辟为新的法律部门。这样主张的目的无非强调这些法律所调整的社会关系在整个社会生活中的重要地位。这样的划分，其结果必然出现繁多部门法的平行并列，很难形成一个有层次的体系，这样的主张是值得商榷的。

二是划分的标准有交叉重叠。怎样从交叉重叠的现象之中，做出最佳的选择方案，做到既有利于通过这种科学的划分，能够比较准确地反映出各种法律的共同特征和独有的特征，又能反映出它们在整个法律体系中的地位与作用，反映出它们之间的区别与联系，是个重要的问题，特别在呈现出综合性的法律部门中，尤其重要。以社会经济关系为调整对象是民法和经济法的共同特征，而且民法中规定的实现经济流转的某些原则的规定，又是所有经济法运行时必须遵守的规范。事实上，经济法是诸多不同的有关社会经济活动法律规范的聚集，如果独立成为一个法律部门，是否还需要有一个基本的法律作为统帅，它与民法的关系究竟怎样，如何协调它们之间的关系，也是值得研究的。

根据上述情况，在进行法律分类、确立法律体系时有必要注意几个问题。

（1）按照以共同特征为主的原则，集中地、精确地划分法律部门，层次不妨多一些，部门应该集中一些。法律部门的划分，归根到底是由它所依托的社会关系决定的。社会关系的多层次，决定了法律划分的多层次。不仅要表明它们之间的区别与联系，而且要能表明其与社会关系相适应的隶属关系，表明某项法律在整个法律体系中和所反映的社会关系的不同地位、不同层次，就像一个金字塔一样。有最高一级的国家权力结构和最集中的一类社会关系，就应有与之相适应的最高层次的法律——宪法，然后依次按照各类法律反映社会关系的不同层次归属、组合，构成一个完整的体系。一律平行并列的方法严格说来不是一个科学的方法，不能反映系统化的要求。例如，把婚姻家庭法从属于调整财产关系的民法中划出，是社会主义法律体系的一个进步的表现。它所调整的是人身关系，是把它独立为一个部门，还是把它归属于调整人身关系的法律部门，是可以研究的一个问题。如果从它所隶属的更高一级的人身关系另辟一个高层的法律门类，则青少年保护法等都可归入此类，体系是否可以更明确、更概括一些。民法与经济法似乎也可以并入一个调整经济财产关系的更高层次的法律门类之中。由于民法与经济法虽无直接的隶属关系，但由于民法的总则规定，对于调整经济财产关系的法律具有普遍适用价值，因此对一般的调整经济财产关系的法律具有指导作用，也可以在排列组合中适当地表明。至于保险法、经济合同法、对外贸易法等等，都可以归属于经济法的下属层次。通过这样集中地分层次的归属，也许可以更好地构成一个科学的法律体系，一个不仅反映法律本身规律也有利于反映社会客观规律的科学体系。

（2）要有一个表明各类法律不同特征的统一标准，把形式的划分与实质的划分区别开来。建立社会主义法律体系虽然是理论探讨，但这一理论问题的研究，主要是为完善立法服务的。它既具有理论性质，同时具有立法、司法实践的性质。因此，一些属于形式上划分法律类别的标准，如实体法与程序法、国内法与国际法等，以及属于立法等级并不表明某种法律内在特征的区别标准，如根本法与基本法、基本法与行政法规等，就不宜作为建立法律体系中划分法律门类的标准，否则，把多标准的划分合并运用，就难以保证法律体系的科学性与完整性。

（3）在法律调整对象交叉的情况下，要选择比重较大、最能表明其本质特征的标准加以区分。区分法律类别的目的，在于对同一种类、同一性质的法律按其本质的差异排列组合，便于进行比较，为完善法律制度、实现法的整体和谐提供条件。不论依照何种标准进行划分，都要把最能表明该项法律本质特征的主要部分作为优先考虑的内容。在法律调整的对象和调整的方法交叉重叠的情况下，应当看它的主要方面。不少行政法都附有罚则的规定，当然不会产生是否应划入刑法一类的怀疑。即使是有些从形式上看来似乎属于行政权力实施的法律规范，实质在于调整经济关系的，也应该服从本质的特征，如银行法、交通法应归于经济法范畴之类。

三

建立社会主义法律体系，必须讲求法的整体和谐。法律体系的建立，并不能自发地实现法的整体和谐，而只是为实现法的整体和谐提供了比较、选择的方便途径，要实现法的整体和谐，还需要有目的和自觉的努力。

讲求法的整体和谐，首先，要讲求法律与其所规范的外部关系的和谐。适应经济基础是一条总的规律，而各类社会生活又各有其自身的特殊规律，这些事物的特殊规律又互相影响，互相作用，互相制约，并且处于运动、变化与发展之中。正像恩格斯所说的："政治、法律、哲学、宗教、文学、艺术等的发展是以经济发展为基础的。但是，它们又都互相影响并对经济基础发生影响"。[①] 这就提出了法律体系必须与社会相应的整体和谐的要求。法律不仅要比较准确地、完整地反映它所规范的社会生活的规律，而且要适时地反映社会生活在相互影响、相互制约中的运动规律。例如，物质文明的建设与精神文明的建设是相辅相成、相依为用的，因此，我们在运用法律规范促进物质文明建设的同时，绝不可以忽略运用法律规范促进精神文明的建设。总之，坚持社会主义原则是实现社会主义法律体系整体和谐的基础，也是保证社会主义法律体系的科学性，保障社会主义法制正确发挥调整各种社会关系的功能的必要条件。

其次，要实现法律体系的和谐，还必须讲求法律内部结构的和谐。在根本法与基本法之间、基本法与其他法律之间、国家法律与地方法规之间、程序法与实体法之间、各项法律之间以及法律的每项条文之间都必须处于协调状态。"在现代国家中，法不仅必须适应于总的经济状况，不仅必须是它的表现，而且还必须是不因内在矛盾而自己推翻自己的内部和谐一致的表现。"[②] 坚持社会主义法制的统一原则，是实现法律体系内部整体和谐的一个重要方面，一切法律都应该服从于宪法，基本法律对其他一切法律法规、国家法律法规对地方性法规都具有统一的约束力；法律内容和形式的严谨是实现法律体系整体和谐的又一个方面，条文内容的主次轻重以及相应的法律责任都应有合乎逻辑的区分、衡量与排列。比如刑法的重罪与轻罪及其相应的刑罚，民事流转的程序等，都应该做出科学的序列规定，不容出现矛盾现象。此外，法律体例的严密、法律语言的严谨、法律要件的明确，都是实现法律整体和谐的必要条件。

---

① 《马克思恩格斯选集》第4卷，人民出版社，1972，第506页。
② 《马克思恩格斯选集》第4卷，人民出版社，1972，第483页。

　　再次，法律的完备对实现法律体系的整体和谐有着重要意义。法律的不完备，特别是具有重要地位的基本法律的缺少，必然导致某些必须由法律规定的社会行为的随意性，从而妨碍法的整体和谐。比如，为保障社会主义经济建设的顺利进行，保障社会主义经济秩序不受侵犯，必须加强同玩忽职守、损害社会主义经济的犯罪行为的斗争，但是一条渎职罪名很难概括诸多由于主观责任而损害了社会主义经济的犯罪现象。健全社会主义文化教育制度、发展科学技术，也不是原则性的行政文件所能收效的。这就需要根据社会主义法律体系的整体要求，有计划、有步骤地完善立法，使各个部门的法律逐步达到门类齐全、严密完整，特别是一些重要的基本法律如民法、行政法，重要的经济法，如经济管理体制、企业经营管理、自然资源的保护与利用，以及关于发展教育文化和科学技术的法律，应该抓紧制定，以促进社会主义物质文明和精神文明的建设。当然，法律的完备也要从实际出发，要本着求实的精神，积极、认真、审慎地开展立法工作，不能仓促从事。

　　由此可见，建立科学的社会主义法律体系实质上就是一项系统工程，无论是法律门类的划分还是法律的制定，都必须有整体的考虑，既考虑当前的需要，更考虑到长远的社会效应；既考虑部门的重要地位，又要考虑整个系列的合理化；既考虑本身的特殊规律，又要考虑其相互影响、相互作用的规律；始终把它作为一个有机的整体对待，才能有效地发挥法律对社会行为的规范作用。

关于建立中国式的法律体系的几个问题

陈处昌　　王光仪

当前，中国法学界正在开展对建立中国式的法律体系问题的讨论，这将有助于正确解决中国法律体系的科学分类及马克思主义法学体系的建立等问题。它对加强中国社会主义法制建设，完善社会主义法律制度，有效地促进中国的社会主义物质文明和精神文明的建设，都将具有十分重要的理论意义和实践意义。

下面就有关建立中国式的法律体系的几个有争议的问题，谈谈我们的认识。

一　关于法律体系的概念

目前，中国法学界对法律体系这一概念的理解还不统一。有的同志认为，法律体系是指比较完备的法律或法制；也有同志认为，是指根据宪法，不同国家机关制定法律的规范性文件分类的体系；还有的同志主张，法律体系包括立法、守法、执法、法制宣传教育诸方面的统一。我们认为，法律体系是指一个国家以宪法为基础，对所有现行法律分门别类组成的一个有机的统一整体。任何一个国家的法律规范，总是依据它所调整的社会关系的不同而划分为不同的法律部门，所有的法律部门都是相互联系、协调统一的，从而构成了一个国家的法律体系。对法律体系含义的这种理解，也是目前法学界大多数同志所持的观点。

二 什么是中国式的法律体系？

我们认为，中国的法律体系的"中国特色"，应该表现在：首先，要从中国的实际出发，把马列主义法学原理同中国革命和建设的实践结合起来。我们的立法要从实际出发，建立和发展法律体系也要从实际出发。中国现行的法律体系是社会主义上层建筑的组成部分，它必须适应社会主义经济的发展变化，反映经济基础的客观要求，使之与社会主义经济基础及其形成的社会关系之间建立和谐的关系，中国的法律体系要为社会主义经济基础服务，要为巩固社会主义社会秩序服务，要为四化建设服务。中国的法律体系不是一成不变的，它是在调整中发展，又在发展中不断调整。调整和发展社会主义法律体系总是通过修改、废除某些法律规范或者制定新的法律规范来实现的。当某些法律规范已经落后于实际，不能再为社会主义经济基础有效地服务，妨碍或不利于社会主义事业的发展时，就应该修改或者废除。中国目前经济、政治等领域中正在进行体制改革，为了适应这种改革的需要，必须相应地废除一些已经过时的法律规范，修改、补充或制定一些必要的新的法律规范。适时地恰当地调整由于改革而产生的各种社会关系的变化，已成为建立中国式的法律体系的重要内容。例如：在经济改革方面，就要从法律上来保障国营经济的主导地位，保护集体经济的发展，调节个体经济的辅助作用；用法律手段贯彻计划经济为主、市场调节为辅的原则，完善各种形式的社会主义责任制。随着经济建设的全面开展，经济关系日益发展，其范围变得十分广泛复杂，单独依靠民法一个法律部门来调整，就显得很不适应，这就有必要建立适应客观发展需要的新的法律部门来加以调整。

其次，中国式的法律体系，是社会主义性质的法律体系，它不同于任何剥削阶级国家的法律体系。中国现行的法律体系，反映了工人阶级领导下的广大人民的意志，是社会主义经济基础之上的上层建筑，是在马列主义毛泽东思想指导下建立和发展起来的，是实现人民民主专政的工具，因此，它是新型的社会主义法律体系。一切剥削阶级包括资产阶级的法律体系，都是建立在生产资料私有制基础上，反映剥削阶级意志，为剥削阶级统治服务的。一切资产阶级法律体系都承袭了以前剥削阶级国家法律体系中的许多内容，使之适合于自己统治的需要。中国社会主义法律体系与一切剥削阶级的法律体系是根本对立的，是在彻底摧毁了国民党旧法律体系废墟的基础上建立和发展起来的。

再次，中国式的法律体系，也不同于其他社会主义国家的法律体系，它不应该照抄照搬其他社会主义国家法律体系的模式，而必须实事求是地从中国的国情出发，创立中国式的法律体系。在中国，早在民主革命时期的革命根据地，就建立有新的法律体系的雏形。在第二次国内革命战争时期，为了适应革命斗争的需要，就开始了根据地革命法制的建设，如曾先后制定了《中华苏维埃共和国宪法大纲》、《关于经济政策的决议案》、《关于红军问题的决议案》、《关于中国境内少数民族问题的决议案》以及婚姻法、选举法、土地法、劳动法、惩治反革命条例等。到抗日战争时期，革命根据地逐渐扩大了，立法工作也有了新发展，制定过《陕甘宁边区施政纲领》、《陕甘宁边区抗战时期惩治汉奸条例（草案）》、《陕甘宁边区保障人权财权条例》、《陕甘宁边区土地租佃条例（草案）》等。在解放战争时期，立法工作更有了新的发展，曾颁布过《中国土地法大纲》、《华北人民政府组织大纲》、《陕甘宁边区政府关于保护工商业的布告》等。所有这些纲领和法规，都具有反帝、反封建的性质和特点。民主革命时期所制定的法律规范，当时虽然还没有十分明确地划分为各个法律部门，但也不是杂乱无章的，当时所有的法律规范都是为了一个目的，即保障革命战争的胜利，从而构成了一个有机联系的统一整体。也就是说，当时也还是有一个法律体系的，尽管这种体系限于当时的历史条件还很不完备，但它对于保障革命战争的胜利，对于革命根据地政权的巩固与发展，保护生产建设和维护革命秩序，都起过重大作用。新中国成立后，社会主义法律体系并不是突然建立起来的，而是在总结革命根据地法制建设经验的基础上，逐步建立和发展起来的。由此可见，中国社会主义法律体系是经历了一个孕育、产生和发展的过程的，法律体系的"中国式"，意味着它既有别于其他社会主义国家的法律体系，也不同于任何资产阶级国家的法律体系，而是有它自己的特点和独特的建立、发展道路。

三 划分社会主义法律部门的标准是什么？

有同志认为，划分社会主义法律部门的标准属于主观意识的范畴；也有同志认为，这种划分法律部门的标准是客观的；还有同志认为，这种标准应该是主观与客观的统一。

划分社会主义法律部门，只能是依据社会主义法律规范所保护和调整的社会关系。也就是说，建立任何一个法律部门，都要依据它所调整的对象来确定。如刑法和民法这两个最基本的法律部门之所以能够成立，是因为它们各自独立地调整着同一的社会关系。刑法的调整对象是具有严重社会危害性、触犯刑律并要受到刑罚处罚的这一方面的社会关系。民法所调整的对象是一定范围内的财产关系和人身关系。中国的法律体系是社会主义上层建筑的重要组成部分，它的产生与发展必然为社会经济基础所决定。马克思在揭示法和经济的关系时指出："无论是政治的立法或市民的立法，都只是表明和记载经济关系的要求而已。"① 中国社会主义法律体系和法律部门划分的科学性，首先表现在如实地反映和适应中国社会经济基础的特点和要求上。因此，法律体系各部门划分的依据是客观存在的，不是人们主观臆想出来的。因为那些历史上长期形成的被人们所公认的法律部门，都有其存在的内在的客观必然性，任何人都不可能任意创造出一个新的法律部门，也不可能任意废弃一些早已存在的科学的法律部门。如果认为人们可以主观地任意创造或废弃某一个法律部门，就有可能在法律体系的分类问题上造成混乱，就不可能建立起一个统一的科学的法律体系，并且必然会影响社会主义法制建设的正常发展。

四　中国法律体系中应划分哪些部门法？

关于中国法律体系应划分哪几个法律部门，法学界目前尚存在着争议，但大体说来，对以下几个法律部门在认识上基本是一致的：其一，主导法律部门——宪法，包括选举法、国家机关组织法、国籍法等。其二，一般法律部门有：①民法；②刑法；③婚姻家庭法，包括婚姻法、计划生育法、亲属和继承法等；④劳动法，包括工会法、职工奖惩法、劳动保护法等；⑤行政法，包括民政管理法、治安管理法、交通管理法、卫生管理法、城市规划和建设法、企业登记法、商标法等；⑥司法程序法，包括刑

---

① 《马克思恩格斯全集》第 4 卷，人民出版社，1958，第 121 ~ 122 页。

事诉讼法、民事诉讼法、律师法、公证法、调解和仲裁法、监狱管理法、劳教法、劳改法。

经济法是否能成为部门法，目前有不同看法。有同志认为，如果把经济法作为一个独立的部门法，则同民法在内容上重复，就会"挖了民法的墙脚"，他们主张搞"大民法"。我们认为，为了适应现代化经济建设的需要，加强经济立法，将经济法作为一个独立的法律部门是必要的。在中国法律体系中，经济法与民法之间的界限问题是一个比较复杂的问题，但也并不是不可认识或难以解决的问题。人们经过实践—认识—再实践—再认识的过程之后，对于经济法作为一个部门法的概念，以及它与其他部门法之间的界限，将会越来越清楚。从经济法与民法这两个相近的法律部门来看，它们之间虽然有相同的方面，有一些规定彼此相通，相互交叉，但也有其不同的方面。首先，调整的对象和范围不同。经济法调整的是国家机关、社会组织在国民经济管理、经营和相互协作活动中所发生的经济关系，民法调整的是国家机关、社会组织、公民与其他法人在财产所有权、一般民事合同、民事侵权行为，以及与财产关系有关或无关的某些人身关系（如姓名权、发明权、著作权等）。其次，经济法调整的对象反映在法律上是经济法律关系，民法调整的对象反映在法律上是民事法律关系。它们的内容以及产生、变更和消灭的条件也是不同的。再次，调整的方法不同，由经济法所调整的经济关系的特殊性质决定，它的调整方法是经济的、行政的、民事的等多种手段的统一。综合运用各种方法解决相应的经济法律关系，绝不是机械地照搬和任意拼凑，而是将各种相应的调整手段进行有机的结合和灵活的运用，而民法，只是用民事手段，调整各种民事法律关系。由上可见，经济法有自己独立的调整对象和调整方法，因此，它是中国社会主义法律体系中一个重要的法律部门。经济法的范围有多广？究竟包括哪些内容？从中国经济立法的实践来看，国民经济计划法、基本建设法、财政法、金融法、工业企业管理法、合作经济管理法、商业管理法、中外合资经营企业法、海商法、经济合同法等，都包括在经济法范围之中。

至于环境保护法是否可成为一个部门法，也有人提出建议。我们认为，为了适应现代化建设的需要，将环境保护法列为独立的部门法，还是必要的。由于科学技术的突飞猛进，工业的发展，大规模地改变了自然条件，于是相应地出现了污染环境，破坏和干扰生态平衡的现象，对此应该给予充分的注意。新宪法明确规定，国家保护和改善生活环境和生态环境，防治污染和其他公害。从中国实际情况出发，中国环境保护法应该加以保护的环境和自然资源包括大气、水域、土壤、水产资源、森林、草原、矿藏、野生动物以及名胜古迹、风景、旅游区、温泉、疗养所、自然保护区、生活居住区等。对工业污染和其他公害的防治，包括对工业废水、废渣、放射性物质、电磁波辐射、生活垃圾污染，以及噪声、震动、地面下沉等其他公害的防治。因此，环境保护法在中国的法律体系中将成为一个重要的独立的法律部门。在这一法律部门中将包括土地法、森林法、草原法、能源法、水利法、水产资源法、矿产资源法、环境保护法等。

在划分部门法时，应注意到国防现代化建设在法制方面的需要，将军事法作为一个独立的部门法也是必要的。在军事法中包括适用于军人或有关军事方面的法律，如兵役法、中国人民解放军干部服务条例等，此外，还有中央军委颁发的一些条例、命令等军队的法规，也应包括在这一法律部门之内。

总之，中国的法律体系应是具有中国特色的社会主义法律体系，它们必须从中国实际出发，能适应现代化建设的需要，能体现社会主义法制建设的需要。当然，在研究中国社会主义法律体系时，我们也应借鉴外国的和中国历史上法制方面的经验，但不能盲目照搬。至于中国法律部门具体划分上如何能够更科学、更符合中国的实际情况，这是需要通过调查研究，认真总结经验，在实践的基础上逐步解决的问题。

论建立具有中国特色的社会主义法的体系

张尚鷟

社会主义法的体系，包括两个方面的内容。①法律体系。指社会主义国家中，根据现有全部法律文件形成的，由许多既有区别又有联系的，相互协调、分门别类、多层次的法律部门所组成的整个法律规范的统一体。②法学体系。指与法律体系相适应的，由各部门法学学科组成的法学理论体系。

我们探索社会主义法的体系最主要的一条原则，是从实际出发来考虑问题。

30 多年来，中国政法部门的实际工作者和广大法学理论工作者，从中国实际需要出发，曾经不断地研究过包括我们自己的法学理论工作者在内的古今中外的法学家，从各种不同的角度对现实的各种法律文件进行了各种各样的分类。概括起来，大体上有如下几种。

（1）按制定法律文件的机关来分类。例如中国新宪法就是在总结中国30 多年法制建设经验的基础上，把各种法律文件按照制定文件的机关来进行分类的。从这个角度来分类，今后，我们国家制定的法律文件，将基本上分为：全国人大及其常委会制定的宪法、基本法律和法律，国务院及其所属各部、委制定或发布的行政法规、决定、命令、指示和规章，地方各级人大及其常委会制定或发布的决定、决议和具体措施，省、直辖市人大及其常委会制定的地方性法规，地方各级国家行政机关制定或发布的决定、命令，以及民族自治地方人民代表大会制定的自治条例和单行条例。

（2）按适用法律文件的机关来分类。这是崇尚三权分立学说的一些法学家首先提出来的分类法。他们把各种法律文件分为立法法（如国会组织法、立法程序法等），审判法（包括刑法、刑事诉讼法和其他有关刑事法规，民法、民事诉讼法和其他有关民事法规等）和行政法（包括各种行政管理法规和行政诉讼法规等）。

（3）按法律文件的名称来分类。例如，按照这种分类法，在中国，根据新宪法的规定，就可以以宪法为统帅，把今后中国制定的各种法律文件分为：法（包括基本法律、法律），法规（包括行政法规、地方性法规），条例（如自治条例、单行条例），以及决定、命令、指示、规章、决议等。如果把30多年来中国制定的全部法律文件集中起来，按照这种分类法来分类，就可以以宪法为统帅，把我们业已制定出来的成千上万个法律文件基本上分为：法、条例、组织通则、组织简则、组织规程、章程、决议、决定、规定、规章、命令、通令、通知、通告、布告、指示、批复、建议、会议记录、办法、实施要领、实施办法、实施细则等等。

（4）按法律文件调整的对象（即不同的社会关系）来分类。把各种法律文件分为：以一个基本文件为主，包括一系列不同层次的同类法律文件的，一组一组、一个一个的部门法。如：宪法、刑法、民法、行政法、诉讼法、国家机构组织法、民族区域自治法、婚姻家庭法、劳动改造法、经济法、劳动法、社会保障法、保险法、财政法、银行法、商业法、商标法、土地法、人民公社法、基本建设法、交通运输法、邮电法、森林法、水法、能源法、自然资源保护法、环境保护法、住房法、教育法、科技法、知识产权保护法、外贸和对外经济活动法、海关法、航空法、军事法等等。这种分类法，一个时期曾在有些国家的法学界占据统治地位。但也引起了一系列争论。例如，各种复杂的社会关系能不能截然分开？像经济法之类的部门法，是不是有独立的调整对象？等等。

（5）按法律文件采用的调整方法（或手段）来分类。例如，采用刑事制裁手段的叫刑法，采用民事制裁手段的叫民法，采用行政制裁手段的叫行政法，采用经济制裁手段的叫经济法等等。

（6）以法律规范为标准来进行分类。这是一些法学家在否定以调整对象、调整方法为分类标准的基础上提出的另一种分类标准。他们主张，法的体系，应当是一个"由相互紧密联系成和谐的统一整体的法律规范组成的体系"。

（7）按综合标准来进行分类。一些法学家在实践中发现，只按一个单一的分类标准来进行分类，有时从理论上很难自圆其说。于是提出了这种分类法。例如，以调整对象为主要标准，以调整方法和其他分类标准作为补充标准的分类法。

（8）按制定法律文件的目的或法律文件的作用来进行分类。这种分类法被指责为"主观标准"的分类法，认为它同"法的体系是客观存在的"这个命题相矛盾。从而引起了对这个命题究竟应当如何理解的一场争论。

（9）按法律文件本身的性质、形式、法源、适用范围等来分类。这是历史上各个时代的法学家经常采用的又一种综合分类法。例如，把各种法律文件分为实在法与自然法、公法与私法、成文法与不成文法、固有法与继受法、母法与子法、实体法与程序法、国内法与国际法、普通法与特别法、强制法与任意法等等。

（10）按实际需要与可能来进行分类。强调从实际出发，按照经济基础发展的实际要求，并在此基础上，同时也按照法的体系必须具备的内部和谐性的要求，在现实可能的情况下，来进行分类。

上列各种分类法，都是从各自不同的角度来对法律文件进行分类的。在一段时期里，人们较普遍地认为按法律文件调整的对象（即各种不同的社会关系）来分类，是合乎科学的。但是，实践表明，这没有完全解决问题。因为，第一，社会关系是极其复杂的，往往是相互交织在一起的，很难截然分开，只能在一定条件下，从不同的角度来对它进行分类，才能相对地把它们区分开来。第二，实际的情况是：同一种社会关系（如财产关系、非财产的人身关系、纵向的组织管理关系、由"孤立的个人对于统治关系的斗争"而形成的国家与罪犯之间的关系等等）常常需要由好几个法律部门来进行调整。例如，调整财产关系的，既可以是民法，又可以是行政法，甚至在某种意义上说还可能是刑法。只是单纯地按调整的对象来划分法律部门，那么调整整个财产关系的究竟该是什么样的法律部门呢？是民法？还是行政法？还是刑法？还是别的什么法呢？说主要是民法，还可以勉强说得通，但难道行政法、刑法等就不从另外的角度调整财产关系吗？显然，这种说法总是不够确切的。在一段时期里，人们又强调按调整方法来划分法的部门。但调整方法说来说去不过是刑事制裁（如处以死刑、徒刑、罚金等）、民事制裁（如强制履行义务、责令恢复原状或返还原物、赔偿损失、罚款等）、行政制裁（如训诫、罚款、行政拘留等），或者再加上经济制裁（处以违约金、罚款等），最多也不过四五种方法，或更多一点，六七种方法。那么，法律文件就只分为四五个或六七个门类吗？这也显然是不能满足实际情况需要的。在另一段时期里，人们又主张以调整对象为主要标准，以调整方法及其他标准为补充标准。例如，人们都说，刑法就是在确定它的调整对象是国家与罪犯之间的关系以后，在这个基础上，以调整方法作为补充分类标准把它确定为一个独立的法律部门的。其实，刑法是用以调整包括财产关系、人身关系、组织管理关系等在内的许多种社会关系的。因此，也可以说，实际上不是以调整对象作为主要标准，而是以调整方法作为主要标准，才把刑法确定为一个独立的法律部门的。

综上所述，可否跳出历史上法学家们在唯心主义和形而上学影响下提出的各种建立法的体系的分类框框，在马克思主义基本原理指导下，这样来表述、形成和建立中国社会主义法的体系。

（1）首先从各种不同的角度，对现实存在的法律文件进行各种各样的分类。例如，对现有法律文件进行认真的编纂、整理工作，从不同的角度（如按调整对象、按调整方法、按实际需要等），编出各种类型的法律文件汇编，如《中华人民共和国法律文件汇编》、《公安法规汇编》、《经济法规汇编》、《人事法规汇编》、《科技法规汇编》、《教育法规汇编》、《外事法规汇编》、《军事法规汇编》、《民政法规汇编》等等。这也就是说，应当从各种不同的角度来观察并揭示出客观存在的中国社会主义的法的体系。因为只有这样才能窥见其全貌。

（2）以宪法为统帅，逐步形成并建立起一个依靠全国统一的各级法制机关（如中国各级人大常委会设立的法制委员会和国务院系统的各级法制局、法律室）和法律监督机关（如中国的各级检察机关）的活动来调整的，门类和层次都能经常保持相对稳定、体系内部也能经常保持相对地和谐一致的、立体的、宝塔形的社会主义法的体系（包括法律体系和与之相适应但又有所区别的法学体系两个主要组成部分）。

（3）强调从实际出发，主要按照社会主义经济基础发展的实际需要，并在此基础上同时也按照社会主义法的体系自身内部要求的和谐一致的实际需要，从不同的角度，结合使用其他各种可行的分类方法，将中国众多的法律文件划分成不同的法律门类和不同的法学学科，并分清不同的层次。这就要求我们要注意不断地根据需要与可能来形成和建立新的法律部门和新的法学学科。事实上，随着社会主义经济基础的不断发展变化，新的法律部门和新的法学学科是肯定会不断产生出来，或从旧的门类或学科中分化出来的。这是不以人们意志为转移的。我们将无法抗拒这种客观的需要。如果这个论点能成立的话，那么，这些年来关于经济法能否发展成为独立的法律部门或独立的法学学科的争论，就可以在新的基础上得到解决了。我认为，经济法肯定是会发展成一个独立的法律部门或独立的法学学科的。它之所以能形成独立的法律部门或法学学科，主要是因为中国现阶段社会主义经济基础发展的需要和在此基础上中国社会主义法的体系内部和谐一致的需要。正像婚姻家庭法、劳动法、财政法等会从传统的民法、行政法中分化出来，而不致影响民法、行政法作为独立的法律部门或独立的法学学科继续存在下去一样，经济法从传统的民法、行政法中分化出来，也不致发生不良的后果。很显然，可以预计在不太长的若干年之后，经济法将同民法、刑法、行政法等基本的法律部门一样，在中国社会主义法的体系中，并列于宪法之下的第一层次之中。因为这既是需要的，也是可能的。至于经济法同民法、行政法的内容，在某些方面是不是可能会有重复、有交叉，我们的回答是，肯定有的。宪法同行政法所包含的内容，在国家机构的组织和活动方面，不是也有重复、有交叉吗？只要这种重复和交叉是必要的，而不是互相矛盾的，我看就并不影响宪法、行政法、民法、经济法仍然各自成为一个独立的法律部门或独立的法学学科，不仅如此，如果实际需要的话，从另一个角度把国家机构的组织法，从宪法、行政法中分化出来，另建一个部门，并保持它同宪法、行政法部分内容必要的重复和交叉，也是完全可以的。

除了经济基础发展的直接需要以外，依赖于经济基础发展而发展的社会政治、文化生活等各方面的发展，有时也会向法的体系提出进行这样调整的要求。在科学技术突飞猛进地向前发展的今天，科技法这个部门也将不可避免地要产生和形成起来。我看，只要从根本上不违背经济发展的要求，这样做是不会产生恶果的。总之，只要我们能够经常保持住体系内部相对的和谐一致，使前后、上下、左右不自相矛盾，允许必要的重复和交叉存在，是没有关系的。此外，我们还将在前进的过程中发现整个体系中的某些旧的法律部门或法学学科将随着历史的发展而逐渐消失。公法与私法的分类由于公有制代替私有制的结果，已经消失，就是一个典型的例子。社会主义法的体系中的一些新的法律部门或法学学科因经济基础的发展变化而新产生出来，或者从旧的部门或学科中分化出来；另一些旧的法律部门或法学学科又因经济基础的发展变化而逐渐消失。这应该是合乎事物发展规律的正常现象。不允许（或人为地限制）其产生、分化或消失，才是不正常的。我们的任务，应该是不断根据社会主义经济基础发展的需要，形成和建立新的法律部门和新的法学学科（不要怕多，只要它符合实际需要，就没有关系。法，正是要通过在社会主义条件下不断加强和大大发展，才能在建成共产主义的过程中逐渐地自行消亡）。我们的任务，应该是在社会主义法的体系不断发展壮大的基础上，不断调整我们的立体的、宝塔形的体系，不断克服其内部不协调的状况，争取经常保持相对的和谐一致。但这个和谐一致，一定要服从变化着的经济基础向前发展的需要，不能因为强调和谐一致，而破坏法对经济关系的如实的反映，像历史上其他法的体系那样，由于严重地脱离不断向前发展的社会经济基础，最终发展到同已发展了的经济基础处于完全对立的地位，而终于被历史所抛弃。只要我们能严格遵循社会主义法的体系一定要适应社会主义经济基础发展的需要这一客观规律办事，在这个基础上，经常注意进行必要的调整，以保持社会主义法的体系自身内部的相对的和谐一致（在社会主义条件下，这是应该能够办到的），我们就一定能够更好地形成和建立起为中国社会主义经济基础服务的社会主义法的体系。

在对新中国成立以来颁布的全部法律文件进行科学分类，摸索出它的客观规律，初步形成和建立起中国社会主义的法律体系以后，把它同中国现阶段社会主义经济基础的发展状况做一对比，我们将比较容易地发现中国目前社会主义法律体系的一些缺陷：①在现有的法律文件中，还有许多缺门。有些门类的法律文件，如作为基本法律的民法，和各种门类的大量的经济管理法规等等，是迫切需要赶快制定的。②在现有的法律文件中，有一些是前后、上下、左右互相矛盾，需要赶快加以修订、废弃或重新制定新的法律文件来代替的。③在现有的法律文件中，有不少是显然已经过时，需要修订或重新制定新的法律文件来代替的。④我们在立法技术方面还存在一些缺陷。例如，在法律文件名称（如法、条例、决定、规定等）的使用方面，有些名称，由于选用不当，还不能醒目地表现出它同文件内容的合理的联系，不能一看名称就大体上能看出它是哪一类的法律文件，是哪一级机关制定或发布的，以及其效力范围如何，等等。⑤我们在立法程序方面，例如，在法律文件的提出、审议、制定、通过批准、颁布、施行、解释、修改、撤销等各个环节的相互关系中，还不时出现一些不协调的情况。⑥我们的全国统一的各级法制机构和法律监督机关，在组织建设和日常活动方面，也都还存在一些缺陷，还不能做到经常有效地对社会主义法的体系做出符合社会主义经济基础发展需要的调整，以保证体系内部相对的和谐一致，还不能适应维护社会主义法制统一和尊严的要求等等。这将为中国今后的立法工作提供较为可靠的系统的资料根据，便于国家立法机关制定一个较为科学的立法规划，及时采取必要的立法措施，来对中国社会主义的法律体系进行合理的调整，使我们的社会主义法制建设能不断适应现阶段经济基础发展的需要，使中国社会主义法制建设和社会主义经济基础的发展，都能沿着健康的轨道不断前进，避免出现法制建设杂乱无章，从而产生限制或甚至阻碍经济基础正常发展的严重后果。

有了一个初步形成和建立起来的中国社会主义法律体系，把它同中外古今各种类型的法的体系（包括法律体系和法学体系）做一对比，我们将比较容易地形成和建立起中国社会主义的法学体系，反过来为完善中国社会主义的法律体系服务，从而逐步形成和建立起比较完善的、不同于中外古今各种类型的法的体系的、具有中国特色的社会主义法的体系。

有了一个初步形成和建立起来的中国社会主义法的体系，将大大有利于我们的执法者（包括各级司法机关的审判工作人员、检察工作人员、公安工作人员，特别是各个方面的国家行政工作人员）比较系统和完善地掌握中国法制建设的全貌，便于他们按照"有法可依，有法必依，执法必严，违法必究"的十六字方针，认真履行他们执法的职责。

有了一个初步形成和建立起来的中国社会主义法的体系，也将大大有利于我们的各级各类宣传机构的工作人员，使他们能比较系统和完善地掌握中国法制建设的全貌，便于他们及时向全党全民进行系统的或重点的法制宣传工作。

在初步形成的中国社会主义法的体系的基础上，各级法律教育机关和全国的法律院校，将会更加妥善地抓住重点，开设和安排各种门类的法学课程，及时有效地培养法律专业人才。

　　在初步形成的中国社会主义法的体系的基础上，中国法学研究工作者将能展开双翼，在祖国广阔无垠的高空中更加自由地翱翔，进一步全面系统地探索建立具有中国特色的社会主义法的体系（包括法律体系和法学体系）的一系列理论问题，揭示出具有中国特色的社会主义法的体系的发展规律，成功地形成并建立起具有中国特色的社会主义法的体系，更好地为巩固和发展中国社会主义经济基础服务，为在中国逐步实现四个现代化，把中国建设成为高度文明、高度民主的社会主义国家，做出应有的贡献。

关于建立中国社会主义法律体系的
几点意见

孙亚明

新中国成立以来，中国法制建设取得了很大的成就。法制建设包括立法、司法、法律教育、法学研究和法制宣传，其中最重要的是立法，立法是法制建设的基石。

30 多年来，中国最高国家权力机关和最高国家行政机关已颁布了上千个法规。这些法规在中国社会主义革命和社会主义建设中起到了重要的作用。回顾既往，由于"左"倾思想的干扰和林彪、江青反革命集团的破坏，中国法制建设在 1957～1977 年这 20 年里走了一条坎坷不平的道路。党的十一届三中全会以后，在党中央发展社会主义民主、健全社会主义法制的正确方针指引下，以立法为中心的中国法制建设才开始生机勃勃地展开。但时至今日，法制建设仍远远落后于社会主义现代化建设的客观需要。为了改变这种局面，使法制建设与四化建设同步前进，以保障和促进社会主义现代化建设事业的顺利发展，我们的首要任务就是大力抓紧立法工作。为此，建立中国社会主义法律体系问题，势必要被提到议事日程上来。当前，建立具有中国特色的社会主义法律体系是搞好立法工作的重要条件，是改进整个法制建设的当务之急。

法律体系一般指的是一国现行法律规范的整体。从中国实际情况出发，具有中国特色的社会主义法律体系，不能只由现行法律规范组成，而应是现行法律规范同近期立法规划相结合的有机的统一体。中国的近期立法规划，从新中国成立后第一部宪法颁布以来就着手制定。1954 年秋，全国人大常委会决定组织力量起草刑法、民法、刑事诉讼法和民事诉讼法。

从 1960 年冬起，在调整国民经济的过程中，又拟定了一个立法规划，党中央制定了农村人民公社工作条例草案，以及有关工业、商业、教育、科学、文艺等方面的工作条例草案。1979 年 7 月，五届人大二次会议决定组织各方面力量，抓紧民法、民事诉讼法、婚姻法、计划生育法以及工厂法、劳动法、合同法、能源法、环境保护法等各项法律的制订工作。

上述立法规划中的一些法规，有的已经制定出来并公布施行，如刑法、刑事诉讼法、婚姻法等；有的仍在草拟中，如民法、劳动法等。

1982 年 12 月，国务院经济法规研究中心拟定了 1982～1986 年经济立法规划（草案）。规划（草案）包括 150 多个经济法规，其中有计划法、公司法、航空法、公路法、渔业法、畜业法，以及经济合同管理条例、经济合同纠纷仲裁条例等等。另外，国务院有关部委还准备草拟一些行政、教育、科技等方面的法规。

因此，我们研究如何建立具有中国特色的社会主义法律体系时，除考虑现行法律规范外，同时必须把近期的立法规划一并考虑在内。只有这样，我们才能建立起科学的、比较完备的、符合中国国情的社会主义法律体系。这是中国社会主义法律体系的特点之一。

中国现行法律规范是分门别类的，近期的立法规划，也同样是分门别类的。因此，中国社会主义法律体系应由多种部门法构成。所谓部门法，通常指的就是一个独立的法律部门。例如刑法、民法、劳动法、环境保护法等，各自都是一个独立的法律部门。每个法律部门都有它自己的调整对象，也就是有它自己所调整的一定类型的社会关系。调整对象是划分各种部门法的主要标志。不同的部门法调整不同的对象。中国刑法是以同一切反革命和其他刑事犯罪行为为其斗争对象的一部法律。刑法的这种斗争对象也就是刑法的调整对象。换句话说，刑法所要调整的是因刑事犯罪行为所引起的这一类型的社会关系。又如中国环境保护法的调整对象，是因保护和改善人民的生产和生活环境而产生的那种类型的社会关系。

除调整对象外，调整方法也是划分法律部门的标志之一。不过它只是同调整对象密切结合的一个辅助的标志。例如刑法是以刑罚（即刑事法律制裁）作为它的调整方法；民法的调整方法主要是赔偿损失、违约罚款（即民事法律制裁）。应当指出，调整方法在各种法律部门之间常常发生交叉，即一个部门法同时具有几种调整方法，或者同一调整方法适用于几个部门法。

建立中国社会主义法律体系的重要性和必要性在于：有了中国社会主义法律体系，第一，立法者可以掌握为适应社会主义现代化建设需要而制定的中国社会主义法律的全貌，从而重视法律规范的内在联系和相互协调，避免立法过繁和彼此重复；第二，有利于中国社会主义法学体系的建立和法律院校的课程设置，促进法律教育的发展；第三，为中国法规的编纂提供科学的指导纲领；第四，促进中国法学理论研究的进一步深化。

法律体系属于上层建筑，它虽然是意识的体现，但不是出自主观随意性，而是由经济基础决定的。同时，上层建筑的其他部分，如教育、文化等对法律体系也有一定的影响。

经过30多年的历程，中国人民民主专政的国家政权已经得到巩固和发展，社会主义制度已经牢固地确立起来，经济建设已经取得重大的成就，独立的、比较完整的社会主义工业体系和国民经济体系已经建立。现在，中国各族人民在中国共产党领导下，正在集中力量进行社会主义现代化建设，并努力开创社会主义现代化建设的新局面。为了保障开创社会主义现代化建设新局面的顺利进行，我们必须大力开创社会主义法制建设的新局面。而建立具有中国特色的社会主义法律体系，则是开创社会主义法制建设新局面的重大措施。

根据中国四化建设和法制建设的现实情况，从中国现行法律规范与近期立法规划相结合的角度来考虑中国社会主义法律体系，它大体上应由以下这些层次的部门法构成：①宪法；②计划法；③民法、经济法、刑法、劳动法、行政法、教育法、科技法、文化法、计划生育法、环境保护法、卫生体育法、社会福利法、婚姻家庭继承法、诉讼法。中国的这个社会主义法律体系具有以下几个特点：①它全面地、多层次地体现党的路线、方针、政策；②它服务于以经济建设为中心的中国社会主义现代化建设；③它充分而切实地反映社会发展规律、客观经济规律和自然规律的要求；④它保障和促进社会主义物质文明建设和社会主义精神文明建设的密切结合和协调发展。以下依次做简要的说明。

（1）宪法。宪法规定国家根本制度和根本任务，它是国家的根本法，具有最高的法律效力，是制定基本法律、法律、行政法规和地方性法规的依据。宪法有以下几个附属法规：选举法、国家机关组织法、民族区域自治法，立法程序法等等。这些法规都是基本法律。

（2）计划法（或称国民经济和社会发展计划法）。计划法是仅次于根本法的一级大法。它属于基本法律的范畴，但它涉及面广，有更显著的重要性。这是因为，随着生产资料公有制的建立和发展，以生产资料公有制为基础的中国社会主义经济制度也建立和发展起来。在社会主义经济制度下，社会主义经济的运动、变化和发展有它自己的规律性，并形成客观经济规律。这种客观经济规律是不以人们意志为转移的。相反，人们只有依照客观经济规律办事，社会主义经济才能得到长足的发展。否则，就会受到惩罚，遭到挫折和失败。社会主义经济制度所特有的社会主义客观经济规律主要有三：一是社会主义基本经济规律；二是国民经济有计划、按比例发展规律；三是按劳分配规律。此外，在社会主义经济制度下，由于多种经济形式的长期存在，社会主义商品生产和商品交换还需要有很大的发展，所以价值规律在生产和流通领域中都发挥着重要作用。至于生产关系一定要适合生产力性质的规律，在社会主义经济制度下仍然继续发挥着重大的作用。

在这五种社会主义客观经济规律中，国民经济有计划、按比例发展的规律居于重要的枢纽地位。如果偏离有计划、按比例发展的规律，农轻重的比例关系安排不当，积累和消费的比例关系畸轻畸重，就必然要发生比例失调，以致造成经济发展迟缓，甚至停滞不前。在这种情况下，社会主义基本经济规律、按劳分配规律以及其他客观经济规律，都将不能充分发挥它们的积极作用。中国从制定第一个五年计划以来的30年的经济建设正反两方面的经验证明，社会主义经济必然是计划经济，这是社会主义制度优越性的重要表现。社会主义计划经济是社会主义社会的劳动生产率必然要超过资本主义社会的劳动生产率的根据，是社会主义经济的发展速度必然要快于资本主义经济发展速度和社会主义最终必然要战胜资本主义的根据。中国新宪法明确规定：国家在社会主义公有制基础上实行计划经济。国家通过经济计划的综合平衡和市场调节的辅助作用，保证国民经济按比例地协调发展。

党的十二大确定在从1981年到20世纪末的20年，中国经济建设总的奋斗目标是，在不断提高经济效益的前提下，力争全国工农业的年总产值翻两番。为了实现20年的奋斗目标，我们不仅在战略上要分两步走，而且已经制定出中华人民共和国国民经济和社会发展第六个五年计划（1981～1985），第七个、第八个、第九个五年计划，也将在适当的时候陆续制定出来。国民经济和社会发展五年计划和以五年计划为基础的国民经济和社会发展的年度计划，是全国各族人民集中力量进行社会主义现代化建设所必不可少的。没有这些计划，中国的四化建设就不能实现，我们的奋斗目标就无法达到。

为了把中国社会主义计划经济不断推向前进，保证国民经济和社会发展的五年计划和年度计划的科学性、准确性、连续性和严肃性，保障国家计划的认真编制、严格执行和圆满完成，我们必须尽早制定出中华人民共和国计划法。计划法应充分体现中国经济建设的战略目标、战略重点、战略步骤和一系列方针政策，切实反映社会主义客观经济规律和自然规律的要求。计划法必须规定编制和执行计划的基本原则，规定计划的编制、审批、执行、监督和检查的一整套制度。计划法要求对于国民经济和社会事业发展的目标、速度、规模和比例等，都必须一一准确落实。计划法不仅要规定国民经济的综合平衡，使各经济部门协调发展，而且要规定国民经济与智力开发、科学研究、控制人口的增长、劳动就业、人民生活水平的提高、社会福利事业、文化事业和卫生、体育事业的发展，也必须进行全面的综合平衡，切实做到社会主义物质文明建设和精神文明建设的协调发展，以保证中国社会主义社会稳步前进，欣欣向荣。

可见，计划法是社会主义现代化建设所必需的极为重要的法律规范，是维护宪法所规定的国家根本制度和实现宪法所规定的国家根本任务的基本大法。这样的大法，无疑在中国社会主义法律体系中应居于仅次于宪法的一级法的地位。

计划法包括以下几个附属法规：统计法、会计法、计量法等。

（3）民法、经济法、刑法、劳动法、教育法、科技法、文化法、计划生育法、环境保护法、卫生体育法、社会福利法、婚姻家庭继承法、诉讼法等，是仅次于一级法的二级法，它们都是基本法律。

民法和经济法是两个独立的法律部门，它们密切相连，互有渗透。关于经济法是否是一个独立的法律部门，它和民法的界限怎样划分的问题，中国法学界近年来一直有争论。在研究如何建立中国社会主义法律体系时，对这个问题必须做进一步的探讨。我认为，经济法应当是一个独立的法律部门，因为它有自己特殊的调整对象。经济法和民法都是调整经济关系的。但是，经济法也好，民法也好，都不是调整全部经济关系的，而是分别调整一定性质和一定范围的经济关系的。

这里，需要顺便指出的是，自从剥削阶级在中国消灭后，人民民主专政国家的主要职能，已经不是镇压阶级敌人的反抗，而是组织和领导经济建设和文化建设；同时，国家也不放松对极少数敌对分子和不可救药的惯犯要犯实行强有力的专政和防御外来的侵略。所谓组织和领导经济建设，概括地说，就是国家对国民经济实行计划管理，有计划地指导和处理主要的经济关系。

对中国社会主义的各种经济关系进行具体分析，大体上可以归纳为三种性质的关系：第一是具有管理性质的纵向经济关系。这是国家通过各级经济主管机关向国民经济的各部门、各行业、各个经济组织下达国家计划任务，并监督它们贯彻执行以及对于各种经济活动进行计划管理和计划监督而发生的上下级的纵的经济关系。这种经济关系由经济法来调整。第二是具有协作性质的横向经济关系。这是经济建设和经济活动中的各个主体在生产、交换、分配、消费过程中发生的平等协作的横的经济关系。这种经济关系由民法来调整。民法应由以下三个部分组成：一是以作为权利主体的公民和法人为中心的总则；二是以公有制为基础的所有权；三是以合同基本原则为内容的合同通则。民法总则和所有权的规定，也适用于经济法，而经济法的计划管理和计划指导原则，也适用于民法。经济法和民法两者之间既有区分，也有交叉。第三是管理性质和协作性质、纵向和横向相互交织的经济关系。这种经济关系视内容性质而决定其归属。如果管理性质的成分多一些，就划归经济法来调整；如果协作性质的成分多一些，就划归民法来调整，也有一部分经济关系是由经济法和民法共同调整的。

民法主要有以下一些附属法规：经济合同法、工矿产品购销合同条例、农副产品购销合同条例、建设工程承包合同条例等等。

经济法目前还处于初步形成阶段。在整理、编纂、制定和修改经济法规的过程中应逐步产生经济法纲要或者经济法典。经济法纲要对于国民经济的计划管理和计划监督的基本原则、管理机构的职权、管理范围和管理方法等等都应有明确的规定。经济法主要有以下一些附属法规：财政法、基本建设法、银行法、物价法、能源法、土地法、森林法、矿产资源法、草原法、交通运输法、航空法、公司法、农业法、工业企业法、商业法、外贸法、海商法等等。

至于其他一些二级法，如刑法、劳动法、行政法等，也都各自有它们自己的附属法规。

所有二级法都要切实贯彻宪法和计划法的各项规定，从各个方面维护和保障国民经济和社会发展的五年计划和年度计划的正确执行，并与一切违反、破坏国家计划的行为进行坚决的斗争。在二级法当中，民法和经济法是贯彻计划法的两个重要的法律部门。

中国社会主义法律体系建立后，也不是一成不变的。它将随着社会主义现代化建设的变化发展而变化发展。但是，它具有一定的稳定性，即使有变化发展，也是首先从各种附属法规发生。同时，随着经济建设、文化建设和法制建设的不断发展，还会出现适应新形势、新情况而制定的新部门法。

以上意见很不成熟，错误在所难免，请批评指正。

论民法经济法在法的体系中的
地位和作用问题

陈汉章

　　法的体系问题是个一般法学理论问题，但也是一个很有"实用价值"的问题。它的正确解决有助于健全和完善中国的法制，使国家的立法建立在真正科学的基础上，使法律正确反映客观规律，从而使国家的整个法律体系以及它的各个组成部分在四个现代化的建设中、在社会主义的物质文明和精神文明建设中充分发挥应有的作用。

　　法的体系，同任何体系一样，是由一些部分组成的。法的体系的这些组成部分就是各部门法，这些部门法是按一定的标志（特征）来划分的。每个部门法在总的法的体系中各有其独立的地位，各有其独立的职能，但同时又是互相配合着互相协调着对整个社会生活发生作用的。如同一架机器，组成机器的部件有主次之分，但它们是有机地联系着的，所以都是不可缺少的，否则就不能正常运转。法的体系也一样。各部门法在整个法的体系中所占地位的重要性也不尽相同，但它们是相辅相成不可或缺的。否则，法律就不可能有效地发挥对各种社会关系的调整作用。宪法是国家的根本大法，在法的体系中占有最重要的地位，而民法、刑法、行政法、诉讼法等，都是基本的部门法，各占一方面的重要地位。此外，还有一些从这些基本部门派生出来的也具有一定独立性的部门法，如劳动法、婚姻家庭法、财政法等。法的体系不是一成不变的，随着社会的发展，随着社会生活的日趋复杂化，随着某种新的社会关系的产生，就会形成一些新的法律部门。特别是社会主义革命的胜利，使社会关系发生了根本的变化，从而也使调整各种社会关系的法律发生了许多重大变化，不仅法律的阶级实质变了，作用和使命变了，而且某些部门法的调整范围也有所变化，调整方法也获得了某些新的特征。当然，法律既然是一种上层建筑现象，在划分法律部门上也不排除有某种主观因素，但是，这绝不是任意的，它必须根据一定的客观标准，必须符合事物的客观规律。这种客观标准，根据法学界的比较普遍的看法，就是作为某类法律规范调整对象的社会关系，以及调整这种社会关系所采用的统一的方法。这是主要的基本的标准。此外，还可以考虑一些补充的标准，如某类法律规范的作用，制裁的性质等等。但是，要谈民法在法的体系中的地位和作用，以及它同经济法的关系，总得有某些基本的东西作为立论的出发点，否则就很难说清楚问题，很难在争论中找到共同的语言。

现在开始谈有关民法和经济法的问题。不过我还得说明，我这里要谈的不是一般的民法和经济法，而是社会主义的民法和经济法。

民法作为社会主义法的体系中的一个独立部门这一点，在法学界是没有什么争议的。目前看法不一致的是它的调整对象和范围，以及它同被某些法学家作为独立的部门法提出的经济法的关系。在民法的调整对象问题上，也有主张民法只调整财产关系而不调整人身关系的，但这不是当前争论的焦点。

我先说明自己的观点。

民法是一个传统的部门法。它是随着商品生产和商品交换的产生而产生，随着商品生产和商品交换的扩大而发展的。如果追溯到罗马法时代，那它已经有两千多年的历史了。在以私有制为基础的社会里，法学家们把它作为保护私人利益、调整私人关系的"私法"而与"公法"相对称。民法在社会主义社会里仍然保持着自己的存在权。社会主义民法既然仍叫做民法，当然与历史上一切类型的民法有共同之点。但是，我们在研究社会主义民法在法的体系中的地位、作用、它的调整对象和范围等问题时，更重要的是要揭示它的那些原则上不同于以往各种历史类型的民法的特点，揭示社会主义民事法律关系的固有特点。社会主义民法和民事法律关系的特点，在我看来，大体上可以归结如下。

（1）社会主义社会是以生产资料的公有制为基础的。在这个基础上所发生的各种经济关系，根本不同于以私有制为基础的社会里的经济关系。在这里，国家、集体、个人三者的利益是一致的，而不是对立的；公民的个人财产所有权依赖于社会主义公有制；就是当前允许的个体经济，也是作为社会主义公有制经济的补充而存在的，性质上有别于剥削阶级社会里的私有制经济。因此，表现社会主义社会的经济生活条件、确认社会主义正常经济关系的社会主义民法，就不能看成是"私法"（应该指出，公法与私法之分，就是用于剥削阶级国家的法律，也是模糊了法律作为统治阶级意志的阶级本质的）。列宁正是在这个意义上说："我们不承认任何'私人的'东西，在我们看来，经济领域中的一切都属于公法范围，而不是什么私人的东西。"①

（2）作为民法产生和发展的历史条件的商品经济，在社会主义社会里继续存在，并且还要有很大的发展。但这是社会主义的商品经济，是计划指导下的商品经济。过去支配商品经济的价值规律，虽仍在发生作用，但受到了国民经济按比例发展规律的限制，并被自觉地利用来为社会主义经济建设服务。国家通过计划指导全部社会经济生活。因此，社会主义民法所调整的商品货币关系，在或多或少的程度上都受到计划的制约，而计划原则也就成为社会主义民法的一项基本原则。

（3）作为民事权利主体的公民，在社会主义社会里是国家的真正主人，国家用各种法律手段，包括民事法律手段，全面保护公民的财产和人身权益。社会主义组织的经济活动，其最终目的都是为了满足公民日益增长的物质和文化需要。因此，他们与公民之间在经济往来中所发生的关系，不单是财产关系，在社会主义组织这方面来说，还有为公民服务的关系。

（4）社会主义组织为了执行国家计划而彼此设定民事权利和义务，同时也就是共同承担对国家对社会的责任。因此，它们之间所发生的民事法律关系还带有社会主义协作的性质。

（5）公民作为社会主义社会的平等成员彼此间所发生的民事法律关系，与私有制社会里两个财产所有人或者商品持有人之间所发生的关系有所不同，它带有明显的同志式互助的性质。

上述种种，决定了社会主义民法的性质、调整范围以及它在法的体系中的地位和作用。因此，概括起来是否可以做如下的表述。社会主义民法是以调整社会主义公有制基础上所发生的具有商品货币形式的财产关系为

---

① 《列宁文稿》第 4 卷，人民出版社，1978，第 222 页。

主要使命的基本部门法。它涉及社会生活的各个方面，国民经济的各个部门、各个环节，与每个人几乎都有密切关系，是一切公民、国家机关、企业、事业单位、社会团体、集体组织以及其他各种组织进行民事活动（包括民事经济活动）的基本准则。在这个意义上，也可以说，社会主义民法是一种极其重要的（如果不是最重要的）经济法。同时，社会主义民法还以其特有的法律手段调整一定的人身关系，保护宪法所规定的公民的某些基本权利，是社会主义社会的平等成员在相互交往中必须遵循的行为规范。

对社会主义民法的这种看法，在中国法学界并不是没有争议的。有些研究经济法的同志主张，民法只调整公民之间的财产关系，或者至少一方当事人是公民的财产关系，而机关、企业、事业单位、社会团体等组织之间的财产关系（不管是平等原则上发生的财产关系，还是从属原则上发生的财产关系），则应由经济法去调整。这样划分的结果势必会出现同类性质的社会关系需由两种法去调整，而性质不同的社会关系则由一种法来调整的情形。比如说，一个公民到商店去买文具所发生的买卖关系由民法调整，而一个机关因买公用文具所发生的同样的买卖关系，则由经济法调整，如此等等。更有甚者，有人还主张，只要一方是机关、企业及其他组织的各种财产关系，都应由经济法去调整。这样一来，民法的"辖区"内，就只剩下公民到集市上去或者到个体户经营的商店去买东西时所发生的买卖关系，以及私人之间的借贷租赁等等一类的财产关系了。就是某个机关或企业偶尔向私人买进一点东西，如果发生争议，民法也无权过问，非得要请经济法来解决不可。这种以主体来划分法律部门的主张，在理论上是不能成立的，在实践上也是行不通的。这种主张的实质，就是把社会主义的民法看成同资产阶级民法一样是"私法"，只能调整"私"的关系，而不能调整公的关系。如上所述，这是不符合社会主义民法的性质的。

讲到经济法，这是中国法学界最近几年出现的一种新事物。虽然它在国际法学界，作为一种观点，一种学说，一种思潮，已经有了将近一个世纪的历史。经济法思想，最早是在 20 世纪初，当资本主义已经进入帝国主义阶段之后，在资产阶级德国提出来的。它反映了国家垄断资本积极干预社会经济生活的趋向。后来在法国和其他资本主义国家里也逐渐流行起来。在苏联，在不同的历史条件下，有些法学家于 20 年代末和 30 年代中期也以各种形式提出过经济法的主张，但被维辛斯基扣上了"暗害行为"

的大帽子，并制造了一些冤案，从此销声匿迹，直到苏共二十次代表大会以后，才得以昭雪平反，重露头角。20 世纪 50 年代和 60 年代初，由于讨论制定全苏联的民事立法纲要和更新各加盟共和国的民法典，展开了民法同经济法的热烈争论。从苏联最高苏维埃 1961 年 12 月通过的苏联和各加盟共和国民事立法纲要和 1964 年通过的苏俄民法典来看，经济法的主张显然未被官方接受。据说，一些拥护经济法的法学家已经起草出了一个"经济法典"草案，但迄今未见官方通过。将来如何，很难预卜。苏联法学界的这个争论现在还以方兴未艾之势继续进行着。在东欧各国，法学家们对待经济法的态度也很不一致，在有些国家，如捷克斯洛伐克和东德，得到比较广泛的支持，而在另一些国家，如匈牙利和保加利亚等国，则遭到了尖锐的批评。在中国，近几年所出现的研究经济法的热潮，如果说是反映了法学界在党的十一届三中全会决定把工作重点转移到社会主义现代化建设上来的新的历史条件下，对法律在经济建设中的作用及经济立法的重视，那是完全应当肯定的。但是，我们也不能不看到，伴随着这股研究经济法的热潮，就产生了一些理论上的新问题，不解决这些问题，就会给法学研究和教育工作以至于立法和司法实际工作造成不必要的困难和矛盾。例如，经济法究竟是不是一个独立的部门法？如果是，那么它的调整对象是什么？它同民法、行政法以及其他部门法是什么关系？它在社会主义法的体系中占有什么地位？怎样建立研究经济法的学科的体系？诸如此类等等。对于这些问题，至今看法还有分歧，甚至连经济法这个概念本身，也没有一个比较统一的认识，所以使用起来含义也不相同。苏联和其他国家论述经济法的专著和文章，也是众说纷纭，各执己见，谁也说服不了谁。我曾看到一位主张"经济法"是一个独立的部门法的作者，给它下了这样一个定义：经济法是调整经济关系的法律规范的总和。经济法就是调整经济关系的法律，这难道能算是经济法的科学定义吗？可以毫不夸张地说，所有的部门法都直接间接地或多或少地调整社会经济关系。所以，上述这种定义等于什么也没有说明，或者相反地只能说明经济法并不是什么独立的部门法。任何一个部门法，指的是同一类性质的规范的总和，它所调整的社会关系和调整的方法，应当具有某些统一的特征。例如，作为民法的主要调整对象的财产关系，是具有商品货币关系形式的财产关系，是以其主体的一定的独立性、平等的法律地位为特征的，由此也就产生了它的调整方法上的某些明显的特点（如较大的任意性、协商性、对等性等等）。而经济法，照现在许多论述经济法的著作和文章赋予它的作用来看，却调整性质极不相同的社会关系（有组织关系，有财产关系，有纵的关系，有横的关系，有实体性的关系，有程序性的关系），从而也就产生出它的调整方法上的五花八门。因此，把经济法说成是一个独立的部门法的主张是不符合分类原则的。如果觉得经济法这个术语现在有很大的吸引力，那么，我倾向于顶多把它作为各种经济法规的总称加以使用，虽然，究竟什么是经济法规，也并不很明确，还需要进一步加以阐明。有些经济法主张的拥护者们，为了论证经济法是一个独立的部门法，还提出了所谓基本部门法和综合部门法的主张。他们把民法、刑法、行政法等列入基本部门法，而把经济法则说成是综合部门法（虽是综合的，但是独立的），这也是无济于事的。不能把部门法同部门立法混同起来，同某一个或者某一类法规混同起来。部门立法可以是综合性的，某个法规文件可以包括不同性质的法律规范。在法规编写工作中，可以按不同于区分部门法的标准进行分类。如把法规按国家管理部门分成经济法规、文教法规、外事法规、公安法规等等，也可以把法规按国民经济各部门（工业、农业、交通运输、基本建设等等）分类。但是，每个部门法只能包含同类性质的法律规范，法的体系是由各部门法组成的和谐统一的整体。各部门法相互配合、相互协调地对整个社会生活发生作用，但它们同时又是各有其位，各司其职的。要是承认有什么综合性的部门法，像有人赋予经济法这种身份那样，那就会破坏整个社会主义法的体系的和谐统一，在它的内部造成不应有的重复矛盾，从而使法律规范的适用发生困难。恩格斯说得好，"法不仅必须适应于总的经济状况，不仅必须是它的表现，而且还必须是不因内在矛盾而自己推翻自己的内部和谐一致的表现"①。我们的生活可以充满矛盾，但法和法的体系却不能有矛盾。只有无矛盾的法律，才能有效地作用于有矛盾的生活，解决好生活中的矛盾问题。

因此，即使制定一个经济法典，像捷克斯洛伐克那样（在捷克斯洛伐克，除经济法典外，还有民法典，我不打算在这里评论这两个法典和这种做法的优缺点），也还不能说明有那么一个经济法的独立的部门法存在。

---

① 《马克思恩格斯选集》第4卷，人民出版社，1972，第483页。

这种法典中可以有民法规范，也可以有行政法和其他法的规范。再举例说，完全可以制定一些交通运输方面的法典，如铁路运输法典、航空运输法典等等，但不能说相应地就有那样一些部门法。

经济法既然并不是一个部门法（这当然只是我和其他持有相同观点的人的看法），自然也就谈不到它在法的体系中占什么地位。我这样说是不是贬低经济法规在社会主义现代化建设中的重要作用呢？会不会削弱对经济立法的注意力呢？我想是不会的，这完全是两回事。的确，经济法规不仅对促进经济和科学文化的发展具有重要意义，而且，就是以数量而论，在国家的全部立法文件中恐怕也至少要占 50%，我们必须给予应有的重视。对经济立法的重视，应当表现在深入细致地、全面系统地、踏踏实实地去分析研究整个法的体系对社会生活各方面的作用机制，认真考察各部门法在调整社会关系中的相互补充、相互配合、相互协调的关系，从而健全和完善中国法制，充分发挥法律在以经济建设为中心的社会主义现代化建设中的作用。

关于经济法的调整对象，比之对民法的调整对象的看法，要丰富得多。除了上面所讲到的一种以外，据最近一期《法学研究》上发表的一篇文章的统计，就有 8 种（包括该文作者自己的一种在内），恐怕也未必完全。但是不管看问题的角度和说法多么不同，有一个情况却是共同的，这就是：经济法在争取自己独立的生存权利时，却剥夺了别的本来已经得到认可的部门法的生存权利（如劳动法等），或者侵占了它们的部分"地盘"（如民法等）。

至于讲到建立一门新的经济法学科，以便对与经济有关的各种法规进行综合的系统研究。我想不妨去进行这种尝试。事实上，目前不少法律教学研究单位已经在做这种尝试。但是，这也不是一件简单的事。在法律院系的教学计划中列入一门经济法课，成立一个经济法教研室（研究室），只不过是一个起点。要研究好经济法这门学科，我们需要做大量的艰苦的工作，要有实事求是的科学探索精神，更重要的是要用马克思主义的观点，客观地、全面地，在事物的相互联系中去分析研究各种经济法律现象。这里，我们还会遇到上面已经提到过的那些问题，首先是经济法这门学科的研究对象和范围问题。总不能把民法、行政法以及其他学科中有关论述调整经济关系的部分拿来凑在一起构成一门学科。当然各学科之间可以有些交叉，但不应是简单的重复，或者把本来属于其他学科的东西"据为己有"，而缩小人家的研究范围。据说，某些法律院校已经成立的经济法教研室，不仅同民法教研室"打架"，而且还同国家法行政法教研室和刑法教研室"打架"，甚至同国际法教研室也"打架"。

如果把经济法确定为研究国家机关领导、组织经济过程中所产生的法律关系和各组织在进行经济活动时所产生的法律关系的学科，（像比较多的文章作者所建议的那样）局势是否能够得到"缓和"呢？恐怕未必。因为接着就会产生这门学科的体系问题。大家知道，每门学科都应当有自己的严密的、首尾一贯的、合乎逻辑的科学体系。经济法的科学体系如何建立？是否也应该有总论（总则）和各论（分则）？总论阐述哪些一般性问题？各论包括哪些方面？这里经济法与其他学科的"冲突"依然难以避免。拿经济法同民法这门学科的关系来说，民法总论中所讲的各种制度，如法人制度、代理制度、诉讼时效制度等等；民法中的所有权制度、合同制度，都在同样程度上在经济法方面适用。如何处理？拿过来？不涉及？重复？有这样的论述经济法的书，那里只不过是把民法教科书中所用的法律名词拿来改头换面，冠上"经济"两字，例如把民事权利主体改为经济法主体，把法律行为改为经济法律行为，甚至把所有权改为经济所有权，内容则没有或者基本没有区别。在同行政法、劳动法、财政法、刑法、诉讼法等学科的关系方面，也会有类似的问题，我看过一些国外有关经济法理论的资料，对这些问题也还没有找到很令人满意的解答。我希望中国的法律工作者应该有勇气有决心在马克思主义列宁主义、毛泽东思想指导下，在总结中国法制建设正反两方面经验的基础上研究出既合乎科学又有中国特色的解决方法。我相信，我们现在进行的关于法的体系的讨论会必将有助于这个任务的完成。

论中国社会主义法律体系的特点

卢 云

  法律体系是指一国国内现行法的有机整体。建立和完善中国社会主义法律体系，就是要使中国社会主义法制建设更加科学化，从而有计划地对各方面的社会关系进行法律调整，更好地发挥法律对经济基础和现代化建设事业的促进和保证作用。为此，它必须符合中国的国情，具有中国的特点。本文就中国社会主义法律体系的特点，谈几点粗浅的认识。

一　中国社会主义法律体系是在四项基本原则指导下建立起来的

  任何一种法律体系，都是统治阶级有意识地建立起来的，但它并不是统治阶级随心所欲的产物。因为任何一种法律体系都是一定经济基础的上层建筑，并为巩固经济基础和统治阶级手中的政权服务的。中国社会主义法律体系与一切剥削阶级法律体系根本不同，它是在四项基本原则指导下建立起来的。

  中国社会主义法律体系的建立必须适应中国社会主义经济基础的要求。社会主义是人类历史上一种崭新的社会经济制度。它的基础是社会主义公有制。这种公有制消灭了人剥削人的现象，实现了生产资料与劳动者相结合，建立了人与人之间的友好、互助、合作关系。在中国社会里，社会主义生产关系已成为决定其他一切社会关系性质，制约整个社会生活、政治生活和精神生活发展过程的基础。

  中国社会主义法律体系的建立必须适应中国人民民主专政的需要。一切剥削阶级法律体系都极力掩盖剥削阶级专政的实质。中国社会主义法律体系则与此相反。它不仅用宪法公开确认中国人民民主专政的国体，而且用各类国家机关的组织法和选举法，确保中国一切国家权力属于人民这一根本原则的贯彻落实。同时中国刑法、刑事诉讼法、劳改法的根本任务，在于镇压反革命活动，制裁危害社会治安、破坏社会主义经济的犯罪活动，惩办、改造犯罪分子，借以巩固人民民主专政，确保人民当家作主。这些都充分显示了中国的法律体系与适应资产阶级专政需要的资产阶级法律体系，在性质上的根本不同。

中国社会主义法律体系是在中国共产党的领导下，并以马列主义、毛泽东思想为指导建立起来的。这不仅是区别于一切资产阶级法律体系，而且也是区别于其他社会主义国家法律体系的显著标志。

二　中国社会主义法律体系是随着中国社会主要矛盾的发展变化而发展变化的

中国社会主义法律体系的形成和发展，是基于中国社会主义生产方式所产生的社会主要矛盾发展的客观需要。因此，为了建立和完善中国法律体系，必须深入中国社会各个领域，考察中国社会主要矛盾的状况及其发展的要求，探索党和国家制定的解决社会主要矛盾的路线、方针、政策。否则，中国法律体系的建设和发展就要走入歧途。如中国在1957年后的一个较长时期里，特别是在"文化大革命"时期，我们党的一些重大决策背离了中国社会主要矛盾变化的要求，导致了包括中国社会主义法律体系遭到破坏等种种恶果，就是沉痛的教训。

中国社会主义法律体系发展变化的规律表明：随着中国社会主要矛盾的转化和全国工作重心的转移，创建和完善中国社会主义法律体系的重点也应随之发生变化。比如，中国过渡时期的主要矛盾是社会主义和资本主义两条道路斗争的矛盾，全国工作的重点就是进行社会主义改造。因此，以1954年宪法为中心的中国过渡时期社会主义法律体系的建设就是以保证社会主义改造的胜利完成为重点。当前，中国社会主要矛盾已转化为人民不断增长的物质文化生活的需求和中国生产力落后还不能满足这种需求的矛盾，中国工作的重点就是集中力量搞社会主义现代化建设。为了保障这个重点任务的完成，必须同时建设高度的社会主义精神文明和高度的社会主义民主。这就决定了中国社会主义法律体系的建设必须以保证社会主义现代化建设为重点，为建设高度的社会主义精神文明和高度的社会主义民主服务。

为了使中国社会主义法律体系适合中国社会主义现代化建设的需要，必须反映在坚持社会主义国营经济的主导地位的前提下，发展多种经济形式的需要；反映正确贯彻计划经济为主，市场调节为辅，保证国民经济按比例发展的需要；反映既要集中力量进行建设，又要不断改善人民生活的要求；反映改革一切不利于现代化建设的制度，不断完善各种形式的责任制的要求。为此，必须尽快地把民法典和急需的行政法规、经济法规制定出来。

为了使中国社会主义法律体系适应建设高度社会主义精神文明的需要，必须反映文化建设和思想建设两个方面的要求，为实现培养有理想、有道德、有文化、守纪律的一代新人的战略目标服务。这就要求我们尽快地把教育法、著作权法、出版法、计划生育法等一系列法律制定出来。

三　中国社会主义法律体系体现了高度的统一性和灵活性的相结合

中国社会主义法律体系具有高度的统一性。这种高度的统一性，来自它以四项基本原则为指导，来自它反映统一的阶级意志，也来自我们单一制国家统一行使的立法权和以唯一的宪法作为建立这个法律体系的中心。

另一方面，中国社会主义法律体系又具有高度的灵活性。这是因为中国是一个有 10 亿人口、960 万平方公里的多民族的社会主义大国，情况非常复杂，并在许多方面留有从半殖民地半封建社会脱胎而来的旧痕迹，政治、经济、文化的发展极不平衡。因此，中国社会主义法律体系的建立，包括构成其基础的法律规范的制定，作为它组成部分的部门法的设置，以及部门法内容的规定，都要注意把原则性和灵活性结合起来，以利于因时、因地、因事制宜，充分发挥地方、部门、单位和劳动者的积极性和主动性。同时，还要坚持古为今用、洋为中用的方针，在不违背四项基本原则的前提下，批判地吸收古代和外国法律体系中对我们有用的东西，以利于健全中国社会主义法律体系。

　　综上所述，一个产生于中国新民主主义法律体系基础之上的，以四项基本原则为指导的，以党的路线方针政策为依据的，随着中国社会主要矛盾的发展变化而发展变化的，体现高度统一性和高度灵活性相结合的，以宪法为中心的法律体系，就是具有中国特色的社会主义法律体系。这就是我们党和国家领导中国人民从中国的实际出发，把马列主义关于法的一般原理与中国社会主义法制建设的实际结合起来而建立的法律体系。我们相信，只要中国社会主义法律体系继续沿着这个路子向前发展，并在立法技术上注意法律体系内部结构严谨，内容和谐一致，形式完整、统一，就能充分发挥它为建设具有中国特色的社会主义服务的作用。

试论法律体系的几个理论问题

一 什么是法律体系

法律体系是指某一国家在某一历史阶段上的法律规范的总和，是由这些相互之间存在有机联系的法律规范组成的统一体。这个定义有下述含义。

（1）任何国家都有自己的法律体系。有国家就必然有法律。国不可一日无法。没有法，整个国家机器就不能正常运转。各种类型的国家都必然要有它的法律和法律制度。有法律就必然要有它的体系，各国的法律都自成体系，有它自己的内在逻辑。有些国家处于较低的发展阶段，法律制度很简单，法律体系比较芜杂，但我们并不能因此而否认它的法律体系的存在。

（2）任何国家的法律体系都在不断地变化和发展之中，因为任何国家的法律都处在不断的立、废、改过程之中。就一个国家来说，这一时期的法律体系与另一时期的法律体系必然会有所不同。

（3）法律体系是法律规范的总和。这是从法律体系构成成分上讲的。法律规范是法律体系的基本分子，是法律体系的细胞。法律体系是由法律规范组成的。法律规范应与法律规范性文件相区别，否则就容易把法律体系误解为法律规范性文件的总和。法律规范是国家政权机关制定或认可的强制人们遵守的行为准则。诚然，一切法律规范性文件都是表达法律规范的文件，都必然包含一些法律规范，否则就不能称之为法律规范性文件。成文法国家的法律体系中所含的大多数法律规范也都体现在那些法律规范性文件之中。但是法律体系中所含的所有法律规范并不全都体现在法律规范性文件之中。法律规范性文件所表达的法律规范只是法律体系的一部分，或主要部分，或绝大部分。在不成文法国家中，立法机关所立之法较少，大量的法律规范体现在判例和惯例之中。现在，在传统的不成文法国家中，制定法越来越多，甚至在整个比重中，成文法超过了不成文法。但是，不容置疑，英国、美国、加拿大、澳大利亚这样的不成文法国家中的法律体系的法律规范仍有相当大一部分体现在判例、惯例之中。就拿中国来说，虽然中国不承认判例、惯例等等是中国的法律渊源，中国法律体系中的所有法律规范也不是完全由法律规范性文件表达的法律规范组成的，例如：最高人民法院就人民法院在审判工作中如何具体应用法律的问题对有关法律所做的解释，最高人民检察院就各级人民检察院在检察工作中如何具体应用法律的问题对有关法律进行的解释，国务院主管部门根据法律规定的权限就如何具体应用有关法律所做的解释等等，都具有法律的效力。这些解释必然包含某些必须遵守的法律规范，这些法律规范也是中国法律体系的组成部分。但是，很显然，它们并不是立法机关制定的法律规范性文件。

（4）法律体系是法律规范之间相互关联的有机统一体。法律规范的总和构成法律体系，但这并不是说法律体系是法律规范的简单相加。法律规范之间必须相互配合、相互制约、相互补充、相互呼应、相互联系，这样才能形成一个内部和谐一致的有机统一体。例如，有实体法规范，就必须有程序法规范；有禁止性规范就必须有制裁性规范。如果一个法律体系内的法律规范之间彼此脱节、互不衔接、左右矛盾，那么，这个法律体系就会由于自身内部的冲突而自己推翻自己。法律体系应区别于法律规范性文件体系。法律规范性文件体系是因法规整理、法典编纂而形成的体系。

二　什么是划分部门法的标准

随着人类社会的发展，人们的社会生活越来越丰富，各种社会关系越来越复杂，各种新的社会关系不断产生，用以规范社会关系的法律也变得越来越复杂，内容越来越丰富。适合于奴隶社会、封建社会的诸法合一的简单法律体系已经不能适应现代社会的需要。把法律体系划分为若干法律部门是时代的需要，也是法律体系自身发展的必然趋势。以某种标准和方法对法律体系内部的法律规范进行分类组合，形成各自相对独立的部门法，这就能使庞大的法律体系内部有条理，有秩序，有自己严格的结构形式，既便于立法的系统化，又便于法院司法的专门化，也便于人民群众学习和查找法律。正因为以部门法为单位建立法律体系有这些优越性，所以大多数国家的法律体系都向这个模式发展。要建立具有中国特色的社会主义法律体系，就是要建立健全科学的部门法体系，因此，正确地划分部门法，对中国的法律体系的建设有着十分重要的意义。

要正确地划分部门法，必须要有明确的划分标准。什么是划分部门法的标准呢？这在中国法学界仍有争议，没有统一见解。为了深入研究这一问题，我们不妨先看看别的国家是如何划分法律部门的。

将法律体系划分为部门法首创于大陆法系，是以拿破仑法典的出现为标志的。这是大陆法系继承古罗马法的传统而形成的方法，大陆法系国家划分部门法也不是很严格的，大致的方法是将整个法律体系划分为公法和私法两大部门，公法又分为宪法、行政法（包括行政诉讼法）、刑法（包括刑事诉讼法）；私法指民法（包括民事诉讼法）。有的国家采用民商分立的方法，也就是将私法分为民法和商法。这样，在大陆法系国家中，凡采用民商分立的国家，如法国、日本，都将法律体系分为五个部门：宪法、刑法、行政法、民法、商法。采用民商合一的国家，如瑞士，则将法律体系大致分为四个部门，即宪法、刑法、行政法、民法。某些资产阶级的六法全书基本上是按照这种划分方法而编纂的法典。

苏联十月革命胜利后，否定了资产阶级传统的部门法划分方法，开始探索社会主义划分部门法的标准和方法。1938～1940年间，阿尔扎诺夫首先提出了以调整对象作为划分部门法的标准的理论，得到苏联法学界较为一致的赞同。到了20世纪50年代中期，苏联第二次对法律体系展开讨论时，又觉得单纯以调整对象划分法律部门在实际上有困难，认为这个标准有缺陷，因而提出调整方法也应当是划分部门法的标准，这就形成了以调整对象为主、以调整方法为辅的划分标准。也有不少法学家不同意这种划分标准，争论仍在继续。

中国法学界深受苏联影响，在对划分部门法的标准这一问题的争论中，主要有两种观点：第一种观点认为，调整对象是划分部门法的唯一标准；第二种观点认为，应以调整对象为主要标准，以调整方法为辅助标准划分部门法。笔者认为，这两种分法都有其相对的正确性，各自也都有缺陷。这两种观点都一致强调调整对象在划分部门法上的作用及其重要性，这可以说是抓住了划分部门法的要领。法律的作用就在于按照统治阶级的意志去调整各种社会关系，使各种社会关系的存在和发展符合统治阶级的利益。各种不同的社会关系的存在，需要用各种不同的法律规范去调整，这是各种不同的部门法存在的根据。各种社会关系的产生、发展和消亡，决定着新的部门法的诞生，旧的部门法的消亡或改组。因此，一般说来，只要以调整对象为标准，就可以划清多数部门法之间的界限。但是，宪法和刑法都不是调整某一种社会关系的部门法。如果以调整对象作为划分部门法的唯一标准，那么宪法和刑法这两个大的法律部门就无法确立。这显然是不行的。

第二种观点力图弥补第一种观点的不足，在肯定调整对象为主的同时，把调整方法作为划分部门法的辅助标准。笔者认为，这种辅助标准并不能起到辅助的作用。第一，法律调整的方法服从于法律调整的对象，后者决定前者。因此，把调整方法作为辅助标准，事实上无补于事。第二，并不是所有的社会关系都有自己独特的调整方法。许多社会关系都不能用单一的方法去调整。这就必然要出现不同的部门法采用相同的调整方法的现象，也会出现同一部门法兼用各种调整方法的现象，在这些场合把调整方法作为划分部门法的标准就会完全失去意义。

笔者认为，划分部门法的标准就是为了把法律体系内的法律规范进行合理归纳分类而采用的标准。法律体系本身是一个人为的工程，划分部门法的标准也是人为的。古今中外都没有现成的、固定的、统一的标准。我们应当从建立中国法律体系的实际需要出发，从部门法设置的方便和需要出发，找出适合于划分中国法律部门的标准。如果能找到适用于一切部门法划分的统一标准，当然更好。但是，如果没有这种统一的标准，如果我们不能找出这种统一的标准，我们也可不拘泥于一种标准。我们知道，对同一种对象可以用各种不同的标准对其做各种不同的分类。例如对人进行分类时，我们可以用性别的标准，也可以用身高的标准、肤色的标准、体重的标准、年龄的标准等等。采用某一种标准就会得到我们所需要的某一种分类。对法律规范也可以采用不同标准做各种不同的分类，从而确立各种不同的部门法。既然我们现在找不出某一种适合所有部门法划分的标准，那么，我们则可以从这个现实出发，用几种标准对法律规范做不同的分类，建立适合中国国情的部门法体系。为此笔者提出以下述划分标准对法律规范做下述分类，得出下列部门法。

（1）以母法为标准确立宪法部门。即把整个法律体系中的那些属于母法规范的法律规范归纳到一起，组成宪法部门。有了宪法部门就使整个法律体系有了一个统一的指挥部、统帅部，对完善一国的法律体系有极大的意义。把宪法作为一个独立的部门法，是近代法律体系发展的成果。

（2）以刑罚的调整方法为标准确定刑法部门，即把那些确定犯罪、适用刑罚的法律规范归纳到一起，组成刑法部门。这里需要说明的是，以刑罚的方法为标准确定刑法部门，并不是说刑法与调整社会关系无关。恰恰相反，我们认为，刑法和其他部门法一样，其根本任务都是调整社会关系。我们之所以用调整的方法而不用调整对象确立刑法部门是基于下述理由：第一，刑法涉及社会生活的各个领域，调整着众多的社会关系，如果以调整对象为标准，刑法就无法划定它的范围，无法划清它与其他部门法之间的关系。第二，刑法虽然调整众多的社会关系，但它并不调整这些社会关系的各个方面，而只调整因犯罪而涉及的社会关系的那些方面。例如，婚姻家庭关系一般由婚姻家庭法调整，对那些严重破坏婚姻家庭关系的犯罪行为，如虐待家庭成员的行为、重婚的行为等等，则要处以刑罚，应当由刑法来调整。刑法的这种属性决定了它不能以调整对象为标准划定自己的范围，它不能把社会关系一分为二，一半归己，一半归其他部门法。

（3）以调整对象为标准划分其他所有部门法。即把调整同一种社会关系的法律规范归纳到一起，组成各种不同的部门法。按这种标准而划出的部门法才是调整同一种社会关系的法律规范的总和，多种社会关系的存在，决定了多种部门法的存在。但这并不是说每一种社会关系都要确定一个专门的部门法来调整。如果那样，就会出现几百个、几千个部门法，从而丧失了划分部门法的意义。一个部门法的调整范围大小应当适中，不能过宽，也不能过细。限于篇幅，本文不能详细一一论述用调整对象为标准所应划出的各部门法。但笔者发现很多同志在划分部门法时，未把组织法作为一个独立的部门法，似有不妥。组织法是一个极为重要的法律部门。它调整的对象是国家机关的组织关系。中国的国家机构 30 多年来，一直处于精简了膨胀，膨胀了精简的恶性循环之中。其基本的原因在于国家机关的组织法不健全，对已有的组织法也不认真遵守，国家机关的建制无一定之规。有鉴于此，应当把组织法作为一个独立的部门法，对它做深入的研究，努力健全各级国家机关的组织法。把组织法作为一个独立的部门法，并不仅仅是因为它重要，从它所包含的内容来说也足以构成一个部门法。中国目前有 9 部基本法律，其中有 5 部属于组织法的内容。地方各级国家机关也都制定有或将要制定各自的组织法。与其他部门法相比，组织法独立成为一个专门的部门法是完全够格的。

试论划分法律部门的标准

毕子峦

法律部门在法律体系中居于关键地位。法律部门的正确划分，在上决定着法律体系的科学确立和完善，在下制约着法律制度和法律规范的正确排列和联系。正因为如此，法律部门划分问题的探讨，就合乎逻辑地成了法律体系研究中的一个核心问题。

中国的法学工作者，过去在法律部门划分问题的探讨上，是做出了一定成绩的，他们运用历史唯物主义观点，阐述了法律部门的一般理论，从社会关系的角度来说明了法律部门的划分原则，并且也对中国社会主义法律体系的各部门进行了基本的研究和阐述。

关于法律部门的概念，在中国许多法学著作中有着较统一的认识，他们认为：凡调整同一种类社会关系的法律规范的总和，就构成一个独立的法律部门（《法学词典》）。这无疑是运用历史唯物主义观点研究法律部门问题所得出的科学结论。这一科学的认识，在我们对法律体系问题的进一步研究中，仍然有着重要的指导作用。

什么是划分法律部门的标准？根据我们的理解，划分法律部门标准的问题，实际上也就是为了确立法律体系中的不同法律部门，应该依据什么标准对法律规范进行分类的问题。在这方面，中国法学界存在着分歧。法律调整方法是否应该作为划分法律部门的标准，这在苏联法学界中是争论较大的问题，在中国法律体系的探讨中也存在着不同的认识。多数的法学著作中都认为：一个国家法律部门的划分，并不是根据人们的主观意志来决定的，而是以法律规范调整的对象——一定的社会关系为基础的；"为经济制度所决定的社会关系是划分法律部门的客观标准"。但在有的讲义和文章中，除了肯定社会关系是划分法律部门的标准以外，还提出"划分法律部门，还应结合调整方法来考虑"的意见（吉林大学《国家与法的理论》）。有的文章甚至认为，"科学的法律部门划分，绝不应该忽视调整方法这一重要因素，调整对象和调整方法是划分法律部门的两个必不可少的重要标准"。

究竟应该确立什么标准来作为划分法律部门的依据，这确实是一个值得我们认真研究和讨论的问题，它关系到中国各法律部门的科学划分，关系到中国社会主义法律体系的完善确立，或者也应该看到，它也是关系到我们在法律体系的研究中能否坚持彻底的历史唯物主义原则的问题。

在这里，我们首先应该明确的是，我们丝毫不应轻视对法律调整方法的研究。由于社会生活的日益发展，法律的作用日益加强，从而使法律调整方法的研究的意义也随之日益重要起来。但是，我们应该看到，这是一个我们过去重视不够而研究较少的领域。例如：法律调整方法的含义、法律调整方法的种类、法律调整方法的组合与结构、法律调整方法在适用法律规范中的作用和意义，等等。这些都是我们在法学理论上应该深入探讨和做出阐发的问题。自然我们也不应忽视法律调整方法在法律体系、法律部门问题研究中的意义。

其次，我们应该看到，过去我们在法律部门的研究上是有严重缺陷的。在我们提出法律规范调整的对象——一定的社会关系是划分法律部门的客观标准这一正确结论以后，到此止步，没有能针对这"一定的社会关系"去做深刻的分析和揭示。从而，我们也就不能再进一步具体说明：究竟是什么样的社会关系的分类决定着不同法律部门的存在，以及更清楚地确定某些法律部门的界限。这些情况表明，我们在法律体系的研究上，还处在较为"初步"的阶段。

从历史唯物主义的观点来看，社会关系是极为复杂而多层次的。首先，它们可以按照经济基础与上层建筑的范畴分为物质的社会关系和思想的社会关系。其次，物质的社会关系又可分为生产、交换、分配、消费等关系，思想的社会关系又可分为政治、法律、道德、宗教、文学、艺术等关系。再一步分析，我们又会发现有更多样的具体关系的不同领域。它们之间也有着决定与被决定、作用与被作用的关系。它们相互依存，相互制约，错综复杂地交织在一起。法律体系正是以这一复杂的社会关系的体系为基础的。由此可见，在我们正确地指出"一定社会关系是划分法律部门的客观标准"这一结论以后，如果到此止步，不再对这"一定的社会关系"的复杂结构去做深入的科学分析，那我们就无法弥补在法律部门划分问题上的缺陷，而使我们在法律体系的研究上达到一个新的水平。当然，这项工作比我们从历史唯物主义原理导引出一个正确结论来要复杂和艰巨得多。尽管如此，但这终究是我们遵循历史唯物主义原则前进的途径。

有的同志说，我们在对法律部门的研究中，既要看到法律规范调整的对象，也要看到它调整的原则和方法。这个意见无疑是正确的。我们已经说过，我们丝毫也不应轻视对法律调整方法的研究，也不应忽略它在法律体系研究中的意义，但是，我们认为以法律调整方法作为划分法律部门的标准或"第二标准"的意见，是值得商榷的。

（1）既然马克思曾科学地指出过："法的关系正象国家的形式一样，既不能从它们本身来理解，也不能从所谓人类精神的一般发展来理解，相反，它们根源于物质的生活关系。"① 那么，与理解整个法律关系一样，划分法律部门的标准，也只能是来自客观的物质生活关系，而不能是来自属于人们意识领域的法律调整方法。我们自然应该看到法律调整方法与法律调整对象的统一性，但我们更应该注意的是，它们谁是决定的，谁是被决定的，这是唯物辩证法的一般规律。法律调整对象——社会关系的性质和特点决定着法律调整方法；法律调整方法，归根结底是派生的，是第二性的，是社会意识现象。那种认为"只有联系到调整方法，才能认识到社会关系的特殊性"的意见，显然是把问题本末倒置了。因而，也就使那种认为只有这样才能正确地区分不同法律部门的意见，失掉了充足的依据。如果我们以法律调整方法作为划分法律部门的标准，即使是"补充的标准"，那岂不是意味着用上层建筑决定上层建筑，用人类精神的一般发展"去理解法的关系"吗？是否可以说这是直接违反历史唯物主义原理的？

（2）法律调整方法的含义是什么？法律调整方法都有哪些种类？这本身就是尚待进一步研究的问题。就通常所见情况，一般把法律调整方法分为两种：一种是集中的、命令的或称为实行权力的方法；一种是分散的、任意的或称自由表示意志的方法。用这样简单的法律调整方法作标准，能

---

① 《马克思恩格斯选集》第 2 卷，人民出版社，1972，第 82 页。

否划分复杂的法律规范而确立起不同的法律部门，我们表示怀疑。而事实上，主张以法律调整方法作为法律部门划分标准的同志，谁也没有向我们说明过，究竟什么样的调整方法决定了什么法律部门的独立存在。

通常我们也只是这样说明：有些社会关系，在法律规范调整时，需要运用国家权力的方法，如对行政关系、诉讼关系的调整，等等；有些社会关系，在法律规范调整时，是用自由地决定自己权利和义务的方法，这在民法中尤为显著，但也仅此而已。我们姑且不说这没有能解决划分法律部门的复杂问题，即使在做这样说明的时候，大概也不能不意识到，这里有着难以自圆其说的地方。首先，适用这一种或那一种法律调整方法，不是某个法律部门的专有特征，而是在各种法律部门中都有适用，不同的只是或多或少。其次，同一个法律部门也往往同时运用着不同的法律调整方法。例如在民法部门中，广泛适用的是分散的、自由的方法，但集中的、实行国家权力的调整方法在这里也有适用，行政法、诉讼法等部门主要的是适用集中的、实行国家权力的调整方法，但也绝不能排除平等的、自由表示意志的调整方法和原则的适用。既然同一个法律部门可以适用不同的调整方法，而同一的调整方法也可以适用于不同的法律部门之中，那么法律调整方法作为划分法律部门的标准还有什么意义？又怎么以调整方法为标准去划分法律部门呢？

据说，分散和集中"这两种方法通过其相互作用和各种不同的组合，形成了千变万化的调整方法"①。我们不否认调整方法可以有不同的组合，也不否认每种法律调整方法在适用中可以有不同的具体形式，但是，我们对这种"不同组合"就可以形成"千变万化的调整方法"表示怀疑。我们认为这里缺乏充分的科学根据。其实，我们也并不需要那么多的"千变万化"的法律调整方法。只要能把问题说得具体些，能较为详细地说明有哪些法律调整方法，什么样的具体调整方法是确立某个法律部门划分的依据，总之，能具体地解决具体问题，也就尽够了。在这些问题没有得到解决以前，就强调说什么调整方法应是法律部门的划分标准，是没多少说服力的。

当然，我们之所以不同意以调整方法作为法律部门划分的意见，主要

---

① C. H. 布拉图西：《苏维埃法的部门、概念、对象、方法》，《法学译丛》1980 年第 2 期。

的原因不是在于他们在法律调整方法研究方面的不足，而是在于这种意见不符合法律部门划分中的历史唯物主义原则。

（3）主张以调整方法作为划分法律部门标准的同志，常常引用一些例子作为论证问题的理由，我们就通常所见的例子分析一下，看这些理由是否得以成立。

例一，主张必须以调整方法作为法律部门划分标准的同志经常说："刑法是以调整方法的特殊性而划清与其他法律部门的界限的。"是这样吗？不，这种认识是不正确的。尽管施用刑罚的制裁方法是它与其他法律部门的不同特征，但这也只是调整方法上的问题，归根到底刑法作为一个独立的法律部门，不是由于调整方法上的特征，而是以这类法律规范的调整对象——社会关系的性质和特点为依据的，因为它们调整的对象是由于犯罪这一严重危害社会秩序的行为的发生而引起的特定的社会关系。适用刑罚制裁本身也是由于这一社会关系的性质和特点所决定的。我们在表述刑法概念的时候，经常提出其施用刑罚制裁的特征，这原没有什么不对，这反映了我们在研究法律部门时，没有忽略对法律调整方法的考虑。但我们绝不能由此得出这样的结论：刑法部门的确立是以其调整方法的特征为依据的，"如果离开调整方法的特殊性，就很难与其他法律部门相区别"。

有的同志说：刑法是必须以调整方法作为依据来确立的一个法律部门，譬如说，通奸过去被认为是犯罪，以刑罚的方法加以调整；现在刑法并不认为它是犯罪，所以不用刑罚的方法进行调整，而它的社会关系的性质及其社会危害没变；这不是明显的以调整方法而不是以社会关系的性质来划分刑法部门的例证吗？确有如此实际情况。但我们认为，就此"举例说明"来看，是把不同范畴的问题搞混淆了，这篇文章里所讨论的是划分法律部门的标准，作者的立论是：刑法部门之所以确立，是由于这类法律关系调整的对象，由于犯罪所产生的社会关系是它确立的依据，至于统治者确认什么是犯罪，那是由复杂的社会历史条件所制约的，而不在这篇文章所要探讨的问题之列。

另外，我们也不能以刑法调整的社会关系的广泛（几乎包括社会关系的各个领域）来作为论证刑法部门必须以调整方法的特殊性来确立的理由。不错，犯罪可能发生在各个社会关系的领域，例如民事流转、行政管理、财政金融、家庭婚姻等等。因此，对任何犯罪所引起的社会关系的调整，都不能不涉及对某种其他社会关系的影响作用，刑法对各类社会关系的保护作用也正表现在这里。这里只是说明了作为法律调整对象的社会关系的交错重合等复杂性的特点，并没有改变刑法部门是以调整由于犯罪和对犯罪人员施用刑罚而引起的社会关系而得以确立的依据。即使在这里，我们也没必要求助于调整方法的特殊性，借以与其他法律部门相区别。

例二，在讨论问题中，主张以调整方法作为划分法律部门的标准的同志，常常论证说：社会主义财产关系，不是由一个法律部门的规范来调整的，有的属于民法，有的属于财政法，有的属于行政法。究竟哪个部分的财产关系属于哪个部门呢？这就只有考虑以调整方法的不同来作为划分的标准，才能使问题得到解决；有的同志则具体认为：应由财政法方法调整的财产关系属于财政法，应用民法方法调整的属于民法，等等。

我们不同意这种看法，我们始终认为，把法律规范划分为若干法律部门的标准，只能来自法律规范调整的对象、社会关系的性质和特征。那么，这些财产关系究竟应该如何具体划分？哪一部分属于民法调整，哪一部分需要财政法调整，哪一部分应由行政法来调整呢？解决问题的途径，那就是要对这一具有复杂结构的财产关系，进行深入的剖析和揭示，找到不同财产关系的各自特征，划清它们之间的界限，当然也就随之解决了它们的调整归属问题。一般地说：受价值规律作用的影响而形成的财产关系，应属民法调整；有关国家预算、税收、信贷等国家财政活动中的财产关系，应属财政法调整；而属于行政法的，则应是存在于国家管理机关的组织和活动中的那部分财产关系。当然这只是一些初步的意见，问题的真正解决，尚有待于有关专家的研究，我们这里所讨论的只是法律部门划分标准的问题。

那些认为在这里只有考虑以调整方法作为划分标准才能使问题得到解决的同志，实际上什么问题也没解决，其结果正如我们所见到的：只是"治丝益棼"，在复杂的问题上更增加了解决问题的复杂性。至于所谓"财政法方法"、"民法方法"云云，那就更不能不使我们感到混乱了。究竟应是调整方法作为划分法律部门的标准呢，还是法律部门决定了法律调整方法？这种颠来倒去的混乱纠缠，显然是从那种认为"只有联系到调整方法，才能认识到社会关系的特殊性"的本末倒置的混乱发端的。

例三，关于中国法学界在民法和经济法划分上的意见分歧。对于民法和经济法我无所研究，提不出解决分歧的实质性的意见，这里只是从探讨划分法律部门的标准的角度，提出一点看法。

目前中国法学界在经济法与民法的研究中，的确存在很多分歧，经济法是否应该成为一个独立的法律部门，有着截然不同的意见，见于不同教材中关于民法、经济法概念的表述也互有出入。从具体情况来看，产生这种现象的原因，不在于大家都从"调整一定社会关系的法律规范的总和构成一个独立的法律部门"这一概念出发，而是在于大家对这"一定的社会关系"未能达到十分清楚的认识，对作为民法、经济法调整对象的社会经济关系还缺乏深刻的认识和分析。

"社会实践是检验真理的唯一标准"。如果我们对社会经济关系这一客观实践缺乏真正的研究和理解的话，那就难免出现公说公有理、婆说婆有理的情况。这样说也绝不是意味着我们否认认识的复杂性，以及探讨问题中发生分歧的必然规律。解决问题的出路何在？它不在于因怀疑"调整同一类社会关系的法律规范的总和构成一个法律部门"这一概念的正确，而引入调整方法作为划分法律部门的标准，而在于要求中国的法学家，特别是民法和经济法学家，对社会经济关系进行更深入认真的研究。"不入虎穴、焉得虎子"。只有在我们真正认识了社会经济关系不同领域的不同特征的时候，我们才能找到民法和经济法相互区别开来的质的规定性。这种"质的规定性"，不存在于法律调整方法中，而是在客观的社会关系之中。

总之，我们认为法律规范调整的对象、社会关系是划分法律部门的唯一依据。不能否认，法律规范是可以依据不同的原则和要求而划分为不同类别的。但是，划分法律规范，从而确立法律体系中的各个不同法律部门，则只能以法律规范调整的对象——客观的社会关系的性质和特征作为唯一标准。这是在法律体系研究中适用历史唯物主义原理的正确结论。至于法律调整方法，已如上述：一不轻视其研究的重要性，二不忽略它在法律体系研究中的作用和意义。但我们不同意把调整方法作为划分法律部门的标准。从实际情况来看，提出这种看法的同志，一般没有做出什么深入的研究和阐发，某些同志提出的一些理由，又大都是值得商榷的。

试论法律部门的划分标准

张贵成

法律部门的划分问题，是中国法制建设的实践提出的一个重要理论问题。将立法建立在法律部门科学划分的基础上，对于提高立法的效率和质量，从而对于进一步完善中国法律体系，无疑具有不容忽视的重大意义。本文着重就法律部门划分的标准以及经济法与民法的划分问题，谈一些看法。

一

在我们研究法律部门的划分时，有一点是必须明确的，这就是任何国家的法，尽管其全部法律规范多种多样，但因具有相同的经济基础以及由此决定的共同的阶级内容、指导原则和服务目标，又具有内部结构上的统一性，组成一个有机的整体即一定的法的体系，因此法律部门的划分必须是在坚持法的统一的前提下划分的。

法律部门的划分，是人们对一国现行法律规范，按照一定的标准所做的分类，属于主观意识的范畴。法律部门的科学划分，应当符合法律部门形成和发展的客观实际。

法的历史已经证明，法律部门经历了一个由"诸法合体"到"诸法分立"以至愈分愈细的发展过程。这反映了法在社会生活的各个领域中的作用日益广泛。法律部门形成和发展的原因，是复杂的。诸如社会关系的发展变化、政治经济形势、历史传统、统治阶级的法律意识以及生产力和科学技术发展等等，都在不同程度上影响着法律部门的形成和发展。然而，法律部门形成的主要原因，却是诸种社会关系的存在和发展。

任何一个法律部门的存在都是与一定的社会关系相适应的。当有一种新的社会关系产生的时候，一个新的法律部门就可能随之产生。例如，当一国无产阶级取得革命胜利，建立了社会主义制度后，由于生产资料社会主义公有制所决定，资本家剥削工人的劳动雇佣关系已不复存在，劳动力也不再是商品，既掌握生产资料又掌握国家权力的工人和其他劳动群众在劳动过程中形成了新的社会关系。为巩固和发展这种社会关系（其中包括劳动条件和劳动报酬，工作和休息时间，工人和职员的权利和义务等等），就需要制定相应的法律规范，建立新的、独立的法律部门——劳动法。应当明确，这里所讲的新的社会关系，是指无论是在性质上还是在形式上都是新的社会关系。

另外，随着某一社会关系性质的变化，也有可能产生新的法律部门。如婚姻家庭关系，在资本主义社会被视为一种商品经济关系，一种带有温情面纱的金钱关系，因而以婚姻家庭关系为调整对象的婚姻法或"亲属法"，并不是独立的法律部门，而是民法的一部分。在社会主义条件下，随着社会主义公有制的建立和阶级剥削的消灭，婚姻家庭关系除仍具有两性结合与血缘联系这一自然属性外，其社会属性已经发生了根本的变化，完全丧失了商品经济关系的性质。虽然婚姻家庭关系仍然有财产关系的一面，但这是由婚姻家庭关系中人身关系派生的一种关系，是以人身关系的发生和消灭为前提的，因而这里的财产关系也并不是价值规律在其中起作用的财产关系。唯其如此，在社会主义条件下，以婚姻家庭关系为调整对象的婚姻法就不能再隶属于民法，而是一个独立的法律部门了。这是与旧社会具有相同形式而不同性质的社会关系的出现所决定的新的法律部门产生的事实。

我们通过上面的分析，意在说明下述论点：法律部门的形成和发展与一定社会关系的存在和变化，联系在一起，具有不依人的主观意志为转移的客观性质，这是我们进行法律部门划分的基本出发点。

在法学理论中，我们曾经长期坚持了法律部门划分的标准是法律规范的调整对象的主张，认为"凡调整同一种类的社会关系的法律规范的总和，就构成一个独立的法律部门"。这一主张的科学性就在于它揭示了法律部门与法律调整对象的关系，指出了社会关系的多样性决定各个法律部门的存在。然而，这一主张并不是完美无缺的，它至少有两个明显的缺陷：第一，"同一种类的社会关系"并不能概括各个法律部门的调整对象的复杂性；第二，完全忽视了法律调整方法在法律部门划分中的作用。

对于社会关系的种类，可以做多种划分。列宁曾经把人们的全部社会关系分为两大类：物质的社会关系和思想的社会关系。这是按照历史唯物主义的基本范畴即社会存在和社会意识所做的最广义上的分类，对于人们认识错综复杂的社会关系及其相互联系，是有重要意义的。然而，在法的历史发展过程中却从未形成过与这种对社会关系分类相适应的物质社会关系的法律部门和思想社会关系的法律部门，也从未有过任何一个法学家或立法者对法律规范做如此划分的尝试。因此，对于构成各个法律部门所调整的社会关系的分类，一般来说，只是一种狭义上的分类。与对社会关系的广义分类不同，这种狭义上的分类存在着复杂的情况。

就中国社会主义法来说，法律规范所调整的社会关系，大致有以下几种情况。

一是性质上相同的一类社会关系。如在国家行政管理活动中形成的国家机关之间，国家机关同企业、社会团体之间，国家机关同公民之间的社会关系，以此为调整对象的法律规范构成行政法。再如，以婚姻家庭关系为调整对象的法律规范构成婚姻法。

二是同一类而不同种的社会关系或同一类社会关系的不同方面。如作为同一类社会关系的财产关系，既有在商品经济活动中形成的财产关系，又有国家在征集、分配资金过程中产生的财产关系，它们分别由不同的法律部门即民法和财政法来调整。

三是兼有两种或两种以上社会关系特征的一类社会关系。如国家在管理经济活动过程中形成的经济关系，既不是单纯的行政关系，又不是单纯的商品经济关系，而是兼有这两类社会关系特征的一类经济关系，由经济法来调整。关于经济法能否成为独立的法律部门的问题，法学界是有争论的，我们拟在下文做详细说明。

四是多类社会关系的总和。宪法不仅是一个独立的法律部门，而且是全部法律部门中最重要的一个法律部门，这没有任何争论。然而，宪法并不是调整"同一种类的社会关系"，也不是调整一般的社会关系，而是调整与国家政治经济制度密切相关的一切重大社会关系，其中包括政治关系、所有制关系、国家权力关系、国家机关相互间及其与公民间的关系等。刑法的调整对象也有类似的情况。凡犯罪行为所破坏的社会关系，是刑法的调整对象，其调整范围亦是相当广泛的。

上述关于法律部门所调整的社会关系的分类，或许是很不完全的。通过这种简单、直观的分类，我们试图证明：第一，法律部门的划分应当以法律调整对象即一定的社会关系为客观基础或主要标准；第二，但又不能将此作为唯一的标准。否则，我们便很难解释为什么"同一种类的社会关系"可以分别由不同的法律部门来调整，而又为什么一个法律部门可以调整不同种类的社会关系？我们以为，应在坚持以法律调整对象作为法律部门划分的主要标准的同时，寻找与法律调整对象的复杂性和多样性相适应的补充性的或辅助性的标准，这就是法律调整方法。

任何一个法律部门都有其基本的或典型的法律调整方法。法律调整方法是由国家机关制定的适合于并且作用于社会关系的法律手段的总和。它的确定，尽管有主观上的因素，然而最终还是取决于法律所调整的社会关系参加者的地位。因此，法律调整方法与法律调整对象是统一的，法律的特殊的调整对象要求特殊的调整方法。法律调整方法只有在与法律调整对象相联系时，才在法律部门划分中起作用。

坚持法律调整对象与法律调整方法的统一，就能够基本上解决法律部门划分的上述疑难问题。以调整同一类的财产关系为例，在社会主义制度下，由于生产资料的社会主义公有制所决定，财产关系的性质具有统一性。但这种统一性并不排斥财产关系的各个方面的差异性。与此相联系，调整一定范围或一定方面财产关系的法律规范，其调整方法也有不同。与商品经济相联系的财产关系，它的性质或特征是由商品生产和商品交换的价值规律决定的。价值规律的客观要求是商品交换只能依据商品的价值进行，只能是平等的商品所有者之间进行的等价交换。因此，调整它的法律规范也就不能不反映价值规律的上述客观要求，不能不确认享有独立财产权利的当事人之间平等的法律地位和等价有偿的物质利益关系。这类法律规范组成一个独立的法律部门，即民法。还有一种财产关系，这种财产关系的性质是由国民经济发展有计划按比例的规律所决定的。它要求国家运用权力向企业统一征集和分配资金，否则计划经济便无法实现。这也就决定了，以这种财产关系为调整对象的法律规范，其调整方法的基本标志是权力命令，并用特殊的财政制裁手段来维护这种财产关系，这类法律规范组成另一个法律部门——财政法。

至于调整多类社会关系的刑法，是一个独立的法律部门，这没有引起任何异议。十分明显的是，刑法是用较为单一的刑罚手段来调整由于犯罪而遭破坏的多类社会关系的，它几乎涉及一切法律部门的调整对象。但是，第一，用单一的调整方法调整广泛的社会关系（当然不是一切社会关系，更不是每一社会关系的一切方面），在所有法律部门中是独一无二的。第二，即使是如此，把法律调整方法独立地运用于刑法部门的划分，也不能认为是妥当的。否则，这种单一的刑罚手段就成了无源之水、无本之木，成为主观自生的东西了。我们认为，刑法以单一的刑罚手段调整众多的社会关系，是由这些社会关系的共同要求决定的。任何破坏现存社会关系的犯罪行为，若不能用最严厉的刑罚手段予以制裁的话，那么，任何有利于统治阶级的社会关系都不能得到巩固和发展。这也就是为什么几乎所有的法律部门在自己所调整的社会关系一旦受到犯罪行为的破坏时，不再适用本部门的调整方法的原因，也是为什么刑法作为一个法律部门较为发达和具有悠久历史的原因。因此，虽然法律调整方法对于刑法部门划分具有特殊的意义，但是，它依旧不是独立于法律调整对象的划分法律部门的主要标准。

如上所述，我们认为：法律部门是调整要求特殊法律调整方法的一定种类社会关系的法律规范总和，是一国客观存在的法律体系的有机组成部分。毫无疑问，特殊的法律调整方法是由法律调整对象的特殊性质所决定的，因而在法律部门的划分中，它只是一种不能单独加以使用的、辅助性的标准。同时，在这一定义中，法律调整方法又是对法律调整对象的一种限定，这种限定比较确切地反映了法律调整对象的复杂性，可以弥补传统的法律部门定义的缺陷或不足。至于"法律规范总和"，不仅应看做是具有一定质的规定性，而且应看做是具有一定量的规定性。换言之，在每一国家中，任何一个法律部门的形成，都有一个发展过程，其中包括一定法律规范的量的积累的过程。在一定法律规范为数不多或很少的情况下，虽然它们有特殊的调整对象及与此相适应的特殊的调整方法，但仍不能成为一个独立的法律部门，而是有关的法律部门的一个组成部分。造成这种情况的原因至少有三：一是这类法律规范所调整的社会关系在社会生活中还没有广泛地发展，二是这种社会关系与其他社会关系密不可分（如人身非财产关系和财产关系），三是统治阶级对这种社会关系的重要性认识不足。如果不注意或否认组成一个法律部门的法律规范的量的要求，就难免得出一个不正确的结论，那就是认为在古代奴隶社会和封建社会就存在着众多的"法律部门"，尽管其中的某些"法律部门"只有一类零星的法律规范。然而，这是不符合法律部门的形成和发展的客观实际的，也是令人难以置信的。

应当强调指出，虽然法律调整方法必须反映法律调整对象的客观要求，但这种反映却与统治阶级的主观认识密切相关。因此，这种反映也就必然有正确与错误之分，也有正确程度上的差异。正如恩格斯所指出的，"如果说民法准则只是以法律形式表现了社会的经济生活条件，那末这种准则就可以依情况的不同而把这些条件有时表现得好，有时表现得坏"①。我们研究法律部门的划分，既是为了对中国现有法律规范进行分类，又是为了进一步健全法制，使之以法律部门的科学划分为依据，对诸种社会关系的要求"表现得好"，使法律调整方法适合社会关系多样化的特点，从而更好地发挥法的效能。

二

当前，经济法能否成为一个独立的法律部门，法学界还没有取得一致的意见。这一问题的提出，正值党的工作重心转移到现代化经济建设之时，其重大现实意义是显而易见的。在理论上，它涉及法律部门的划分标准问题，有必要在这里予以探讨。

经济法能否成为一个独立的法律部门，核心问题是它有无"统一的调整对象"以及由此决定的"统一的调整方法"。我们的回答是肯定的。

在社会主义条件下，与社会化大生产相联系的有计划按比例的发展规律要求国家对经济活动实行全面的领导，即对再生产活动实行计划调节和组织管理。社会主义公有制的建立，为实现这种领导提供了可能性。以全社会名义占有生产资料的社会主义国家，既是上层建筑的重要组成部分，是政治中心，又是经济基础中全民所有制的主体，是经济中心。因此，社

---

① 《马克思恩格斯选集》第4卷，人民出版社，1972，第248～249页。

会主义公有制一经建立，就决定了国家在整个社会经济生活中的领导地位。另一方面，社会主义生产又仍旧是一种商品生产，因此，国家在领导经济活动的过程中，必须利用而不能取消价值规律的作用。这样，国家在领导经济活动中所形成的经济关系，从其客观意义上说，是有计划按比例发展规律和价值规律交互作用的结果，换言之，是有计划按比例的发展规律在其中起作用的行政关系和价值规律在其中起作用的财产关系的统一。具有这种行政关系和财产关系双重性质的经济关系，就是经济法的调整对象。

经济法所调整的经济关系，虽然具有行政关系的因素，但又不同于行政法所调整的行政关系。前者所包含的行政关系的因素，不能脱离财产关系的因素而孤立存在。国家计划的实施，离不开处于平等地位的经济协作关系。即使是指令性计划，也必须考虑和运用价值规律，如按照各类产品的价值和市场供求情况来规定和调整产品的计划价格。因此，试图将经济法所调整的经济关系或其中的一部分，纳入行政法的调整范围是不妥当的。

经济法所调整的经济关系，虽然也具有财产关系的因素，因而与民法所调整的财产关系有联系，然而两者又有不同之处。第一，前者是在国家直接领导和管理经济活动的过程中发生的，是与有计划按比例的发展规律所要求的行政隶属关系紧密结合的，而后者并不具有这种行政关系的因素，而是价值规律在其中起作用的财产关系；第二，前者主要是以生产资料社会主义公有制为基础的，而后者主要是以生活资料的个人所有制为基础的；第三，前者主要存在于生产和流通领域，存在于社会主义组织之间，后者主要存在于消费领域（狭义上的消费），存在于公民之间及公民与社会主义组织之间。经济法所调整的经济关系是行政关系和财产关系的不可分割的统一。互相融合的行政关系与财产关系，贯穿于国家领导和管理的一切经济活动之中，即贯穿于一切"纵"的和"横"的经济关系之中。硬要将两者分割开来，使其中的财产关系脱离行政关系而孤立存在，并由民法来调整，不能认为是正确的，在实际上也未必行得通。

由经济法所调整的经济关系的特殊性质所决定，它的调整方法是集中方法与分散方法的统一。这反映了经济法调整的经济关系中有计划按比例的发展规律和价值规律的客观要求。以所谓"横"的企业间的经济合同为例，它的订立，要有双方的协商一致。要贯彻平等互利、等价有偿的原则。但是这种协商一致必须符合而不能违背国家下达的指令性或指导性经济计划。在经济合同中，当事人的利益与国家的利益密切相关，国家的利益高于一切。经济合同就其性质而言，它既是对经济计划的补充，又是实行计划经济的工具。1981 年 12 月 13 日五届全国人大四次会议通过的《中华人民共和国经济合同法》，在总则中一方面规定订立经济合同要贯彻平等和等价有偿的原则，另一方面又规定"订立经济合同，必须遵守国家的法律，必须符合国家政策和计划的要求"，"保证国家计划的执行"。此外，还在有关条文中做了相应的具体规定，属于国家指令性计划产品和项目的经济往来，必须按国家下达的指标签订合同，属于国家指导性计划产品和项目的经济往来，参照国家下达的指标，结合本单位的实际情况签订经济合同，变更和废除经济合同，如涉及国家指令性计划产品或项目，应报下达该计划的主管部门批准，凡订立经济合同所依据的国家计划被修改或取消，此种经济合同应随之变更或解除，等等。因此，对经济合同关系的调整虽然适用民法的分散的调整方法，即平等和等价有偿的方法，但是绝不能单独地加以适用，而是只有在与集中的方法相结合时才有意义。因此，经济法的调整方法是集中指导下的分散，分散里有集中。

再以所谓"纵"的经济关系为例。上级领导机关或业务主管机关与其下属的公司、企业的经济关系，无疑必须采用集中的方法来调整。但是这并不意味着上级领导机关或业务主管机关只有权利，没有义务；下级公司、企业只有义务，没有权利。否则，上级领导机关或业务主管机关对由于自己的瞎指挥而造成的经济损失，可以不承担任何经济责任，这无疑会对国民经济的发展造成极大的损害。在这方面，我们是有教训的。因此，上级领导机关或业务主管机关对由于自己的过错而造成的下属单位的损失，应负经济责任。例如，"由于上级领导机关或业务主管机关的过错，造成经济合同不能履行或者不能完全履行的，上级领导机关或业务主管机关应承担违约责任"（《中华人民共和国经济合同法》第 33 条）。在这里，上下级隶属关系之间，存在着一定意义上的等价有偿的物质利益关系。因此，在经济法的调整方法中，又是集中里有分散。

另外，值得注意的是，在现实的经济生活中已经出现了企业和企业下属单位（商店、建筑工程队等）之间签订的承包合同。这种调整企业内部经济关系的承包合同，对于搞好企业内部的经济核算，提高企业的经济效益，是十分必要的。毫无疑问，订立这种经济合同，首先必须考虑国家的利益，也要考虑企业及其下属单位的利益，既有行政命令的因素，又有协商一致的因素。因此，这种企业内部的经济关系，只能也必须由经济法来调整。

　　总之，经济法既有统一的调整对象，又有统一的调整方法，已经具备了成为一个独立的法律部门的要素。随着中国国民经济的发展，经济法的作用将日益显著，并将逐步形成一个独立的法律部门。我们必须加快经济立法的步伐，首先制定各种单行的经济法规，在条件成熟的时候，制定统一的经济法典，把国家在领导和管理经济活动中所形成的经济关系，纳入法治的轨道，以推动中国现代化经济建设的顺利进行。

法律体系与法规名称规范化

刘 瀚

一　法规名称规范化的意义

完善社会主义法律，建立具有中国特色的社会主义法律体系，有一个重要的要求，就是要使法规名称规范化。

法规名称，顾名思义是指法的称谓。名称相对于内容来说，固然是次要的，但从法律体系的完整性来说，名称并不是无关紧要的，它包含着、表示着丰富的实际内容。实现法规名称的规范化，就可以从名称上看出它是由哪一级权力机关或行政机关制定的，知道它的效力等级和作用范围的大小，也可以看出哪个机关才有权解释和有权修改、废止或用新法来代替它，同时，实现法规名称的规范化，全国所有的法规作为一个整体，排列下来，等级分明，井然有序，给学习和运用法规带来很大方便，也会大大减少分类统计和法规汇编时的许多麻烦。

过去，我们在这方面没有明确规定，工作中对此也注意不够，以致法规名称繁杂。根据《中央人民政府法令汇编》和《中华人民共和国法规汇编》统计，有几十种法规名称。1955 年《国务院法制局关于法规整理工作的总结报告》中指出：仅"过去政务院和各部门发布的法规，即有条例、办法、条款、规格、规则、守则、原则等四十余种之多"。① 如果加上 1954 年宪法公布前地方各级人民政府发布的单行法规条例，名称就更为庞杂繁

---

① 《中华人民共和国法规汇编》(1956 年 7 月—12 月)，法律出版社，1956，第 490 页。

多。由于法规名称未能规范化，国家最高权力机关同国家最高行政机关发布的法规，原政务院和国务院同其所属各部门发布的法规，中央同地方发布的法规，在名称上往往通用，分不清等级；有些法规的施行办法，本应由制定和发布该法规的下一级机关发布的，但也由制定该法规的同一机关发布了；还有个别的机关越权行事，制定和发布了不属于它的职权范围内的法规。这种法规名称上的混乱，对法律体系的完整性自然有所影响。

新宪法对中国法规的几个大的范畴和层次做了总的规定，同时对法规名称也做了认真推敲。例如，全国人民代表大会制定和修改基本法律；全国人大常委会制定和修改除基本法律以外的其他法律；国家最高行政机关制定行政法规；省、自治区、直辖市人大及其常务委员会制定地方性法规；国家权力机关对重大事项所做的法律性的个别文件用决议；国家最高行政机关对重大事项所做的法律性的个别文件用决定，不再用含义不清的法令，等等。这使中国法规名称规范化有了依据。

二　国家最高权力机关制定的法律及法律文件的名称

新宪法第 62 条规定：全国人民代表大会有权"制定和修改刑事、民事、国家机构的和其他的基本法律"。这些基本法律的名称统一为"法"，如刑法、民法、刑事诉讼法、民事诉讼法、全国人民代表大会和全国人大常务委员会组织法、国务院组织法、人民法院组织法、人民检察院组织法、地方各级人民代表大会和地方各级人民政府组织法、选举法、婚姻法、国籍法等等。

新宪法第 67 条规定：全国人大常委会有权"制定和修改除应由全国人民代表大会制定的法律以外的其他法律"。这些法律的名称为"法"和"条例"。如环境保护法、商标法、文物保护法和学位条例、律师暂行条例、国家征用土地条例等等。条例在结构形式上同法并没有区别，效力也是同等的，之所以用条例的名称，有的是经验尚不成熟，而又为当前工作所急需，就先制定成条例，在执行中进一步总结经验后再修改、补充上升为法，如惩治反革命条例、惩治贪污条例、妨害国家货币治罪暂行条例等等，后来都被吸收进刑法中，被刑法所代替；有些则由于其调整对象的面较窄、内容较少，用条例比较适宜。如保守国家机密暂行条例，自 1951 年制定以来，一直适用，将来也不一定用法的名称，而在修改、补充后，在名称上去掉暂行二字即可。

全国人大及其常务委员会发布的法律性的个别文件，主要是决议。决议有一部分是非规范性的，另一部分是规范性的。前者如任命国家机构组成人员、授予有关人员荣誉称号和嘉奖、惩戒等等，一般是一事一项，没有像法律那样的若干具体条文。确切地说，这些决议是适用法律的文件。后者如全国人大根据宪法第 62 条第 1 款的规定对宪法做出修改的决议和根据同条第 3 款的规定对基本法律做出修改的决议；全国人大常委会根据宪法第 67 条第 2、3 款的规定，对除基本法律以外的其他法律做出的修改，在全国人大闭会期间，对基本法律做出的部分补充和修改的决议，其本身都有若干具体条文。它们既是单独的一个法律文件，同时，在其生效后，又是它所修改的法律的一个组成部分。如对刑法的补充和修改，就与刑法成为一个整体，不然是无法实施的。国家最高权力机关发布法律的"公告"或"令"也是这样，它除表明该法由何机关于何时通过外，还规定自何时起施行，因而，也是它所发布的法律的一个组成部分。此外，国家最高权力机关在其活动中，还发出一些文件，如关于组织人民代表视察工作或举行会议的通知，向有关机关转交办理提案，人民代表和人民群众来信的公函等等，这些属于处理具体工作的公文，应同法律和法律文件加以区别。就是说，国家最高权力机关发出的文件，并不都是法律。

三　国家最高行政机关制定的行政法规及
非规范性文件的名称

根据宪法第 89 条第 1 款规定：国务院有权根据宪法和法律，规定行政措施，制定行政法规，发布决定和命令。

国务院制定或批准的行政法规，一般用条例、办法、规则、规定、施行细则等名称。

条例如国库券条例、革命烈士褒扬条例、外汇管理条例、科学技术档案工作条例等；

办法如婚姻登记办法、群众报矿奖励办法、行政区域边界争议处理办法等；

规则如仓库防火安全管理规则；

规定如人民警察使用武器和警械的规定、中外合资经营企业劳务管理规定、关于城镇非农业个体经济若干政策性规定；

施行细则如中外合资经营企业所得税法施行细则、个人所得税法施行细则、审批个人外汇申请施行细则等。

上述行政法规，在名称下，一般都写明某年某月某日由国务院某次常务会议或全体会议通过，由国务院或其所属某机构发布，内容均设有若干条，有的还规定了有权解释的机关和生效的日期等，在结构形式上与国家最高权力机关制定的法律相同。

行政法规的实施，靠行政权力和行政措施，违犯者限于负行政的或经济的责任，相应地给予行政处分或经济制裁，如涉及要追究刑事责任者，则应提请全国人大常委会审议通过或批准，这样便于司法机关执行，这是国家最高权力机关制定或批准的法律同国家最高行政机关制定或批准的行政法规之间的一个重要区别。1981 年 6 月 10 日五届全国人大常委会第二十二次会议通过的《关于加强法律解释工作的决议》，从法律解释的角度上也明确划分了这个界限。该决议指出："不属于审判和检察工作中的其他法律、法令如何具体应用的问题，由国务院及主管部门进行解释。"① 过去，有些行政法规中涉及要追究刑事责任者，往往落空，程序不完备、规定不明确是重要原因之一。今后，随着法制的健全，这个问题会得到解决。当然，最好是设立行政法院，更便于行政法规的实施。此外，对于行政法规，目前尚无成文的制定或批准的办法，应根据新宪法的有关规定，颁布行政法规制定和批准法，以资遵循。

国务院是最高国家权力机关的执行机关，因此，它所规定的行政措施，都是为着保证实施宪法、法律和决议等而采取的具体方法和手段，其中有的是以会议、面谈、电话、派员传达等方式进行的，但一般的都形成文件。

根据 1981 年 2 月 27 日国务院办公厅发布的《国家行政机关公文处理暂行办法》，公文的主要种类有：命令、令、指令、决定、决议、指示、布告、公告、通告、通知、通报、报告、请示、批复、函等。

---

① 《中华人民共和国全国人民代表大会常务委员会公报》（1981 年 1—5 月），总第 61 页。

命令、令用于发布重要法规，采取重大的强制性行政措施，任免、嘉奖和惩戒有关人员；

指令用于发布经济、科研等方面的指示性和规定性相结合的措施或者要求；

决定用于对某些问题或者重大行动做出安排；

决议用于经过会议讨论通过、要求贯彻执行的事项；

指示用于对下级机关布置工作、阐明工作的指导原则；

布告用于对人民群众公布应当遵守的事项；

公告用于向国内外宣布重大事项；

通知用于传达上级机关的指示，要求下级机关办理或者需要知道的事项，批转下级机关的公文或者转发上级机关、同级机关和不相隶属机关的公文；

通报用于表扬好人好事，批评错误，传达重要情况以及需要各机关知道的事项；

报告用于向上级机关汇报工作、反映情况；

请示用于向上级机关请求指示和批准；

批复用于答复请示的事项；

函用于机关之间互相商洽工作、询问和答复问题等。

有权发出上述公文的机关是国家各级行政机关，其中当然包括国务院，而国务院又有制定行政法规的权力，因此，就必须把行政法规与国务院发出的公文加以区分。公文与行政法规显然不同，公文可以经过一定的会议讨论通过，也可以不经过会议而直接由主办人按照有关规定和格式拟稿，送交主管领导人审核、批准，必要时，经有关机关的领导人会签后即可印制、用印、发出。行政法规则要严格按照立法程序，拟出草案，经有关领导人审核，经一定会议讨论通过，提交国务院常务会议或全体会议审议通过或批准，再由法定领导人签署发出或刊登在国务院公报上才能成立。

从上列公文的内容和性质来看，相当大的一部分，与行政法规很相似。如采取重大的强制性的行政措施的命令、令；指示性和规定性相结合的措施或要求的指令；经过会议讨论，要求贯彻执行事项的决议；等等。所以，从广义上说，上述文件，属于行政法规性的个别文件，与行政法规具有同等的约束力。但从狭义上说，它们与行政法规是有区别的，特别是公文中大量的向上级机关汇报工作、反映情况的报告，具体工作中的请示和批复以及机关之间互相商洽工作、询问和答复问题的函等，则明显属于一般公文，把行政法规和公文不仅从内容上，而且从形式上明确地区别开来，将会给一系列的工作带来很大方便。为此，应该根据新宪法，重新修订《国家行政机关公文处理暂行办法》。

四　地方国家权力机关制定的地方性法规及文件的名称

新宪法第100条规定："省、直辖市的人民代表大会和它们的常务委员会，在不同宪法、法律、行政法规相抵触的前提下，可以制定地方性法规，报全国人民代表大会常务委员会备案。"可以依照法律规定的权限，通过和发布决议（宪法第99条）。省、自治区的人民政府所在地的市和经国务院批准的较大的市的人民代表大会常务委员会，可以拟定本市需要的地方性法规草案，提请省、自治区人大常委会审议制定，并报全国人大常委会和国务院备案（地方各级人民代表大会和地方各级人民政府组织法第27条），民族自治地方的人民代表大会有权制定自治条例和单行条例，报全国人大常委会批准后生效。自治州、自治县的自治条例和单行条例，报省或者自治区的人大常委会批准后生效，并报全国人大常委会备案（宪法第116条）。上述几个方面的法规，均属地方性法规。地方性法规所用的名称是条例、自治条例、单行条例、办法、规定、规则、变通规定、施行细则等。地方性法规，不论是由省、直辖市的人民代表大会及其常务委员会制定和发布的，还是由自治区的人民代表大会及其常务委员会制定或批准发布的，其共同的任务是使国家的宪法、法律、行政法规结合当地情况和特点，在本行政区域内得到切实地贯彻执行。中国幅员辽阔，人口众多，又是一个多民族的国家，各地政治、经济、文化和其他社会生活方面的发展不平衡，地方性法规是十分必要的。但是，中国又是一个统一的、多民族的、单一制的国家，因而，地方性法规，包括民族自治地方的自治条例和单行条例，都必须与国家的宪法、法律、行政法规保持一致，这是中国社会主义法制统一原则所要求的。在法规名称上，当然也应规范化，以保持全国法律体系的完整、协调、一致。

1981年10月31日，四川省五届人大常委会第十二次会议通过《关于制订和颁布地方性法规程序的暂行规定》，对制定地方性法规的依据，地方性法规的效力范围，地方性法规的名称，地方性法规草拟、审议、通过、颁布的程序，地方性法规的解释权和执行情况的检查等问题做了规定，这对地方性法规制定工作全面、顺利地开展有积极作用。在各地已有经验的基础上，应及早颁布全国统一的地方性法规制定和批准的办法，以资遵循。

五　对法规名称规范化的几点建议

（1）关于基本法律和法律的区别问题。根据新宪法的规定，基本法律和法律只有在制定、颁布之后，才能明确加以区分，即前者是由全国人大制定的，后者是由全国人大常委会制定的。至于事前，哪些法律草案应提交全国人大审议通过，哪些法律草案应提交全国人大常委会审议通过，则不大明确，这势必给立法工作带来一定困难。建议全国人大常委会，根据宪法的有关规定，对基本法律做出解释，使基本法律和法律不仅在制定、颁布之后才能看出区别，在拟定草案、提交审议时，就能清楚哪些应提交全国人大，哪些应提交全国人大常委会，这无疑会给立法工作带来很大方便。

（2）关于条例的区别问题。在立法实践中，条例的名称用得最广泛。全国人大常委会用，国务院用，省、自治区、直辖市人大及其常务委员会也用。为了在名称上一目了然地看出它是属于法律、行政法规还是地方性法规，今后，可否这样加以规范化，即全国人大常委会制定和批准的，均称法，不再用条例的名称；国务院制定和批准的均称条例，即把条例作为行政法规的专有名称；省、直辖市人大及其常委会制定和批准的均用规定、规则、办法，不再用条例的名称；自治区人大及其常务委员会制定和批准的条例，均冠以"自治"和"单行"，以与国务院制定的条例相区别。这样，就不仅在内容上，而且在名称上把法律、行政法规和地方性法规区分开来了。

（3）关于法规名称应尽量正规、确切、简化的问题。以前用过的法规名称，有些并不是法规名称。如章程，一般为党、团组织、群众团体或不属于宪法和国家机构组织法上规定的国家机构的企业、科研、文教卫生体育等单位所用；它的制定、审议、通过等程序与法律不同，效力和实施保障等也与法律不同；为区别计，法规可否不再用这个名称。又如守则，广泛用于图书馆、学校以及群众文体活动的公共场所，也应与法规区别开来。有的法规名称可以合并，如施行细则、实施细则、施行办法、实施办法，都是一个意思，今后是否一律用施行细则为好？暂行条例、试行条例，最好一律用条例；如属临时性或试行性的，在名称后加（暂行）就行了。临时规定、试行规定、暂行规定，也用规定（暂行）就行了。方案、意见、要点、报告、汇报提纲、会议纪要等等，显然不属于法规。在这些文件里，如有从内容中引申出规范性条文并要求有关机关、单位或公民遵照执行的，最好应及时制定成相应的法规，因这类文件，一般属于立法素材，如属急需，则应由审议通过或批准的有权机关做出决议或决定，把上述文件作为附件，使之在程序、形式和内容上符合法规的要求。

（4）关于法规汇编问题。法规名称规范化后，法规汇编工作就容易进行，因为法规名称的规范化，使法规的整理、分类、统计、编目都有了明确的依据，而不致互相混淆。新中国成立以来整理出版的《中央人民政府法令汇编》（1949 年 10 月至 1954 年 9 月，5 本）和《中华人民共和国法规汇编》（1954 年 9 月至 1963 年 12 月，13 本）的编排方法，有若干可取之处。在已有经验的基础上，在法规名称规范化的情况下，今后继续整理出版法规汇编，必然会更加科学，学习、运用更加方便；反过来，通过法规汇编工作，也会进一步提高我们对法规名称规范化重要意义的认识，从而在立法工作中更加注意这一问题，这必然会对逐步建立具有中国特色的社会主义法律体系起到积极的促进作用。

为了把法规汇编编得更好，从法规名称规范化的角度，提出如下几点意见。

第一，每一本法规汇编，或半年，或一年，应先从法规等级上划分为如下四类：基本法律、法律、行政法规、地方性法规。基本法律栏内，为全国人大修改宪法，制定和修改基本法律的内容；法律栏内，为全国人大常委会对基本法律所做的部分补充和修改，制定和修改法律的内容；行政法规栏内，为国务院制定和修改行政法规的内容；地方性法规栏内，为各省、自治区、直辖市人大及其常委会制定和修改地方性法规的内容。

第二，在上述四类法规之下，再按部门法分类，如刑事、民事、国家机构、行政、财政、教育科学文化等等。过去把财政和金融分列，把农、林、水分列，把教、科、文分列，没有多大必要。应力求通过法规汇编的分类，逐步形成比较稳定的、科学的部门法的划分。

第三，法律性的个别文件，应只收编规范性文件，分别列入上述两个总的分类之后，如对刑法所做的部分补充和修改的决议，列入法律、刑法栏之后，便于检阅。至于非规范性的文件，按其性质，属于适用法律的范围，不应列入法规汇编。

第四，法规编纂应与国家机构的公报区别开来，更应与文件汇编区别开来。所以，政策性文件、非规范性的文件、一般公文、报告、领导人的讲话等，可以选登在全国人大常委会或国务院公报上，但不应编入法规汇编。全国人民代表大会每届每次会议都出版汇刊或文件集，因而大会上不属于法律或规范性文件的其他文件，也不应编入，至于统战组织、群众团体、社会组织的章程等当然也不应编入。

第五，《中华人民共和国法规汇编》出版到1963年，建议仍按年（一本或两本）继续出版，同时，采用新的编排、分类方法，补齐中缺。除总的汇编外，应按部门出专辑，如《公安法规汇编》（已出版），《刑事法规汇编》、《民事法规汇编》、《财政法规汇编》等等。这样，有关司法、执法人员可以人手一册，便于工作。对于群众了解法律，对于法律的宣传、教育工作，都会带来很大方便。

第六，全国人民代表大会每届任期5年，应于任期届满时，将本届任期5年内的法规，包括基本法律、法律、行政法规、地方性法规和规范性文件，编印出版目录索引，并发布权威性的法规分类统计数字。建议五届全国人大任期满时，首先开创性地完成本届的这一工作，同时，组织力量对新中国成立以来至五届全国人大召开以前的全国法规编印出版目录索引，发布分类统计数字。由于1963年前的两套汇编，在法规名称庞杂、繁多、混乱的情况下，编排不尽科学、合理，统计时的标准也不一致，因而，新中国成立以来究竟制定和发布了多少法规，由某个单位和个人去统计，往往其说不一。如果全国人大常委会发布一个权威的、确切的分类统计数字，这一问题便自然解决了。

第七，为了使法规名称规范化，建议全国人大常委会制定和颁布一个法规名称一览表，包括基本法律、法律、行政法规、地方性法规和法律性的个别文件的名称在内。凡属该表上列出的名称，负责草拟法规的单位可以按照自己的职权范围采用，有关机关也可据以审议通过或批准；凡属该表上未列的名称，负责草拟法规的单位不能自己发明创造，有关机关也不应予以通过或批准。同时，对不属于法规或法律性个别文件的一般公文的名称，也应由有关机关制定和发布一个一览表，这样，有利于明确区别法规和公文的界限，对法规名称规范化和建立完整的法律体系都有重要作用。

最后，应该说明，本文采用法规这个名称，作为宪法、基本法律、法律、行政法规、地方性法规和其他规范性文件的总称。在没有行政法规和地方性法规的称谓之前，用法规这个总称，各方面都没有异议，如第一届全国人民代表大会第一次会议后出版的《中华人民共和国法规汇编》，就比新中国成立初期的法令汇编贴切得多。那么，现在用法规作为总称，是否会被人理解为只包括行政法规和地方性法规而不包括基本法律和法律呢？我们认为不会。一则，法规作为总称，从1954年以来，一直沿用，人们已经习惯，今后继续出版《中华人民共和国法规汇编》，顺理成章，不会有别的理解。二则，如果不用法规作总称，那就只有用法律作总称，这样，一方面会产生上述同样的问题，即法律汇编是否不包括行政法规和地方性法规；另一方面用法律作总称，与中国多年来的习惯也不相合，所以，还是用法规作总称为宜。

简论建立具有中国特色的法学体系问题

李　放

　　为了全面开创社会主义现代化建设新局面，完成党所确定的新的历史时期的总任务，当前不仅要大力推进社会主义物质文明和精神文明的建设，继续健全社会主义民主和法制，同时还必须进一步加强法学的研究，探讨法学中需要解决的一些问题。

　　为了探讨中国法学体系问题，有必要首先对中国的法学历史和现状做一简短回顾。新中国成立后，中国法学从总的方面来说，是在马克思主义指导下建立起来的，但是由于多方面的原因，中国法学是在崎岖的道路上前进的。

　　1949 年中华人民共和国的成立，不仅结束了长期统治中国人民的剥削者政权和法律，同时也结束了发展极为缓慢的旧中国的法学，开创了我们新中国的法学。新中国成立初期，中国开展了学习和研究马克思主义法学的活动。当时中国相继建立了大批政法院系，创办了法学研究刊物，成立了法学研究机构，译述了一定数量的马克思主义经典作家的法学论著，编译了相当数量的法学研究资料，在一定程度上评介了中国古代的和外域的法学著作及其法律思想，总结了民主革命时期建立人民法制的经验，阐述了人民民主法制的指导思想，着手编写了全国通用的法学各科教学大纲以及出版了若干法学论著等等。

　　但是，如果不回避历史，从总结经验教训出发，我们必须承认此时我们并未能很好地从中国革命实际出发，我们更多地照搬了别国的经验。1956 年在生产资料所有制社会主义改造取得胜利的基础上，党召开了第八次全国代表大会，确定了社会主义建设的正确路线，在八大的正确路线方针指导下，中国法学研究工作也呈现出一派从来未有的活跃景象，有些法学工作者已经意识到创建符合中国实际的社会主义法学体系的必要，有的以建立法学新体系为名，开始探讨中国的法学体系问题。但是这一研究工作后来未能很好地进行下去。1957年随着反右派斗争运动的开展，一些有见识的老法学家和一些崭露头角的年轻的法学工作者，由于他们的主张和见解，遭到了反右斗争扩大化的厄运，被迫离开了法学研究或法学教育的队伍。反右斗争运动过后，由于"左"倾思潮的滋长，特别是在"政策就是法律"的口号下，不仅停止了一些法律的起草工作，也几乎窒息了法学的研究工作，尤其是在史无前例的"文化大革命"十年浩劫时期，法学几乎变成了徒有虚名的一个学科，当然也就谈不到建立具有中国特色的法学体系的问题了。

1976年10月粉碎江青反革命集团以来，特别是党的十一届三中全会以后，经过全党、全军和全国人民的艰苦努力，中国在指导思想上完成了拨乱反正的艰巨任务，在各条战线的实际工作中取得了拨乱反正的重大胜利，实现了历史性的伟大转变。这一伟大转变的标志之一，即在思想上坚决冲破了长期存在的教条主义和个人崇拜的严重束缚，重新确立了马克思主义的实事求是的思想路线，使各个工作领域获得了生气勃勃的创造力量。其中就社会科学领域，尤其是法学领域，在实现新时期总任务的要求下，出现了一个新的发展局面，特别值得提出的是中国法学研究和法学教育工作者，在党的正确路线指引下，在党的知识分子政策的感召下，思想上得到了进一步的解放，激发了为发展新中国法学而奋斗的积极性，研究了大量的政法工作的实际问题，撰写了若干法学论著，同时各政法院系也相继开设了一系列的法学课程。这个成绩在新中国的法学史上是前所未有的，因而也是必须特别加以肯定的。

但是，如果我们不囿于已经取得的成绩，我们就应当看到中国法学目前尚未很好地形成一个比较完整的、科学的、反映中国国情并具有中国特色的法学体系，目前还存在以下一些问题。

第一，有些学科从体系上来说基本上还没有摆脱照搬外国的模式，当然这并不是说外国的无任何可取之处，而是说它不一定适合中国的国情。以法学基础理论为例，经过近几年的探讨，就其研究对象是法而不是国家的问题基本上已趋于一致了，但是如何展开对法这个社会现象的研究，似乎还存在着一系列的问题，仅就这一学科体系来说，表面上似乎是有所突破，但实际上仍与原有的体系差不多，所不同的只是把国家部分剔除而已。当然这比过去是有所改进，这是毋庸置疑的，但所要讨论的是这个在全部法学中作为导论性的学科，或者作为基础性的学科，究竟起没起到它应有的作用呢？它所阐述的理论是否为各部门法学提供了必要的原理呢？它的基本范畴是否科学地概括和反映了法律这一特殊社会现象的本质及其规律呢？它的基本理论观点是否反映了社会主义法制创建的经验和适应进一步健全社会主义法制的要求呢？如此等等，笔者认为都有待于进一步的探讨。

第二，随着中国对外开放政策的实行，学术交流活动的开展，中国法学研究上吸取了外国的一些东西，扩大了视野，活跃了研究空气，这是非常可喜的现象。但是我们也必须看到如同科技上某些项目的盲目引进一样，在法学上也存在着盲目引进的问题。比如说近几年来对于英美的法学，我们对它的了解和研究都是应该的，但是如果我们把它们某些东西原封不动地搬来并作为一门课程或一个学科塞进了社会主义法学体系中或列入了法学教育的课程体系中，加以运用和推行，这就非常值得研究了。以国际法学为例，第二次世界大战后国际法学有了很大的发展，在理论上提出了许多新的问题，产生了许多新的分支，有的基本倾向则是维护垄断资产阶级利益或为帝国主义霸权政策进行辩护的，试问如果把这些东西不加分析不加批判地照抄过来加以应用，究竟有多少科学价值呢？它与中国的基本国策是否相容呢？

第三，由于中国的法学在分科方面不甚科学，因而造成了有些科目内容的重复。例如刑事诉讼法和民事诉讼法，当前在大学法学课程体系中是作为两门课的，但是这两门课在讲到诉讼原则部分时可以说几乎是大同小异。另如经济法和民法，由于各自研究的对象和领域并不十分明确，不仅在内容上存在着许多重复，而且还存在着许多矛盾，同样，经济法和行政法之间的关系也存在着一个科学的划分问题。

除上述这些方面的问题之外，还有学科划分过细、内容陈旧、新兴边缘学科薄弱等许多问题。

当前中国法学中存在的这些问题说明了什么呢？结论应当是很明确的，即中国的法学体系问题没有获得科学的解决，所以如何解决这一问题，如何建立具有中国特色的法学体系，是我们应该进行探讨的。

邓小平同志在党的十二大开幕词中指出："我们的现代化建设，必须从中国的实际出发，无论是革命还是建设，都要注意学习和借鉴外国经验。但是，照抄照搬别国经验、别国模式，从来不能得到成功。这方面我们有过不少教训。把马克思主义的普遍真理同中国的具体实际结合起来，走自己的道路，建设有中国特色的社会主义，这就是我们总结长期历史经验得出的基本结论。"这一结论应当是我们各项工作的指针，当然也是我们法学研究工作的指针。所谓从中国革命实际出发，就是要求我们必须认识中国的国情，研究中国的国情，反映中国的国情，这样的法学体系才会是具有中国特色的。

其次，要建立具有中国特色的法学体系还必须坚持四项基本原则。法学是一门党性非常强的科学，这门科学在中国来说必须是遵循共产党的路线、方针和政策，必须是坚持社会主义方向，必须是服务于人民民主专政，必须是以马克思主义理论为基础并运用马克思主义方法来阐述法律的各方面的问题，因此每一部门法学不管它特有的范畴和体系如何，它都必须遵循这四项基本原则。

再次，要建立科学的法学体系，必须明确法学体系和法律体系的区别。法律体系，概括来说是指由各法律部门组成的一国法律有机联系的整体，它是仅就一个国家的法律或依据法律所调整的不同社会关系而形成的各个法律部门来说的。而法学体系则是指按照法律这种社会现象的种类、范围和研究目的所做的科学分类。其中不仅包括对现行法律规范的阐述，还包括对法这种社会现象在理论上的说明以及对历史上的法律制度和法律思想的研究等等。所以，法学体系的范围远远大于法律体系的范围，它主要是从法律文化的角度来划分的。明确两者区别的意义在于，我们研究建立法学体系时，不局限于现行法律的范围，而是要从更广泛的方面来设想，有助于法学的各个方面更好地繁荣起来，从而也有助于中国的法律文化和法学教育更快地发展起来。

最后，依据前边提到的确立具有中国特色的法学体系必须遵循的指导思想和基本原则以及法学体系和法律体系的区别，是否可以将中国的法学体系分成五大部门，即理论法学、历史法学、国内法学、国际法学、应用法学？下面简要地加以说明。

（1）理论法学基本范畴是阐述关于法的一般理论和概念，法的产生、发展和变化规律，法的本质和形式，法与经济、法与政治、法与道德、法与宗教的关系，法律规范及其适用，法制问题以及法律关系、法律体系等问题，此外评介资产阶级法学流派，等等。

理论法学是全部法律科学的基础，它为部门法学提供必要的原理原则和法学概念，因此，理论法学所阐述的基本原理，对其他部门法学具有指导意义，是学习和研究部门法学的基础。

理论法学包括法理学、法哲学、法社会学、比较法学等。

（2）历史法学主要是研究历史上不同国家不同类型法律思想和法律制度的本质、内容、形式、特点及其产生、发展和灭亡的规律。

历史法学通过对法律思想和法律制度的阐述，提供法律文化知识并为我所用的统治经验，是法学中不可缺少的部分。

历史法学包括法律思想史、法律制度史、法学发展史等。

（3）国内法学，这是和国际法学相对称的，是根据中国现行法律部门所做的科学分类，它主要是研究调整一定社会关系的各种法律规范，是中国法学中的主要组成部分。

当前中国的国内法学分为宪法学、选举法学、组织法学、行政法学、刑法学、民法学、经济法学、婚姻家庭法学、程序法学等等。

（4）国际法学是中国法学中的重要组成部分，它包括国际公法学、国际私法学、国际刑法学、国际经济法学等。国际法学近年来有很大发展，出现了许多新的分支，其中有的分支逐渐地形成了一个独立的部门，如国际组织法学、空间法学、海洋法学、战争法学等等。

（5）应用法学在某种意义上是属于边缘性质的法律科学，其特点是以科学技术为法律诉讼提供依据。它包括侦查学、法医学、环境保护法学，另外犯罪心理学也可以包括在这一范围之内。

为了明晰起见，现将上述分类列举如下。

上述分类是否科学，有待于进一步探讨和研究。我们相信在马克思主义理论指导下，根据中国法学研究、法学教学和法制建设的实际情况，一个具有中国特色的社会主义法学体系一定会形成起来。

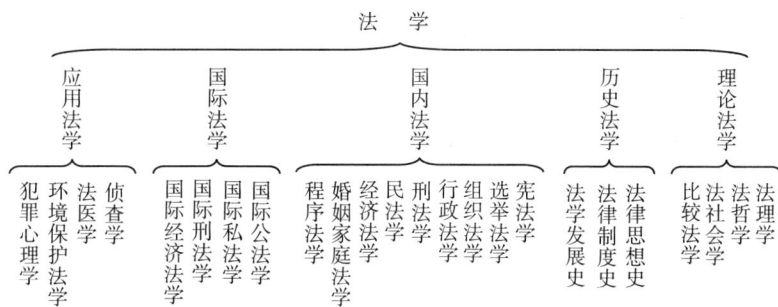

法　学

应用法学
　犯罪心理学
　环境保护法学
　法医学
　侦查学

国际法学
　国际经济法学
　国际刑法学
　国际私法学
　国际公法学

国内法学
　程序法学
　婚姻家庭法学
　经济法学
　民法学
　刑法学
　行政法学
　组织法学
　选举法学
　宪法学

历史法学
　法学发展史
　法律制度史
　法律思想史

理论法学
　比较法学
　法社会学
　法哲学
　法理学

法学体系初论

陈春龙

一　什么是法学体系

体系，指若干有关事物互相联系、互相制约而构成的一个整体。举凡世界上较复杂之事物或群体，一般都有自己的体系，并且在总体系下还可分成若干层次的分支体系。

科学是一种体系，它是人们关于自然、社会和思维的知识体系。在科学这个总的知识体系下存在着自然科学体系和社会科学体系，社会科学体系下又有文学体系、史学体系、经济学体系、政治学体系和法学体系等等之分。

法学体系，亦称法律科学体系、法学理论体系，它是在一定的法学思想和原则的指导下，由各部门法学组成的一个科学的、有机联系的统一整体。

社会科学中的不少学科都研究法，专门研究法的法学本身又分为若干部门，形成一个互相联系、互相制约的有机体系。古往今来的法学，如中国古代的法学、中国半殖民地半封建时期的法学、近现代资产阶级各种流派的法学等等，虽各有特点，情况不一，但都在各自的长期研究中形成了自己独立的体系。中国马克思主义法学主要是在中华人民共和国成立以后，在马克思主义法学原理的指导下，在中国立法、司法、守法、法制宣传、法律教育和法学研究的基础上产生和发展起来的。这个法学，从它的各个部门到它的整体，都应该有自己的鲜明特点和完整体系。认真总结中国 30 多年来法制建设和法学研究的实践经验，参考和借鉴其他法学中科学合理的因素，对当前需要解决的重大理论和实践问题进行深入的探讨，对健全社会主义法制的前景做出科学的预测，对每个学科带规律性的基本问题做出周密的论证，对法学各个学科之间的联系做出恰当的阐明，促使具有中国特色的马克思主义法学体系的形成，是摆在中国法学工作者面前的迫切任务。要建立中国自己的法学体系，首先必须分清法律体系与法学体系之间的联系和区别。

二　法律体系与法学体系

法律体系，亦称法体系、法的体系。它是以一个国家的宪法为基础，将所有现行法律分门别类而组成的一个有机的统一整体。

法律体系由各项法律、法令、条例、决议、施行细则、有权的法律解释等全部法律文件组成。这些法律文件本身形式是否完备，由这些法律文件组成的各个部门法是否门类齐全、系统完整，是建立严密的法律体系的基本因素。各种法律规范之间和谐一致，相辅相成，在同一方向上发挥作用，是建立严密的法律体系的关键所在。从中国的实际情况出发，加紧立法工作，尽快建立中国社会主义的法律体系，既是现代化建设的需要，也是发展中国法学研究、建立中国法学体系的需要。

法律体系与法学体系有着十分紧密的联系。法律体系是法学体系赖以存在的基础和前提。其主要表现有下列三方面。

（1）法学的产生依赖于法律的产生，无法律即无法学。当人类社会发展到某个很早的阶段时，社会日常经济生活产生了一种客观需要，要求把每天重复着的生产、分配和交换产品的行为用一个共同规则概括起来，设法使个人服从生产和交换的一般条件。这个规则首先表现为习惯，后来便成了法律。在社会进一步发展的进程中，对法律的需要越来越强烈，制定法律的工作也日渐具有专门性和技术性，日渐要求对法的实际方面和理论方面做出评价和探讨。因此，正如恩格斯指出的："随着立法发展为复杂和广泛的整体，出现了新的社会分工的必要性：一个职业法学者阶层形成起来了，同时也就产生了法学。"[1] 恩格斯在这里对法学产生的历史条件的

---

[1] 《马克思恩格斯选集》第 2 卷，人民出版社，1972，第 539 页。

分析，从文章的全文来看，显然是就西方法学的历史来说的。但对我们探讨其他地区法学的起源，也有指导意义。比如关于中国古代法学产生于何时的问题，目前虽有两种意见（一种认为起源于周朝①，一种认为起源于春秋战国②），但在中国法学产生于奴隶制法律之后这一点上并无不同。

（2）法学体系的建立决定于法律体系。法律体系中部门法的划分是法学体系中划分具体学科的基本依据。如有宪法即有宪法学，有刑法即有刑法学，有民法即有民法学，等等。

（3）法律体系的改变导致法学体系的改变。如第一次世界大战以前，大多数西方国家的法学体系中，并无经济法学。随着国家对经济生活的干预，随着各种经济法规的制定和经济法作为部门法在其法律体系中占有一席之地，经济法学在西方一些国家的法学体系中的地位，也就相应地被确定下来。

当然，法学体系决定于法律体系，并不是说法学体系只能消极被动地反映和服务于法律体系，它也能积极地对法律体系的健全和完善起促进作用。

法律体系由各部门法组成，部门法则由各项同类或相近的法律文件构成。以某一基本法律为主体，加上若干层次的各项法律，才构成一个比较完善的法律部门。以中国民法为例，民法至目前为止尚无一项基本法律。因此，民法作为部门法来说，其构成形式很不完善。作为部门法的民法的不完善状况，势必影响中国法学体系中民法学的发展。但是，没有基本法律并不等于没有任何民事法规。为适应社会主义条件下经济生活的需要，新中国成立以来，国家先后制定和颁布了各种形式的大量单行民事法规，这就为中国民法学的建立提供了基础。古今中外的有关民法的基本原理、规律、概念和范畴，在用马克思主义观点进行研究分析筛选之后，可以成为中国民法学的重要营养。近年来，中国经济建设和经济生活的新进展，经济体制的许多变革，经济法规的大量制定，促使中国法学界对民法学的诸多基本问题，如是否制定民法、制定什么样的民法、民法的基本原则、民法和经济法的关系等，进行了比较深入的争论和探讨，将中国民法学

---

① "据历史记载，有文字可考的，中国古代法学起源于周朝。"陈守一、张宏生主编《法学基础理论》，北京大学出版社，1980，第6页。

② "在中国，法学起源于春秋战国。"孙国华主编《法学基础理论》，法律出版社，1982，第11页。

的研究提高到一个新的水平。法学体系中民法学研究的新进展，对中国经济法和民法的制定，促使作为法律体系中部门法的民法的成熟，从理论观点到立法实践等各方面都给予了卓有成效的指导和帮助，显示了法学体系对于法律体系的积极促进作用。除民法学外，刑法学的研究对中国刑法的制定，宪法学的研究对中国宪法的完善，都起了重要作用。因此，法律体系中各部门法的完善与否，与相对应的法学学科的研究息息相关。

法学体系与法律体系尽管有以上紧密的联系，但二者又存在着显著的区别。

从上层建筑的分类讲，法律体系属于政治法律制度，法学体系则是科学，是社会意识形态的一种形式。人们在一定的经济关系的基础上形成一定的政治关系。政治关系体现在各种政治生活中，体现在政权、法制、军队、警察、法院、党派团体等全部国家机器和政治结构中，法律在其中居于重要地位。因此，法律体系是一个严肃的政治问题，它的形成、确立、发展和变化直接反映了统治阶级的意志和利益；法学体系则是学术问题，属于科学的范畴。科学，尤其是作为社会科学的法学，尽管与政治密切相关，但科学有自己发展的规律和形式，有相对的独立性。它研究和揭示事物发展的客观规律，给现实生活指出正确而科学的方向。

当前，有一种提法是："建立具有中国特色的社会主义法律体系和法学体系。"我认为，法律体系前可以冠以"社会主义"，而法学体系前则应冠以"马克思主义"。"社会主义"通常在政治制度的意义上使用。中国宪法规定："社会主义制度是中华人民共和国的根本制度。""建立具有中国特色的社会主义的"提法，也主要是从制度上讲的。因之，用"社会主义"来说明政治法律制度中的法律体系比较适宜。马克思主义是一种科学的学说，科学的主张，用它来说明同属科学范畴的法学体系，则准确、鲜明地突出了中国法学体系的属性，易于同其他各种流派的法学体系相区别。

从法律体系与法学体系的表现形式讲，某个国家在某一时期的法律体系只有一个。这是因为法律只是社会上占统治地位的阶级的意志的集中体现。统治阶级意志的专一性和排他性，决定在某一时期的法律体系只能是一个，而不能有几个；法学体系则不然。在阶级社会中，除统治阶级外，还有众多的被统治阶级。无论哪个阶级，一般又会分成若干阶层。国家法律的统一并不妨碍各个阶级、各个阶层存在各种法律观念和法律意识。属于统治阶级的法学家所设想和提出的法学体系，固然与统治阶级的意志保持一致，但由于阶层不同和观点差异，也会形成不同的法学体系，再加上非统治阶级和被统治阶级提出的法学体系，一个国家在一定时期就可能出现多种法学体系并存的局面。西方国家各种法学流派长期共存、互相争论的现象，就说明了这一点。在中国，由于客观条件限制，由于法学研究不够深入，目前尚未出现不同的法学流派。

从法律体系与法学体系内部关系上讲，宪法是根本大法，规定国家各方面的最基本、最重要的问题，是制定其他法律的依据。其他法律或法律的某一规定，如果同宪法相抵触，则破坏了整个法律体系内部的和谐一致。所以，宪法在整个法律体系中居于统帅和决定的地位。那么，依据宪法建立的宪法学是否在法学体系中也居于同样的地位呢？不然。在法学体系中，起着统帅和指导作用的是法理学（即法学基础理论）。在某一法学体系中，其他任何部门法学都必须以法理学的基本原理、原则和规律为指导，法理学的概念和范畴适用于一切部门法学，任何部门法学都不得违背法理学的精神。否则，便组成不了内部和谐统一的法学体系。

既然宪法在法律体系中居于最高地位，为什么在依据法律而建立的法学体系中，宪法学不能保持其同等地位而让位于法理学呢？从根本上说，这是由作为政治制度的法律与作为科学的法学之间的区别所决定的。政治与科学各有其规律，不能套用照搬。法理学研究各种法律和法律现象的基本的、普遍的概念、范畴、原理和规律，其他部门法学包括宪法学，都是只研究适用本部门的概念和规律。法理学的研究对象决定了它与各部门法学相比不能不居于支配地位。此种情形不只表现在法学中，在哲学、文学、史学、经济学中，也都是研究其基本理论部分的学科居于重要地位。马克思主义十分重视理论的作用，认为任何行动都必须以一定的理论作指导，认为理论一旦被群众所掌握就会变成无穷无尽的力量。马克思主义关于法律的基本原理都集中反映在社会主义法学体系的法理学之中。法理学的地位和作用，居于包括宪法学在内的各部门法学之上，是很自然的。

最后，从法律体系与法学体系包括的部门讲，由于国际法是调整国家之间相互关系的行为规范，一般不能将它作为一个法律部门列入某国的法律体系之内。但国际法学作为法学的一个部门，却应该是法学体系中的一个必备成员。

弄清了法律体系和法学体系之间的联系和区别，准确地使用概念，将为中国法学体系的建立铺平道路。

三　中国法学体系的初步设想

法学体系，从其研究对象法律"由经济基础所决定"来讲，是不能由人们随意创造的。离开以经济为基础的社会客观需要的任何法学体系，都经不起实践的检验。但是，从社会意识对于社会存在的相对独立性讲，法学体系又是人们在遵守客观规律的条件下通过长期深入的研究而形成的。

所谓建立中国马克思主义法学体系，包含下列意思：①阐明中国法学研究的对象、方法、基本原则和具体内容；②规定中国法学的分类；③阐明各部门法学之间的联系和区别。我们认为，中国法学体系的构成，应该借鉴其他法学体系的长处，但主要地还是应从中国法学研究的现状出发，充分反映中国的特点，并尽量做到简明扼要、脉络清晰、条理分明、体系完整。据此，我们设想的中国马克思主义法学体系，由三个层次，各部门法学和各种具体学科所组成。

在第一层次中，我们将整个法学综合归纳为理论法学、历史法学、应用法学和边缘法学四类。这样划分的目的，是考虑到法学门类众多，头绪纷繁，如按其基本特征分为四类，或能使眉目清楚一些。当然，由于纷繁多样的社会现象之间，有着各种错综复杂的联系，任何试图对其进行分类的做法，都不可能十全十美，无懈可击。只不过看哪一种分类法比较地接近客观实际，比较地易于为人们所接受罢了。

理论法学是法学体系中抽象性和普遍性较强的一类部门法学的总称。

历史法学是资料性和规律性较强的一类部门法学的总称。

应用法学则以针对性和实践性见长。之所以称这类部门法学为应用法学，并不是说它们没有各自的理论（如刑法学有刑法理论，经济法学有经济法理论，国际法学有国际法理论等等），而只是指这些理论同上述理论法学有所不同：它们主要是研究国内或国际的现行法律规范及其制定和执行情况。这些规范和情况，相对说来是比较具体的，同社会实践直接联系

法　学

- 理论法学
  - 法理学
  - 法哲学
  - 比较法学
- 历史法学
  - 法学史学
  - 法律思想史学
  - 法律制度史学
- 应用法学
  - 现实法学
    - 立法学
      - 宪法学
      - 组织法学
      - 选举法学
      - 行政法学
      - 经济法学
      - ……
      - 婚姻家庭法学
      - 劳动法学
      - 刑法学
      - 诉讼程序法学
      - ……
    - 司法学
      - 国家法学
      - 行政法学
      - 刑事法学
      - 民事法学
      - 婚姻法学
      - 家庭法学
      - ……
      - 经济法学
      - 财政法学
      - 环境法学
      - 福利法学
      - 宗教法学
      - ……
  - 外国法学
  - 国际法学
    - 国际公法学
    - 国际私法学
    - 国际民商法学
    - 国际经济法学
    - ……
    - 国际环境法学
    - 国际刑法学
    - ……
- 边缘法学
  - 法律教育学
  - 法律心理学
  - 法律统计学
  - 法律逻辑学
  - 法医学
  - ……
  - 司法鉴定学
  - 司法精神病学
  - 刑事侦查学
  - ……

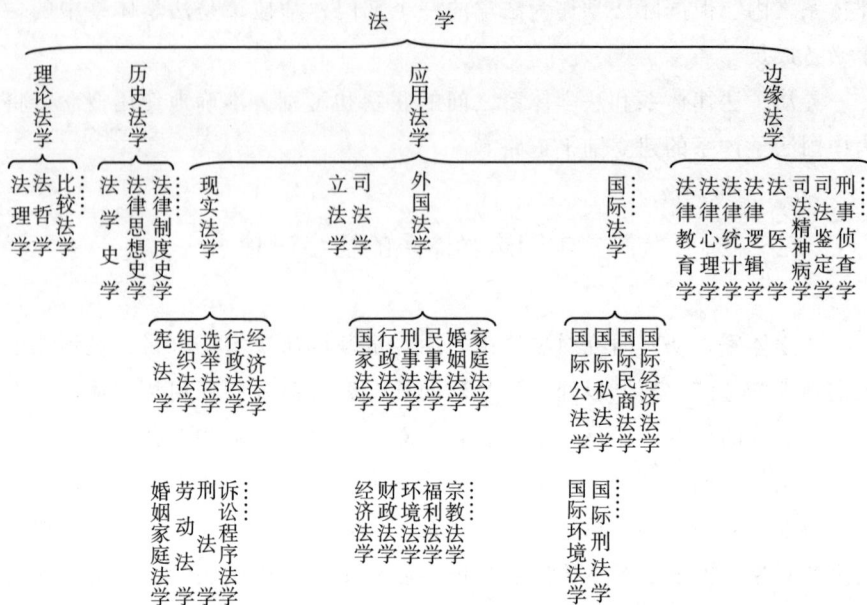

的。而理论法学则相对说来是比较抽象的，是从应用法学概括出来又用以指导应用法学的。如果有了正确的理论，只是把它空谈一阵，束之高阁，并不实行，那么，这种理论再好，也只是停留在纯理性的阶段上。虽然从科学研究的角度讲，这种基础性、理论性的研究是不可缺少的，但不用它指导实践，加以应用，其意义和作用即受局限。法学产生于法律，法律起源于社会实践。故就基本方面讲，法学是一门应用的科学。失去了应用性，法学本身也就所剩无几了。所以，在法学的所有学科中，应用法学是内容最丰富、研究最深入的一类学科。

随着科学技术的发展和人类思维的进步，人们对各种事物间相互联系的认识愈加深刻。对某一学科的研究往往突破自身局限，站在诸学科之上的高度，从整体和联系上把握事物的本质。因此，随着科学的发展，在科学研究上同时出现了高度分化和高度综合两股潮流。高度分化的潮流使得研究的对象愈来愈窄、愈来愈专，使各学科之间的分工愈来愈细、愈来愈严格；高度综合的潮流又使得各学科之间相互渗透、相互结合，注重对各学科间的联系和交界部位的研究，使边缘科学、横断科学和综合科学层出不穷。

边缘法学是法学与其他社会科学和自然科学相交接而产生的一类部门

法学的总称。边缘法学同应用法学一样，具有针对性和实践性的特征，也是一类应用法学。之所以把它从应用法学中单列出来，是考虑到它在具有针对性和实践性的同时，还具有其他应用法学所没有的边缘性、交叉性。正是这一特殊性质，使它在整个法学体系中赢得了一席之地。

总起来看，这四类法学中，前两类侧重理论性，后两类侧重实践性。

第二层次由各部门法学组成。

各部门法学中，法理学作为一门部门法学，一方面，同其他部门法学一样，有其特定的研究对象；另一方面，它与其他所有部门法学关系最密切，在各部门法学中居于主导和统帅的地位。

法哲学在这里是作为与法理学并列的一门部门法学列入法学体系之中的。传统意义上的法哲学只是法理学的别名，未真正在哲学的意义上使用，而法学领域中存在的许多问题，却有待从辩证唯物主义和历史唯物主义基本规律和范畴的角度进行阐释和论证。抛弃陈旧的、名不符实的法哲学概念，在中国法学体系中，建立和发展一门真正的法哲学，是有必要的。

长期以来，对法学史学的研究未受到应有重视。法学作为一门独立的科学，有其本身发展变化的历史。研究这种历史的法学史学，应是中国法学体系中不可缺少的组成部分。

现实法学指对一个国家全部现行法律规范的研究。外国法学指除中国现实法学之外的其他国家的现实法学。那么，为什么不将外国法学包括在现实法学之中呢？这主要是从中国目前实际情况出发的。考虑到长期以来"左"的思想对中国法学研究的影响，使我们对外国法学的基本情况缺乏了解，将外国法学单列出来，引起重视，有利于开展对外国法的研究。

第三层次是部门法学下属的具体学科。

上图只列举了现实法学、外国法学和国际法学的具体学科。这是因为，这三个部门法学下属的具体学科众多，自成系统，并不是说其他部门法学没有下属的具体学科。如法理学、法学史学、立法学和法律教育学等所有的部门法学，也都可以按照时间、国别或其他标准划分为若干具体学科。

部门法学下属具体学科的划分，对于法学教学中课程的设置，对于法学研究中课题的选择，都有指导意义。

由上述三个层次组成的中国马克思主义法学体系，分开来看，是分门别类的各个部门法学和各个具体学科，各有其不同的研究对象；合起来看，则是一个层次分明、结构完整、和谐一致的有机体系。

和谐一致，是构成任何体系的内部要素。法学体系的和谐一致，除必须重视其结构形式外，根本的还是要看组成该体系的各部门法学、各具体学科是否贯彻法理学的基本原则，看各部门法学和各具体学科本身的结构和体系是否严密完整。体系本身也是多层次的。除整个法学有自己的体系外，每一部门法学，每一具体学科都有自己的科学体系，而在各部门法学之间、各具体学科之间又存在着若干互相交叉重叠的情况。因此，各部门法学和各具体学科本身体系的和谐一致，是整个法学体系和谐一致的基础。

中国法学体系内部结构初探

王　群　　陈业精

　　法学体系实质上是指法学的内部结构，而中心的问题是法学内部各分支学科的划分。现仅就中国法学体系的内部结构提出粗略的设想。

　　古今中外的法学总是以本国的现行法律规范为研究重点，中国法学也不例外，首先应当研究现行的法律规范，这一部分可以称之为现实法学，它又包括国内部门法学和国际法学。其中国内部门法学内容最为广泛复杂，它是中国法学的主要内容。国内部门法学是中国法学体系中的一大分支，但它又自成体系。

　　国内部门法学的体系和中国法律体系原则上是一致的。因此，中国社会主义法律体系中所固有的那些属性和特征，就会在国内部门法学的体系中得到反映。中国法律体系具有的多层次结构也决定了国内部门法学体系具有多层次结构，法律体系划分出第一批基本的法的部门（如国家法部门、行政法部门、刑法部门、民法部门、家庭婚姻法部门、司法程序法部门等等），相应地就有几个基本的法学部门。几个基本的法的部门派生出第二批法的部门，相应地就有第二批法学的分支划出，比如说，国家法学可以分化出宪法学、组织法学、选举法学等。法学起着指导实践的作用，要走在立法前面，对预测中需要法律调整的社会关系，要走在前面研究。即使还没有新的法的部门被划出，也有必要对一些基本的法的部门做一些专门化和深化的研究。比如，从刑法学和犯罪学中分出专门的青少年犯罪学。

　　部门法学及其派生的分支学科虽说是法的部门和现行立法的反映和指导，但这并不意味着部门法学仅仅是对现行立法的解释学。部门法学要对该部门法律规范的规律性问题做出阐明，同时也要包括对现行立法的内容和运用做出学理解释。

和国内部门法学相对称，有国际法的部门存在。国际法的部门也应组成体系，中国法学界已经建立的国际法学分支学科有国际公法学、国际私法学、国际经济法学，随着国际交往的日益扩大和加深，国际法学的课题也就会愈来愈多。我们早已参加了宇宙空间的活动，我们也得参加制定和遵守空间秩序的法规。我们已经有了空间法的个别研究，也就应该填补空间法学的空白。外国人在中国领域内犯罪，依法适用中国的刑法，但这并不妨碍我们建立起国际刑法学来研究跨国犯罪现象。

其次，法学还应该研究法律的制定和法律的实施，立法学和法律实施学在中国法学体系中应该有一个重要的地位。法学的研究范围既不能局限在简单地分析法律资料或解释现行立法条文，也不能局限在抽象地表述法的一般规律；那样不是理论指导实践的科学，不是一门真正的科学。法学的任务还应研究法律的制定，即为什么要制定这种法或那种法，怎样制定这种那种法，也就是研究立法的思想、原则和对立法的评价，包括研究立法程序、立法技术等等问题。对于我们建立的立法学来说，应该着重研究中国的立法思想、原则和经验，研究开创新局面下需要制定、修改和废除哪些法律，研究中国立法如何更好地反映人民的意志并符合客观规律。立法学不是一门单纯技术性的科学，但立法学应该包括研究立法技术。法律规范的条文要求语言、文字确切，逻辑严谨，内容具体，假定、处理、制裁的逻辑结构明确，法律文件本身也要求规范化、系统化、严肃而相对的稳定和统一。这些都有待建立一门独立的立法学来指导。

法律制定出来必须实行，否则，再好的法律也是一纸空文，所以中国的法学研究还应有一定的比重专门研究法律的实施。独立的法律实施学不仅包括司法制度、法律的执行，而且还要包括法律的遵守、法制宣传、法制教育和实施后的社会效果，等等。

在中国法律的实施中，司法行政管理没有给予应有的重视。就拿司法行政机构说，机构的归属问题，以及审判机关、检察机关的关系问题，总是不太稳定。一个 10 亿多人口的国家要以法治国，司法行政机关绝不能是可有可无或任意撤并的。我们有革命根据地时期的司法行政管理的经验，新中国成立后又有许多宝贵的经验，应该总结上升到理论，建立中国的司法行政管理学。

劳教、劳改、监狱管理学也是一门学问。资产阶级国家有所谓"狱政学"。我们国家有根据马列主义毛泽东思想提出的一整套打击犯罪、改造犯罪，化消极因素为积极因素，使对抗性矛盾转化为非对抗性矛盾，把旧人改造成为新人的光辉理论，我们有劳动改造与思想改造相结合的措施，我们就应该有最科学的劳动教养、劳动改造和监狱管理的学科。

中国法学的第三大部分是理论法学。

法学不仅要研究法律规范本身，不仅要研究法律规范的制定和实施，还要研究作为法律现象的独特规律，研究法的产生、发展和消亡的一般规律，研究法的概念、本质、形式、作用、任务和使命等等问题，这一部分通常称之为理论法学。

称它为理论法学并不是说现实法学不是理论或没有理论。理论法学研究法的现象的总的一般规律，现实法学研究各部门法的现象的独自特殊规律。现实法学研究的对象和内容相对来说比较具体，而理论法学研究的对象相对来说比较抽象。理论法学从现实法学的各部门法学中概括出来，同时又用来指导现实法学。

各门科学都有自己的基础理论，世界各国都有阐述法的现象的基本原理的学科，名称不一。苏联叫国家与法的理论，有的叫法学总论、法学导论，我们叫法学基础理论。法学基础理论已被法学界所公认为合适的学科名称。但是法学基础理论是法的基本原理、基础知识，或者说是打开法学大门的钥匙。如果说它是法学体系中理论法学的一个分支学科，它也仅仅研究法的现象一般规律的初级形态。作为法学体系中理论法学的一个分支，专门研究法的现象的一般规律的学科，应该还有它的高级层次。

西方国家有所谓"法哲学"，原是剥削阶级法学家和哲学家用唯心主义的哲学观点和形而上学的方法论，来抽象地研究法的现象，研究法的概念、性质、任务、作用、形式、特征等等问题的，其中法和道德、法和正义讲得特别多，哲学术语用得也比较多，法律思想涉及得比较多，成为特殊哲学范畴的一支，既玄又杂。日本法学家穗积陈重认为"法哲学"的名称，形而上学味道太重，改称"法理学"，但其哲学基础、方法论以及研究对象和"法哲学"差不多，不过能比较具体地分析实在法现象的各个问题。西方的"法理学"和"法哲学"是同义词，但不管怎样，它是作为他们的法学体系中的、专门研究法的现象一般规律的一个分支学科的高级层次出现的。我们认为，针对唯心主义形而上学的"法哲学"，建立一门马克思主义的法理学，或者叫马克思主义法学原理，无论在深度上和广度上都和传统的法学基础理论有所差别，看来是可取的。这门学科的研究对象大致包括：马克思主义法学思想的形成和发展，马克思主义关于法和法律现象的基本原理，对剥削阶级法学思想的批判。

法学界有人把注释法学和比较法学列为理论法学中的分支学科。中外古今都有法律的解释学，我们的法学当然需要对现行立法和其他实在法进行解释或注释，但是，对现行立法的解释应该包括在现实部门法学之中，对其他实在法的解释应当包括在外国法研究或法律史学之中。毛泽东同志在《矛盾论》一文中写道："科学研究的区分，就是根据科学对象所具有的特殊的矛盾性。因此，对于某一现象的领域所特有的某一种矛盾的研究，就构成某一门科学的对象。"① 法学体系中的分支学科的划分是以其特定的研究对象来确定的，法学分支学科不能以法学的研究方法作为划分标准，所以，没有确定的对象，无论是对法律规范的文字和逻辑的注释，或者对现行法律规范内容的分析，都不能成为法学体系中的一个分支学科。

同样，"比较"原是一切科学上应用的研究方法。法学上应用比较的方法由来已久，到了资产阶级社会，有人专门用比较方法去研究法律，甚至形成一种学派。资产阶级的比较法学派的兴起，是有其特定的历史背景的。后来西方资产阶级法学界学者广泛采用比较的方法，是为了扩大自己的眼界，于是就有所谓比较法律学、比较法律哲学、比较宪法学、比较民法学、比较刑法学的产生，各自成为一门学科，成为他们的法学体系中的分支学科。但是，单纯的比较方法在法学研究上是没有出路的，离开了世界观、哲学观点，离开了阶级立场，都不能从方法上为法学研究找出路。马克思主义法学不排斥在马克思主义哲学指导下采用比较的方法，但不必把西方的比较法学搬过来，因没有以研究方法为标准划出的学科的位子。在法律史学中、现实法学中、理论法学中都可以采用一点比较的方法。

各部门的法，不仅外国有，我们现在有，历史上也有，所以法学还应研究中外法律现象的演变历史。任何法律制度都与一定的社会中占统治地

---

① 《毛泽东选集》（合订一卷本），人民出版社，1967，第284页。

位的法律思想有不可分割的联系，所以，一定社会的法律思想，也是法学的重要研究对象，这一部分就是通常所称的历史法学。

法律思想本身就是理论，法律思想史也可以属于理论法学。

随着现代科学技术的飞速发展，立法范围的扩大，法学不仅和各门社会科学的关系越来越密切，和自然科学的关系也愈来愈密切了。综合法学和其他科学研究成果的学科称为边缘学科，一部分是否可以进入法学体系，在法学体系中的地位如何，都有待两门科学的工作者探讨研究。

建立中国社会主义法学体系刍议

谷安梁

在中国法学领域实行改革，建立具有中国特色的社会主义法学，是中国新时期总任务和法制建设的客观要求。目前，法学界进行的关于法律体系和法学体系问题的讨论，可以说是在改革的道路上迈出的可喜的一步。

法学是以法律现象为研究对象的一门社会科学，而"法学体系"问题则是法学研究中的一个基本范畴。"法学体系"研究的是法学学科的分类问题，它是指由各门法学学科构成的有机联系的整体。

由于法学内部的各门学科研究的问题是互相分工、互相配合、有机联系的，所以才能称之为一个体系。因为整个法学体系与具体学科之间是整体与部分的关系，所以，正确地解决中国法学体系改革的问题，亦即明确应当建立哪些必要的法学学科以及各门法学学科如何分工与配合，如何积极有效地为中国社会主义现代化建设和社会主义法制建设服务的问题，它首先直接关系到中国各门法学学科的设置、内容以及学科内部体系的改革问题。

其次，法学体系的改革，还直接关系到法律体系的改革。法学体系与法律体系是不同的范畴，它们互相区别，但又有密切的联系。法律体系（或叫微观法的体系）是指一个国家的现行法律部门的有机联系的整体。它涉及的是关于法律部门划分的问题，有的同志主张叫它"法律系统工程体系"。任何国家只能有一个法律体系，即统治阶级的法律体系，却可能存在不同阶级的法学或法律思想体系。然而统治阶级的法学体系与现行的法律体系在总体上必然是一致的。中国社会主义法学体系一方面必须同中国法律体系的实际情况相适应并随之变化；另外，法学体系的发展变化又对法律体系的发展起推动作用。这是因为统治阶级的法学是为本阶级的整个法制建设（包括立法、执法、守法）服务的。所以，法学的任务并不限于对现行法律的解释，它还要从不同的方面为本阶级的法制的任务提供尽可能广泛的知识。包括历史的、现实的、理论的和实践的以及本国的和外国的。这样，中国法学体系的改革就必然反过来对法律体系的改革、发展和完善发生重要的影响。例如，它可以提出法律体系存在什么缺口等。

再次，法学体系问题对法学教育的课程设置有重大关系。虽然，法学学科体系与法学课程体系不一定是相同的。有时几门学科可以合并为一门课程。例如，国家法学可以合并宪法学、选举法学和国家机关组织法学为一门课程。有时一门学科也可以分别由几门课程来讲授。如理论法学，可以分为马克思主义法理学、西方法律哲学、苏联国家与法的理论。但是，法学课程的设置终究是以法学体系的划分为基础的。假定说，在中国法学体系中把法律社会学作为一门独立的学科了，那么在法学教育中就势必要考虑是否应设置这样一门课程的问题。此外，各门法学学科研究的对象有了科学的划分，也就为法学课程的分工提供了依据，就可以避免各门课程内容上的互相重复。

由上可见，研究与解决中国法学体系改革的问题，不论对整个法学的发展，对中国法律体系的完善，对整个法制建设，还是对法学教育事业都有重要的意义。

一　中国法学体系改革的必要性

首先是中国法学的现状提出了改革的要求。中国的法学，应当说有老解放区法学研究和解放区司法工作经验的基础，但主要的是新中国成立以后以苏联过去的法学为样板建立起来的。当时，我们对西方资产阶级法学基本上是采取了简单否定的态度，并且也否定了政治学和社会学，把国家问题包括在法学的研究对象之中。从 20 世纪 50 年代后期起，由于"左"倾错误的影响，中国法学研究长期处于停滞状态。党的十一届三中全会之后，随着中国社会主义民主的发扬和社会主义法制的加强，中国法学理论的教学与研究出现了前所未有的大好形势。法学界讨论了许多重要的理论问题，研究的领域日益深入和扩展，编写与出版了不少急需的法学教材、书刊和资料等等。对中国法制建设起了很好的作用。这一段时间里，我们在法学研究中开始重视了对西方资产阶级法学和中国历史上法学遗产的研究。应当说，我们已经开始打破过去法学的框框，在改革的道路上迈出了第一步。例如在许多教材中已经把国家问题划分出去，提出了新的法学体系，法学界还进行了法学研究的对象以及经济法在法学体系中的地位等问题的讨论。但是，我认为从总体上来看，仍然没有突破老的框框。可以说基本上还是20世纪50年代到60年代的体系。

从客观的要求来看，中国的经济、政治形势已经发生了根本变化。现在，剥削阶级作为阶级已经不再存在了，99%以上的人口属于人民的范畴。经济建设已成为国家的中心任务。虽然阶级斗争在一定范围内还将长期存在，人民民主专政除了有在人民内部实行民主的一面，还有全体人民对于人民的敌人实行专政的一面。我们的实际工作部门中有不少同志的思想还跟不上客观形势的变化，习惯于老一套的做法，不善于正确处理人民内部矛盾，以至把本来用民主的方法可以很容易解决的问题激化成为对抗。总之，中国的客观形势已经变化，我们的法学为了适应新形势的要求，必须进行改革。

二　改革的方针

我认为，中国法学改革的方针应当是坚持马列主义毛泽东思想的基本原理，从中国的实际出发，建立具有中国特色的、能够有效地为中国的社会主义建设事业服务的社会主义法学体系。主要的就是两条。

（1）必须是具有中国特色的。我认为，所谓具有中国特色的法学体系，就是从中国的实际出发适合中国的社会主义建设需要的法学体系。彭真同志在中国法学会成立大会上说："什么是联系实际？就是从中国的实际情况出发，总结自己的经验教训，找出中国自己社会的发展规律。"所谓中国的实际，可以从两个方面来说：一个是历史的实际，一个是现实的社会实际。

从历史实际来看，中国的法学有丰富的遗产可以继承。法的学说在中国有着悠久的历史。被称为中华法系的中国古代法律体系同西方法系比较有自己独具的特点，我们应当认真、全面地加以研究，从中吸取对中国社会主义建设和法学发展有益的借鉴。

现实的社会实际对于法学来说，首先要强调的就是社会主义现代化建设是中国新时期的中心任务；其次要强调的是阶级关系已经变化，人民内部矛盾已经成为主要矛盾。因此，中国法学体系的建立必须反映上述客观实际的要求。为此，在各个部门法学中必须突出如何保障四化的问题。四化建设只能依赖人民群众积极性的发挥。这就要不断地健全和发展高度的社会主义民主。因此，法学为四化服务就必须把社会主义民主的法律化、制度化问题作为一个突出的问题。在这方面是大有文章可做的。此外，进行四化建设必须有一个良好的社会环境，因此加强社会治安，进行综合治理的问题也应在中国法学体系中占有重要的地位。

总之，要建立具有中国特色的社会主义法学体系，必须从中国的实际出发，才能够更好地为中国的社会主义建设事业服务。

（2）必须是社会主义的法学体系。中国的法学必须坚持马列主义毛泽东思想的基本原理。这是改革的根本原则问题，是绝不能动摇的。我们必须肯定，马列主义法学的创立是法学发展史上的根本变革。它既吸收了历史上的优秀法学文化遗产，又同一切剥削阶级法学有根本的区别。马克思主义当然不是僵死不变的教条，一百多年来它同世界各国革命的具体实践相结合而不断丰富和发展。我们要发展、要创新，就是要把马列主义的基本原理运用到中国社会主义现代化建设的具体实践中来，不断研究新时期的新情况、新问题，做出新的理论概括。为了这个目的，我们也很需要认真地研究资产阶级的法学。因此，外国法学在中国法学中应占有一定的位置，要加以重视。当然，这不等于可以把他们法学中的那些貌似真理的东西简单地拿过来。

三　关于中国法学体系的设想

在谈到中国法学体系的具体方案之前，首先需要谈谈划分的方法问题。我们知道，对于法律现象人们完全可以从不同的角度、以不同的方法进行研究。中外法学家历来就有各种不同的划分方法。由于研究的方法不同，也就必然产生不同的分类。目前，中国有的教科书中提出，从横的方面对法进行分类，可分为国内法的各种部门法学和国际法的各种部门法学；从纵的方面对法进行分类，可分为立法学、注释法学和法律社会学；

从马克思主义的认识论的角度来划分，可分为理论法学和应用法学等等。一般地说，以不同的方法进行划分，就会产生不同的法学体系。但是，也不排除综合不同的分类方法而建立一个具有有机联系的统一的法学体系。我认为，我们一方面要承认，在理论研究上由于目的和要求不同，完全可以采取不同的方法，以不同的标准对法律现象进行分类，从而可以同时存在不同的法学学科体系。另一方面，中国四化建设和法制建设的客观形势，迫切需要我们尽快建立起一个统一的法学体系。为此，我认为我们可以综合纵的方法和横的方法，从中国四化建设的客观要求和中国法律体系的实际情况出发，建立起统一的具有中国特色的社会主义法学体系。这将有利于法学各个学科的协调发展。采取不同的方法为什么能统一起来呢？这是因为研究的对象本身是统一的。我们可以从交叉中提出一个比较合理的方案。我同意法学界有些同志的部分意见，目前中国应当建立的法学学科可分为以下六大类：

（1）理论法学。包括：①马克思主义法理学（将法学基础理论改为法理学）；②苏联国家与法的理论；③西方法律思想史（或西方法律哲学）；④中国法律思想史（或中国法律哲学）。

（2）部门法学。包括：①国家法学：中华人民共和国宪法学、外国宪法学、国家机关组织法学、选举法学、国籍法学；②行政法学和行政程序法学（下设若干分支学科）；③国民经济管理法学（或经济法学）（下设若干分支学科）；④文教科技法学（下设若干分支学科）；⑤劳动法和社会福利法学（下设若干分支学科）；⑥自然资源保护法和环境保护法学（下设若干分支学科）；⑦刑法学和劳动改造法学；⑧民法学；⑨婚姻家庭法学；⑩刑事诉讼法学；⑪民事诉讼法学；⑫军事法学。

以上各个部门法学还均应设立相应的比较法学。

（3）历史法学。包括：①中国法制史；②外国法制史。

（4）应用法学。包括：①立法学；②法律解释学；③法律社会学。

（5）国际法学。包括：①国际公法学；②国际私法学；③国际经济法学。

（6）法学边缘学科。包括：①刑事侦查学；②法医学；③司法精神病学；④犯罪心理学；⑤法律统计学；⑥法律教育学。

最后应说明，上述的中国社会主义法学体系绝不是一成不变的。它的内容必将随着中国法制建设的发展变化而不断增减。

关于建立中国马克思主义法学体系问题

王勇飞

法律体系和法学体系问题，是马克思主义法学理论中的重要问题。研究它，具有很重要的现实意义。彭真同志在中国法学会成立大会上的讲话中提出，法学要"有自己独立的体系"，中国"要有自己的法的体系"。因此，建立具有中国特色的社会主义法律体系和马克思主义原理与中国实际相结合的法学体系，是我们法律工作者和法学工作者的一项重要任务。

一

法律体系，亦称法的体系①，是指由一国现行法律规范构成的各法律部门的有机统一体。我们知道，任何一国的现行法律规范，都是建立在同一经济基础之上，反映着同一阶级的意志，遵循着相同的指导原则的。由它们按所调整的社会关系以及调整方法，分门别类地构成的各法律部门，是相互联系、相互协调的，具有统一性，是一个有机的整体。同时，我们也知道，一国现行法律规范所调整社会关系的性质、内容以及调整的方法，又是各种各样的。这种不同，又把法律分成许多部门，即法律部门。所谓法律部门，概括地说，就是调整同一类社会关系的现行法律规范的总和。每个法律部门，由于它的调整对象的不同，都具有自己的特点。因

---

① 我认为称法律体系更确切恰当些，因为它是在对一国现行法律规范进行系统的、有秩序的分类、排列、组合基础上形成的。但是，称法律体系，也有不足之处，容易把它误解成规范性法律文件的体系。

此，法律体系不仅表现着现行法律规范的统一性，同时也体现着它的分类和划分为许多部门。也就是说，不能把法律体系仅仅说成是法律规范的有机统一整体①，而应明确它是由各法律部门组成的有机整体。只有明确这一点，才能正确地确定每个法律部门在整体法律体系中的地位和作用，才能科学地弄清各法律部门之间的界限及联系，才有助于建立中国的社会主义法律体系。

法律部门的划分，不是由法学家或立法机关任意决定的，而是由需要进行法律调整的社会关系的多样性客观地决定的，它受社会经济和文化发展的制约。法律部门是法学上一个比较简单的问题，要避免把它复杂化。中国社会主义法律体系，由哪些法律部门构成，即在中国宜建立哪些法律部门，是一个尚待深入研究的问题。研究这个问题，一定要坚持理论联系实际的原则，从中国的基本国情出发，为完善现行的法律、法律制度和健全社会主义法制服务。不根据中国客观实际情况，不考虑中国社会经济、政治、文化发展的现状，主观随意地设置法律部门，认为法律部门越多（可以多达几十个、上百个），法制就越完备，这种主张是不对的。杨秀峰同志说得好："脱离实际的法学研究是不会有生命力的，是对于建设社会主义现代化强国不但无益，而且有害的。"② 据此，我认为在研究中国法律部门的建立和划分问题时，有三点应该明确：①法律体系归根结底是由社会关系决定的。在社会主义时期，社会关系是不断发展变化的。社会关系的发展，特别是社会经济关系的发展，必将引起法律体系的变化，即新的法律制度、法律部门产生，原有的法律制度、法律部门改变其内容，甚至衰亡。②法律部门的确立和划分，必须认真总结中国法制建设的经验，分析和研究中国已有的法律规范，在此基础上，以新宪法为主导和法律依据，使其不断完善、发展。③我们所建立的法律部门，必须符合中国实际，具有中国的特色，适应中国社会主义经济、政治、文化发展的要求和状况。

根据上述意见，在中国现阶段，应分下列法律部门：宪法、行政法、刑法、民法、自然资源和环境保护法、经济法、婚姻家庭法、社会保障

---

① 参见中国人民大学国家与法律理论教研室编《国家与法的理论》第 3 册，1979，第 118 页。

② 杨秀峰：《在中国法学会成立大会上的讲话》。

法、刑事诉讼法、民事诉讼法、军事法。

这些法律部门的划分，有的大家认识比较一致，不必赘述。我想就三个问题，谈点看法。

（1）宪法。宪法是一个国家最主要的法律部门，因为它调整的是社会政治、经济生活及其他社会生活中的主要关系。有人认为它不是一个法律部门，是不对的。但不能称它为部门法。宪法本身是一个法律部门，同时它又是建立和划分其他具体法律部门的根本依据。中国新宪法的制定和实施，为建立中国社会主义法律体系进一步奠定了法律基础。

（2）经济法与自然资源和环境保护法。经济法是调整社会经济关系的一个法律部门。但不是所有调整社会经济关系的法律规范都归属于它。这一点认识比较一致，无疑也是正确的。民法和经济法一样，也是调整社会经济关系的一个法律部门。二者调整的对象如何区分，调整的范围如何划分，法学界多有论述，本文不想述及。这里，我想谈一个问题，就是：围绕经济法问题的争论，不仅与经济法概念不清有关，更重要的还与对经济这一概念的理解不同有关。经济这一术语，有狭义和广义两种理解。从狭义说，一般仅指经济基础，即社会生产关系诸方面的总和，有时也仅指生产力，即社会的物质基础和劳动过程。从广义上说，它不仅指经济基础，而且包括生产力，包括生产力和生产关系中成熟了的新需要和新倾向的统一和相互作用。也就是说，广义上的经济，既反映人和自然界全部关系的总和，又反映人们在生产、交换、分配诸方面的全部关系的总和。在研究中国法律部门划分时，我主张从对经济的狭义理解出发，来说明经济法。在经济法中，不应该包括调整自然资源的利用和保护、环境保护等方面关系的法律规范。自然资源和环境保护法，应是一个独立的法律部门。随着人类的进步，社会生产力（包括科学技术）的发展，人们认识和改造自然的能力日益增强。与此相联系，对自然环境的污染，也就成为影响人类生存和发展的严重问题。这就需要用法律调整因利用、保护自然资源，防止环境污染而产生的人与人之间的关系。调整这种社会关系的现行法律规范的总和，就是自然资源和环境保护法。这里需要着重说明两点：①自然资源和环境保护法，调整的不是人与自然界的关系，而是人们由于利用和保护自然资源、保护社会自然环境而形成的人与人之间的关系。这种关系，无疑是一种社会关系。②由于利用和保护自然资源、保护社会自然环境而形成的人与人之间的关系，有经济关系，但不完全是经济关系，特别是在对自然资源的保护、自然环境的保护方面，有许多不是经济关系，而是人身关系或与经济有联系的人身关系。因此，调整这种关系的法律规范，不应属于经济法的范畴，不论从调整的对象上看，还是从调整的方法上说，自然资源和环境保护法，都应是一个独立的法律部门。

（3）社会保障法。社会保障法是调整社会劳动（含就业问题）、社会福利（含社会救济）、少年保护等方面社会关系的现行法律规范的总和。我们知道，现阶段中国社会的主要矛盾是人民日益增长的物质文化需要同落后的社会生产力之间的矛盾。不断满足人民日益增长的物质文化需要是社会主义生产和建设的根本目的。它决定了中国社会主义政治、经济发展的方向。同时，也决定了社会主义法制建设的方向。为适应社会主义政治、经济发展的需要，加强社会保障立法，是十分必要的。这对促进社会主义物质文明和精神文明建设，也将起着重要作用。同时，重视社会保障立法，也是世界上不少国家法律发展的一种趋势。我认为，社会保障法应当成为中国一个独立的法律部门，借以完善中国的社会主义法律体系。

二

法学是一门独立的、重要的社会科学，应当有自己的体系。我们的法学，如果一定要标明它的性质的话，不应称为社会主义法学，而应称为马克思主义法学。我们要建立的法学体系，应是具有中国特点的马克思主义法学体系。

法学体系和法律体系，不是一个概念的不同叫法，而是两个根本不同的概念。但二者是有联系的。法律体系和法学体系的关系，是法和法学相互关系的重要组成部分。法学是一门实践性很强的科学。它以研究本国现行法为主要内容。法律体系是由现行法律规范构成的法律部门组成的。因此，一国的法律体系，与建立该国的法学体系，直接相关。法律体系对于确立法学体系具有决定性意义。一般说来，法律体系是建立法学体系的重要依据，一国法学体系的内容和范围，只有在这个国家的法律体系建立以后，才能得到完满的解决。而法学体系的确立和法学分支学科的科学划分，又对法律体系的形成、完善和发展，起着重要的理论指导作用。

　　法学体系和法律体系，是法学上两个不同的概念，不能混为一谈，这一点，法学界认识一致，也比较明确。但究竟区别在哪里，还有不同看法。法学研究的对象是什么？目前法学界具体表述不一。我认为法学是研究社会的法和法律现象及其发展规律的科学。法学所研究的对象非常复杂，内容丰富多样，范围也很广泛。因而，法学本身又分为许多学科，可称为法学的分支学科。每个分支学科又有自己具体的研究对象和范围。由法学这些分支学科组成的有机统一体，就叫法学体系。中国的法学体系，应由下列法学分支学科构成。

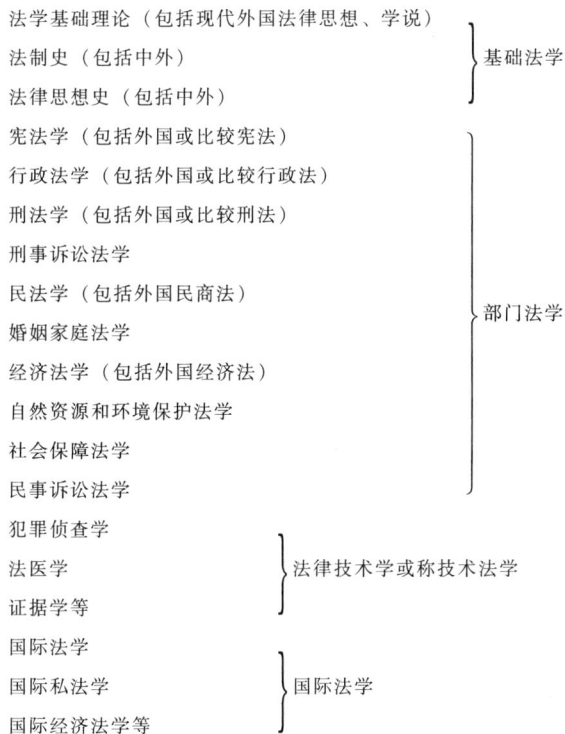

法学基础理论（包括现代外国法律思想、学说）　⎫
法制史（包括中外）　　　　　　　　　　　　　⎬　基础法学
法律思想史（包括中外）　　　　　　　　　　　⎭

宪法学（包括外国或比较宪法）　　　⎫
行政法学（包括外国或比较行政法）　｜
刑法学（包括外国或比较刑法）　　　｜
刑事诉讼法学　　　　　　　　　　　｜
民法学（包括外国民商法）　　　　　｜
婚姻家庭法学　　　　　　　　　　　⎬　部门法学
经济法学（包括外国经济法）　　　　｜
自然资源和环境保护法学　　　　　　｜
社会保障法学　　　　　　　　　　　｜
民事诉讼法学　　　　　　　　　　　⎭

犯罪侦查学　　⎫
法医学　　　　⎬　法律技术学或称技术法学
证据学等　　　⎭

国际法学　　　　⎫
国际私法学　　　⎬　国际法学
国际经济法学等　⎭

　　下边，我想谈谈所谓比较法学的问题。根据中国现有的材料看，所谓"比较法学"，主要是指对世界各国现行法律规范、法律制度的比较研究。如果对各国历史上的法律规范、法律制度进行研究，一般列入外国法制史。法律思想、理论，也不宜用比较的方法加以研究。对世界各国现行法进行比较研究，是必要的，借此可以汲取外国有益的经验，以利于中国的社会主义法制建设。这种研究，应根据研究的对象和内容，分属于宪法和部门法学诸学科。"比较法学"作为比较宪法、比较行政法、比较刑法等学科的总称，可以使用，但它在中国不宜作为马克思主义法学体系的一个独立学科。

关于建立具有中国特色的马克思主义法学体系的探讨

茅彭年

进一步探讨马克思主义的法学体系，可以从许多不同的角度出发，笔者试从纵的方面和横的方面来对马克思主义法学体系进行探讨。

从纵的方面讲，中国的法学起源于西周，繁荣于春秋战国。在唐代以前已经形成了中华法系。中国是世界上著名的文明古国，有将近四千年的有文字记载的历史。从古代的历史文献来看，西周已经是政治、法律制度相当完备的奴隶制国家，已经有了有文字可查的法典。《尚书·吕刑》就是一部以刑事诉讼法为主体的西周法典。正像恩格斯所说的："随着立法发展为复杂和广泛的整体，出现了新的社会分工的必要性：一个职业法学者阶层形成起来了，同时也就产生了法学。"① 恩格斯这段论述，显然是针对西欧古代法学产生的历史而言的，但对探讨中国古代法学的起源，同样有着指导意义。中国法学起源于西周，因此中国古代法学的繁荣得到了适宜的土壤，春秋战国时期便能涌现出管仲、子产、李悝、吴起、申不害、商鞅、韩非等大批的法家人物，产生了内容丰富的法学著作，并跻身于春秋战国时期"百家争鸣"的行列之中。

中华法系的形成是经历过孕育、躁动、诞生等漫长的过程的。当然法系并不是自封的，中华法系也是一样，它早在汉代就已经被邻邦国家所重视，到了唐代它的影响已经波及东邻日本、高丽及东南亚许多国家。特别是《永徽律》（亦称《唐律》）颁布以后，流传广泛，波泽深远，使中华

---

① 《马克思恩格斯选集》第 2 卷，人民出版社，1972，第 539 页。

法系被公认为世界的五大法系①之一。

关于中国古代法学与中华法系的关系，我认为中国古代法学也和中国古代的法律，诸如《法经》、《秦律》、《汉律》、《唐律》、《大清律》一样，都是从属于中华法系的。我们研究中华法系，研究历史上的法学和法律，并不是为了照抄照搬，而是要"古为今用"，也叫做"弃其糟粕，取其精华"，对糟粕、毒素要抛弃、要批判，对中国社会主义有益的东西就吸收。

从横的方面讲，中国的法学体系除了要从理论上阐明法学与哲学、法学与政治学、法学与经济学、法学与社会学、法学与历史学、法学与伦理学等学科的外部区别与联系以外，主要地还是要科学地解决法学体系内部的分类问题。解决这个问题在当前是具有重要的理论意义和迫切的实践意义的。

中国法学界对法学体系内部的分类有着不同的看法，有的同志提出"五大类论"，即理论法学、历史法学、国内法学、国际法学和应用法学。有的同志提出"三层次论"，即第一层次将整个法学综合归纳为理论法学、历史法学、应用法学和边缘法学四类；第二层次由各部门法学组成；第三层次是部门法学下属的具体学科。有的同志提出"六大类论"，即理论法学、部门法学、法律史学、立法学、国际法学和法学边缘学科。上述几种分类，都有各自的理论根据，对中国马克思主义法学体系的建立提出了有益的设想，这是应该肯定的。然而，仍有不足之处，这就是在法学体系的内部分类中都忽视了比较法学。既然我们认为法学的产生依赖于法律的产生，法学体系的建立决定于法律体系。法律体系中部门法的划分是法学体系中划分具体学科的基本依据，那么，根据中国的具体情况，要健全社会主义法制，完备基本的部门法，加强立法工作乃是极其重要的一环。当前，在中国的社会主义法律体系中还缺少民法、行政法、行政诉讼法等基本部门法，根据四个现代化建设的需要，还亟须制订大量的经济法规、劳动法规等，开展比较法学的研究，加强比较法学的研究队伍，早出成果，这对于中国的立法工作是具有重要意义的，能使法学更好地为经济基础服务。彭真同志说："法学是什么？是上层建筑。它是由经济基础决定的，又要反过来为经济基础服务。"

---

① 五大法系：中华法系、大陆法系、印度法系、阿拉伯法系和英美法系。

比较法学作为一个独立的法学部类，这个客观事实早为国内外法学界所公认。问题在于新中国成立以后，中国法学界由于种种原因，没有充分开展比较法学的研究，基础薄弱，基本研究队伍尚未形成。这就更加需要我们提高对比较法学的认识，不能老是停留在把比较法学当做理论法学的一部分，或者把它看做"仅仅是方法"。我们应该把比较法学列入马克思主义法学体系的一项部类，这无论从理论上还是在实践中都有着重要的意义。因此，中国的马克思主义法学体系应该分为理论法学、法制史学、部门法学、国际法学和比较法学五类。

邓小平同志在党的十二大开幕词中指出："我们的现代化建设，必须从中国的实际出发。""把马克思主义的普遍真理同中国的具体实际结合起来，走自己的道路，建设有中国特色的社会主义，这就是我们总结长期历史经验得出的基本结论。"中国的马克思主义法学体系也同样要具有中国的特色。这种特色，主要地体现在以下两点。

（1）把马克思主义的普遍真理同中国的具体实际结合起来。中国的法学是马克思主义的法学，是以马克思主义的辩证唯物论和历史唯物论作为理论基础和指导思想的。马克思主义告诉我们：法律是阶级社会中，阶级矛盾不可调和的产物和表现，是随着阶级斗争的需要而产生的。马克思主义法学的特点，就在于公开揭示这门科学的阶级性。也正因为如此，从而划清了马克思主义法学与资产阶级法学的根本界限。中国的马克思主义法学只有在马克思主义理论的指导下，坚持马克思主义的世界观和方法论，在研究法律这一社会现象与社会各种现象的复杂关系中，才能找出它们之间本质的必然联系，找出规律性的东西来。要做到这一点，我们必须认真地学习马克思主义的经典著作中关于法学方面的论述。在学习中绝不能采取教条主义的态度，教条主义不顾客观的历史条件和具体情况，生搬硬套马克思主义经典著作中的词句，结果往往是把事情搞糟，也不能采取实用主义的态度，断章取义地摘录马克思主义经典著作中的个别词句来作为理论根据，歪曲原意，乱贴标签，这样做必然会给社会主义事业带来严重危害。

在马克思主义的经典著作中，关于法学方面的论述，内容是极其丰富的，我们必须掌握马克思主义的立场、观点和方法，把原著中的背景、原理搞清楚，解决好指导思想问题。指导思想解决了，我们还应该做到把马克思主义的普遍真理同中国的具体实际结合起来。

中国是个文明古国，历史上有着极其丰富的文化遗产，早在先秦时代就有大量的法学著作，在封建社会已经形成了独特的中华法系，以及近代以来进步的法学思想等。对于这些文化遗产，我们的任务是以马克思主义为指导，弃其糟粕，取其精华，批判地加以继承。同时我们还要对革命根据地时期法制建设的经验和法学研究的成果进行学习和研究。对新中国成立以后以苏联过去的法学为模式而建立起来的法学，以及50年代后期，在"左"倾思想冲击下中国法学所走过的艰难曲折的道路的经验教训，都需要做深入的认识和总结。应该承认，中国的法学基础理论至今还是比较薄弱的，从已经出版的《法学基础理论》教材看，当然反映了当前的法学研究成果，但正像许多学者所指出的，中国的法学理论体系至今还没有突破原来的框框，对中国当前法制建设中出现的许多新问题，缺乏深入的研究和理论上的阐述。

（2）把坚持四项基本原则作为建立中国马克思主义法学体系的指导思想。坚持社会主义道路，坚持人民民主专政，坚持中国共产党的领导，坚持马克思列宁主义、毛泽东思想的四项基本原则，是建设具有中国特色的社会主义的指导思想，也是建立具有中国特色的马克思主义法学体系的指导思想。四项基本原则是中国共产党对新中国成立30多年来社会主义革命和社会主义建设的经验的科学总结，是实现四个现代化的可靠保证。中国的马克思主义法学所要研究的基本理论问题，正是坚持社会主义道路和加强社会主义法制建设之间的关系，坚持人民民主专政和发展社会主义民主之间的关系，坚持党的领导和党必须在宪法和法律的范围内活动之间的关系，坚持马克思列宁主义毛泽东思想和使之同中国的具体实际相结合之间的关系。研究这些问题无论在理论上，还是实践中都有重要意义。目前，在社会主义法制建设和司法实际中出现的这样、那样的问题，都是对四项基本原则理解得不好，坚持得不够的结果。中国的马克思主义法学一定要从中国的实际出发，要研究中国的实际问题，并上升成为理论，反过来再指导实际。我们反对在法学研究中严重脱离实际的纯学术的倾向和取消马克思列宁主义毛泽东思想的自由化倾向。把坚持四项基本原则作为建立中国马克思主义法学体系的指导思想。

当前，对中国马克思主义法学的研究和探讨已经展开了。当然，建立中国的马克思主义法学体系还需要有一个过程，需要广大的法学工作者解放思想、不断实践、深入研究、共同探索，并定期举行科学讨论会，交流研究成果。我相信只要方向正确，经过大家的共同努力，具有中国特色的马克思主义法学体系不久就会建立起来。

关于加强法学基本理论研究的倡议

《法学》编辑部

党的十二大提出了全面开创社会主义现代化建设新局面的奋斗纲领和战略目标，反映了中国革命历史发展的客观要求。《法学》作为中国政法战线上的一个专业理论阵地，如何为实现十二大提出的伟大历史任务做出自己的贡献，这是我们正在认真思考的问题。我们首先想到的是，应该在四项基本原则的指导下，加强法学基本理论的研究。因为法学基本理论是法律科学体系的躯干，是法律科学体系中各类分支学科共同原理的概括。它不仅是学习法律、研究法律和从事法律工作的人入门的基础知识，对人们融会贯通地、正确地理解社会主义各类法律起着指导作用；而且是国家法制建设，包括立法、司法和法制宣传活动的理论指南，其重要性和必要性是显而易见的。

法律体系的问题是法学基本理论的重要组成部分。恩格斯曾指出过："法不仅必须适应于总的经济状况，不仅必须是它的表现，而且还必须是不因内在矛盾而自己推翻自己的内部和谐一致的表现"，① 法律是随着经济基础的发展而发展的。在发展过程中，应建立与经济基础相适应的"和谐的法律体系"。建立社会主义法律体系是客观经济规律发展的需要，是当前中国法制建设必须着重解决的问题。但是长期以来，我们在法学理论的研究方面，缺乏深入细致的探讨和创新。特别是在中国社会主义经济以及国家法制建设大踏步前进，客观形势已有了很大变化发展的今天，不能不看到法学的理论研究是落在客观形势的后头了。尤其是法学的基本理论的

① 《马克思恩格斯选集》第4卷，人民出版社，1972，第483页。

研究和探讨，更显得薄弱，和新形势很不相适应。这对于法律科学，对于立法、司法工作和法律教育的发展，以至法律体系的形成，都带来了一定的影响。比如，在已颁布的现行法规中，有些方面就还存在着不够协调的地方。彭真同志在中国法学会成立大会上曾指出："法学又有自己独立的体系，自己的逻辑。"因此，只有在社会主义经济基础上，遵循客观经济规律的发展要求，创立符合中国国情的法律科学的体系，才能避免法律之间内部结构的矛盾，从而促使将国家的立法纳入科学的轨道，以维护法制的尊严和统一。又比如，中国高等院校法律专业的课程设置，也突出地反映了这个问题。法律专业课程由于法律科学体系和分类问题，未能从理论上认真地探讨和合理地解决，基本上按部门法设置课程，几乎是国家制定什么法，学校就开什么课，这样一来，不仅造成课程内容交错重复，而且由于门类不断增多，也就不可避免地使教学内容越来越庞杂，在一定程度上影响法律专业重点门类和重点学科的形成。类似事实说明，当前进一步开展法学基本理论的研究，不论在理论上和实践上都具有重大的深远的意义。

法学基本理论涉及的范围广泛，可以讨论的问题很多。我们初步意见，认为当前对下列几方面的问题值得讨论，特提出来供同志们参考。

（1）关于中国社会主义法律体系和法学体系及其科学分类问题。建立具有中国特色的法律体系和法学体系，这涉及中国法制建设应坚持什么方向、走什么路子，能否纳入科学轨道和如何充分发挥法律在新时期的职能作用等重大原则问题。要解决这样一些问题，就必须从中国国情出发，在总结中国法制建设经验的基础上，对中国法律体系本身的结构、特点和划分各个部门法的科学标准等带有规律性的问题，做出理论上的回答。因此，探讨具有中国特色的法律体系和法学体系是开创中国法制建设新局面的一项带有战略性的重大任务。

（2）关于社会主义法律的客观规律性问题。法律作为上层建筑，它由经济基础决定并反作用于经济基础，这是毋庸置疑的。对于社会科学各部门，概莫能外。但是，任何一门社会科学都有其自身的特点和发展的特殊规律，我们不但要研究社会科学和经济基础的关系的共性，更要注意探讨法律、法学如何根据自身的特点来反映并服务于基础的特殊性，以利于充分发挥法律的能动作用。

（3）关于社会主义法学的基本范畴，也就是法学的研究对象和领域问题。不同学科的研究对象，是由学科本身所特有的一系列基本范畴所构成。法学作为一门学科来说，当然也不例外。法学的基本范畴就是对各个法律规范普遍本质的概括和反映。只有深入研究法律科学的特殊性，认真地探索法学的基本范畴，才能科学地搞清法律科学和政治、伦理、道德等其他社会科学的区别和联系。这是发展社会主义法学，为法律科学奠定基本理论的重要课题。

（4）关于法学的方法论问题。众所周知，方法论的问题，是任何门类学科都普遍存在的。马列主义毛泽东思想固然为各类学科提供了科学的世界观和方法论，具有普遍指导意义，然而我们能否在这一正确思想的指导下，结合法律科学的特点，开展法学领域中方法论的研究，从而指导人们以法律这一社会现象与社会各种复杂关系之间，找出它们本质的必然联系，即客观规律性来。因此，这是关系到我们能否取得法学研究的新成果、促使法学理论发展和确保国家法制建设沿着正确的航向前进的重要课题。

（5）关于社会主义法律的解释问题。法律解释现有立法、司法解释，又有法学理论方面的探讨。目前，中国在解释法律的问题上，由于缺乏马克思主义法学基本理论的指导，还存在一些混乱现象。解决这一问题，一个重要的问题就是我们应该根据什么法理原则来指导法律解释工作。这方面有广泛的内容值得我们加以探讨，这对维护国家法制的统一和法律的正确实施都具有重要的意义。

当然，法学基本理论方面可以讨论的问题还很多，本刊愿意和法学界的同志们一起，在党的"双百方针"指引下，围绕法学的基本理论问题，从实际出发，紧密结合中国法制建设、司法实践中的新情况新问题，集思广益，努力探索，共同促进法学理论的发展，为开创社会主义法制建设的新局面做出更多的贡献。

（原载《法学》1982 年第 11 期）

值得重视的一个倡议

张友渔

　　《法学》编辑部关于加强法学基本理论研究的倡议提得好，也很适时，它从一个侧面反映了中国法学领域中亟待解决的一些理论问题。为此，我表示赞同和支持。党的十二大规划了全面开创社会主义现代化建设新局面的宏伟蓝图，充分反映了中国各族人民的共同愿望，举国上下各条战线都在十二大精神指引下，制定自己的行动纲领，我们法学界也不例外，也要为开创社会主义现代化建设新局面做出自己的贡献。

　　党的十一届三中全会是我们党和国家历史上的一个伟大转折。3年多来，中国在发扬社会主义民主和加强社会主义法制方面是做了大量工作的，所取得的成绩也是不可估量的，这些都是党正确领导的结果，同时也是与我们法学界同志们的努力分不开的。在十二大后，随着中国全面开创社会主义现代化建设新局面的历史性转变，法制建设将进入一个新的发展阶段，党和国家对我们的工作提出了更高的要求。在法学战线上，如何实现十二大提出的奋斗纲领和战略目标，这是我们法学界同志必须认真思考的问题。这就是说，在法制建设方面，要考虑如何开创一个与客观形势相适应的新局面，并使之提高到一个新的水平的问题。我认为根据十二大精神，除了继续加强国家的立法、司法和进一步做好法制宣传教育工作外，还必须大力开展法学基本理论的研究。过去我们在这方面做得是不够的。我们虽有丰富的实践经验，但由于缺乏深入细致的探讨和创新，还没有能够创立反映中国国情的社会主义法学的理论体系，这是我们法学界应该重视和认真解决的问题。

　　从哪些方面加强法学基本理论的研究呢？《倡议》中提出了五个方面

的问题，我认为它虽然不能概括法学基本理论的内容，但对这些问题的探讨方向是对头的，它对国家的立法、司法、法制宣传和法学教育都具有现实的和深远的意义。

值得指出的是，开展法学基本理论研究，要防止理论脱离实际的偏向，对于那种从书本到书本教条式的研究方法是应该反对的。几年来，我们法学界的同志，把掌握的法学知识直接运用到司法实践和法制宣传教育上，把普及法律知识放在重要位置上。这种做法虽然不能代替研究工作，但对法学研究可以提供原料，扩大人们的视野，是繁荣和发展法学理论的必由之路。理论是从实践中科学抽象出来，并受实践检验的，任何脱离实际的空洞理论不仅不能指导实践，相反会给革命和建设带来危害，这是我们必须注意的问题。

我曾说过，《法学》是法律专业的学术性刊物，开展法学理论研究要做到生动活泼、深入浅出。内容要深，文字要浅。要用浅显的文字把深奥的道理阐明清楚，生动地反映法学理论发展的新成果。我希望法学界的同志们，在四项基本原则指引下，认真贯彻党的"双百方针"，坚持从实际出发，紧密结合中国法制建设、司法实践中的新情况新问题，开展法学基本理论的研究，为繁荣和发展社会主义法学理论做出积极的贡献。

《法学》是个有影响的刊物，办得是有特色的，特别是在理论联系实际方面做出了成绩，受到政法界同志们的重视。趁《法学》复刊一周年之际，我祝愿《法学》越办越好。

（原载《法学》1982 年第 11 期）

陶希晋同志关于《倡议》的来信

《法学》编辑部：

看到你们的来信和《关于加强法学基本理论研究的倡议》，很高兴。

《法学》复刊以来，已发行了多期，无论在法制宣传方面，还是在法学理论的探索方面，都起了相当大的作用，取得了显著的成绩。

记得前年冬天我到上海会见法学界的同志时，谈起过法学的理论研究问题。那时《法学》的复刊尚在计议中。在谈到法律刊物的方针问题时，我们一致认为，一方面固然要通俗地宣传现行法律；另一方面，还应当增加更多的篇幅，进行法学理论的探讨和研究。新中国成立33年了，我们的法制建设虽然有了一定成绩，但远不能说已经完备，迫切地需要抓紧和加速立法。中国的法学理论研究确如你们所说的远远地落后于法制建设的实践，法学上的不少混乱思想，实际上已经影响立法，而且有的已直接影响司法实践。法学是一门科学，而且是一门很重要的科学。可惜，目前还不能说大家都是这样理解的！更不用说对法学的若干理论问题做深刻的研究了。

看到你们的倡议时，恰好我和几位同志一起商谈民法学的理论研究问题。这不是研究民法或其他民事法规的制定、修改，而是研究和探索有关民法的若干理论问题。初步提出了十多个问题，例如，民法的对象问题，社会主义民法应有的特点，民法在建设社会主义精神文明中的作用，社会主义的合同制度、所有权制度、继承制度等，所有这些问题，过去曾有过争议。我们想通过集体讨论，分头执笔，而后用集体研究、再研究的办法，以求统一思想和澄清一些混乱观念，摸索一下具有中国特色的民法理论体系。假如这样做，能取得一点效果的话，那么将来再进行一些其他重要的法学研究，就有基础了。由于我们有这些设想，所以接读你们的来信和《倡议》，觉得我们彼此有个共同的愿望，并且希望将来能和你们结合起来，在法学的研究方面，走出一条自己的研究道路来。

至于你们的"倡议"上说的引子，大家都赞成。这在党的十二大以后，同胡乔木同志、邓力群同志提出的社会科学的任务要"研究解决重大理论与实际问题，努力开创社会科学研究新局面"的精神都是一致的。至于对你们提出的法律学科的分类问题，我们也准备研究它。但我们的着眼点更多是把它看做应解决的实际问题。我们总的看法，现时对法学理论的研究，最好是针对当前法律界存在的实际问题，或者总结过去的法律工作经验提到理论上来探讨。以上意见是否妥当，请你们酌夺！

陶希晋

1982 年 10 月 20 日于北京

（原载《法学》1982 年第 12 期）

陈守一同志关于《倡议》的来信

《法学》编辑部：

《法学》第 12 期已收到。

感谢你们按期寄来刊物，在现在的有关法学的刊物中，《法学》是理论性较强的刊物之一。

《法学》第 11 期《关于加强法学基本理论研究的倡议》，是一个很及时很重要的倡议，也是我一再向法学界同志们提出的课题之一。因为关于中国型的社会主义法学理论，迄今为止，还没有看到比较有分量的文章，这虽然和 50 年代后期"左"倾思潮影响有关，特别和"十年动乱"的破坏有关，但是，作为从事法律理论工作的人来说，应该承认，这与我们努力不够，不能说是没有关系的。

十一届三中全会后，随着社会主义法制建设的加强，法学战线上已逐步出现比较繁荣的可喜现象。可是，从现在已出版的（内部的、公开的）刊物、专著、译著、论文以及资料性的东西看，数量不能说不多，这些尽管是需要的，但大部分是宣传性、注释性的东西，而带有指导性的东西却不多。

中国社会主义法制建设方面有不少成功的事例与经验，不只在国内，同时也有不少为国际友人所称道。在社会主义法制建设的指导思想上，马克思主义普遍原理与中国实际相结合的、具有中国特点的法学思想也相当丰富。只是 30 多年来，我们法学理论工作者由于主观的、客观的各种条件和原因，迄今为止，还没有做出系统的研究成果，以及写出规律性的法学理论著作来。现在可以这样说，新中国不论是在法制实践方面还是思想方面，资料已相当丰富了，问题在于要集中力量进行认真的探索与研究。如何开展这一工作呢？我认为，在坚持四项基本原则的前提下，应大胆地解放思想，突破束缚头脑的许多旧框框，面对现实，紧紧围绕着社会主义物质文明和社会主义精神文明建设的战略方针进行。在法学战线上研究出符合国情，适应经济基础发展和上层建筑需要的中国型的社会主义法学理论，从而对法制建设进行指导，应该是我们法学研究工作者义不容辞的任务。

《倡议》中虽然涉及面较广，但都是应该逐步进行研究的问题。我虽由于健康原因，又冗务太多，但是探讨中国型的社会主义法学，仍然是义不容辞的任务之一。

匆致

敬礼

陈守一

12 月 30 日

（原载《法学》1983 年第 3 期）

开展法学基础理论的研究

潘念之

　　我赞成《法学》编辑部的《倡议》。中国马克思主义法学的研究是随着马克思列宁主义的传入，在先进的法学家间开始的。从革命根据地创建社会主义法制，从而有组织地进行法学研究和教学始，至今已有50年的历史了。新中国成立以来，我们有研究法学的单位，有法律院校，有大量的出版物。中国政法学会和上海法学会成立于50年代，法学的学术活动在全国开展着。虽然其间存在曲折，曾经遭到破坏，但在粉碎"四人帮"以后，特别在党的十一届三中全会以后，党和国家大力提倡社会主义法制，提倡依法办事，发出了许多文件，制定了重要的法律，加强了社会主义法制工作。三中全会的公报，六中全会的《决议》，十二大的报告，都提出要发扬民主，加紧法制建设。而中国的立法、司法工作，法学研究、教育，出版及学术活动，更有空前的发展。几十年来中国的马克思主义法学由创立到发展，成绩是很大的。

　　在新中国成立初期，中国法学是学习苏联的。这是必要的。苏联是世界上第一个社会主义国家，它在建立以后，在列宁指导下，继承和发展了马克思主义法学，建立了一整套的社会主义法制，建立了自己的法学研究和教育机关，培养了大批法学人才，编写了大量的法学著作，创立了社会主义法制体系，也创立了马克思主义法学体系。尽管这些法制与法学不是很完整的，有一些问题，但毕竟在第一个社会主义国家中建立起来了。这个初步建立的社会主义法制体系和马克思主义法学体系，对马克思主义法学是创造性的发展和划时代的贡献。这对其后建立的社会主义国家，是一项极为重要的可资借鉴的经验。社会主义的中国建立在苏联之后，学习苏联，是很自然而且是必需的。在初期，搬用了苏联的一些体系和内容也是难免的，是合乎历史发展规律的。

中国的革命和建设，不论在物质建设和精神建设方面，都积累了自己的经验，有了自己的创造，这就是毛泽东思想。在毛泽东思想指导下，以马列主义的法学基本理论同中国的法制的具体实践相结合，根据中国的情况，发展了自己的法制，并对此进行综合和分析的研究，提出了新的法的规律和法的理论，充实和发展了马克思主义法学。从革命根据地到新中国成立以来的几十年中，中国法制和法学有继承，有创新，发展很快，成就是很大的。当前，中国法学正处在新的繁荣时期。实事求是地总结我们的法制建设的经验，从理论上加以说明，从而进一步发展马克思主义法学，并指导中国的法制建设，是全国法学界在党的十二大精神指引下，在社会主义四化建设的总任务中应完成的迫切任务。《法学》编辑部的《倡议》是及时的，重要的。现在我们应该开展这样的法学理论研究工作。

没有正确的理论指导，就没有正确的实践。要加强中国的法制工作，必须提高我们的法学基础理论。法的概念、性质和任务，它的体系和发展规律，关系到各个部门法的基础理论，必须首先研究清楚，并使之符合于中国的实际，适应于建设社会主义的要求。这些问题，过去在我们的理论书上曾经占有一定的篇幅，但没有充分展开研究。直到今天，我们还在沿用有的国家过去的法律体系。近来虽然也采纳了西方的一些说法，可是从中国的法制实际出发，进行多方面的、深入的研究还是不够的。究竟在社会主义中国，我们的法制应该是怎样一个体系，我们的法学应怎样分科，虽然有过一些讨论，但还没有进行精细的研究，未能做出科学的说明，当然也谈不到全国法学界有一个统一的看法。没有一个符合中国国情的法制和法学体系，而只是头痛医头，脚痛医脚，遇到什么情况就临时搞一个法规，或者看到外国有什么法律，中国也搞一个什么法律，这不仅零碎散乱，彼此矛盾，而且难免发生错误，甚至违反马列主义毛泽东思想的原则，并且不适应也不能满足社会主义法制建设的要求。

试举一个例子。中国民法典已经写了好几稿而又停了下来，虽然有一些原因，如中国的民法应该包括哪些内容，其性质同其他国家的有什么不同等等，但民法在整个法律体系中的地位和关系还有争论，也是一个原因。再说，经济法今天是受大家重视的，各个经济部门都在起草经济法规，而且主管部门还建立了经济法中心，统筹经济法规的立法问题。这当然是一件大好事。但在理论上，经济法能否成为一个独立部门法，如果成的话，它的任务和原则是什么，它的内容和体系，它和民法和行政法的关系怎样，今天还没有做充分的讨论，也还没有说得清楚。这就妨碍了经济法规的成熟和发展。其他部门的法也或多或少地有这样一些问题。

再就法学院校的教学课程设置来说，各校也各自为政，很不一致。当然，多开几门课，多传授一些知识，对于充实学生的头脑和开阔学生的思想是有好处的。但第一总得使学习的东西有利于中国的社会主义法制建设，其次也得照顾到学习时间和学生的精力，总得有体系地、有中心地传授必需的而且有用的知识。没有体系而随便开设一些课程是不妥当的。前些时候，我们编纂《法学词典》时，由于没有统一的法学学科分类作为根据，把本来计划编制的按部门分类的词目表删去了。其后编辑《中国大百科全书·法学卷》时，为了便于读者检查，觉得这个按学科分类词目表不可不有，勉强编了一个词目框架，但也由于缺乏根据，困难很大。可见法制和法学体系的确定，是关系到发展我们社会主义法学的一个重要问题，是一定要很好研究并加以解决的。

其他，关于法的性质、任务、适用范围，各个部门法之间的关系，法与社会各方面问题的关系，法学的内容和任务，法学的研究对象、方法，法学与其他学科的关系，都与整个社会主义法的健康发展有关系，也都是应该进行深入研究并予以解决的。

希望读者响应《法学》编辑部的《倡议》，大家来研究法的基础理论。

（原载《法学》1982 年第 11 期）

当前中国法学研究的着重点

李光灿

《法学》编辑部发起的《关于加强法学基本理论研究的倡议》好得很！这是一个非常必要非常及时的倡议，是当前中国法学研究的着重点。我愿作为从事法学专业研究者的一员，谨步中国法学界著名前辈陶希晋、张友渔、潘念之等同志积极赞助这个倡议的后尘，于热切响应的同时，也来说两句老实话。

《法学》编辑部的《倡议》中提出的值得研讨的五项内容和问题，我除完全同意外，再做两点补充。

一 关于对马克思列宁主义毛泽东思想的基础理论、法学思想的学习问题

不掌握这一思想武器，要想正确解决倡议的五项内容和问题，是不可能的。单是这方面的有关著作，我们略加选择，应当做重点学习的，就有近百篇。而其中的最著名者，如《黑格尔法哲学批判》、《死刑》、《人口、犯罪率和赤贫现象》、《第六届莱茵省议会的辩论（第三篇论文）》、《剩余价值理论》附录（11）、《英国工人阶级状况》、《法学家的社会主义》、《德意志意识形态》、《徭役制和社会主义》、《被剥削劳动人民权利宣言》、《关于苏联宪法草案》、《论人民民主专政》等，应当都是"干部必读"的经典论著。从事社会主义法制建设的法律工作者，如果不读懂这些经典著作，不真正理解这些著作中的基本原则，要想正确解决《倡议》中提出的五项重要问题，也是不可能的。进行这一学习的目的，是使研究者通过认真学

习，力求掌握马克思主义的世界观、历史观和法律观。很难想象，如果不进行这样的学习，不具备这样的世界观、历史观和法律观，任凭你个人再聪明的头脑，去从事五项倡议的研究，也不可能真正沿着马克思主义轨道去进行，并且还有可能堕落到地主阶级人治主义法律观、资产阶级法律至上的法律观和小资产阶级与小农阶层的"左"的法律虚无主义法律观的泥沼里去，而不能自拔。因此，认真学习和努力掌握马克思列宁主义毛泽东思想的基础理论和法学思想，是正确解决倡议中五项内容和问题的思想基础和前提。

二　关于肃清"左"、右倾错误思想的影响，正确进行两条战线斗争的问题

胡耀邦同志在我党第十二次全国代表大会上的报告中指出："'文化大革命'和它以前的'左'倾错误，影响很深广，危害很严重。在深入揭发批判林彪、江青这两个反革命集团的同时，必须对'文化大革命'和它以前的'左'倾错误进行全面清理。"胡耀邦同志在《关于思想政治工作问题》的讲话中又指出："在政治、经济、思想领域中，还必须继续肃清'左'的东西，同时必须严重注意和认真对待资产阶级自由化，注意克服封建主义的东西，不可掉以轻心。认为拨乱反正以来，'左'的东西都已肃清了，这个判断是不正确的，实际上今后还要花很大气力同它做斗争。"胡耀邦同志指出的这一情况，对政法界更不例外。和经济、文教、思想各领域比较起来，中国政法界的拨乱反正做得不够，"左"的残余还存在，封建的法律思想残余还存在，有法不依、执法不严的现象在一些地方还存在，听不进不同意见的一言堂作风还存在。另一方面，资产阶级自由化倾向，资产阶级的法律观点和思想作风，也在若干工作中有所表现。而这些，都是中国社会主义法制建设的障碍，都是我们应注意去克服的错误倾向。但总的来看，在当前中国法制建设中，"左"的倾向仍然是主要的错误倾向。如果不坚决肃清这些"左"的和右的错误的东西，就会影响和干扰中国社会主义民主和法制的健康发展，就会损害中国社会主义现代化建设事业。

为此我主张：探讨倡议的五项内容和问题，必须强调认真学习和掌握马克思列宁主义毛泽东思想的基础理论和法学思想，以此作为我们的锐利

武器，必须强调坚持进行正确的两条战线的斗争。只有端正思想路线，用马克思主义世界观、历史观和法律观作理论指导，才能有效地理论联系实际，去探索中国法制建设中的新情况、新问题和新鲜经验，从而总结出符合中国国情的带有客观规律性的法律科学的理论体系来。

（原载《法学》1983 年第 2 期）

关于社会主义法律体系和法学
体系讨论综述

一

由中国社会科学院法学研究所和华东政法学院联合召开的首次法学理论讨论会于 1983 年 4 月 21～29 日在上海举行。

这次法学理论讨论会的与会者一致认为，探讨建立具有中国特色的社会主义法律体系和马克思主义法学体系，有重大的理论意义和迫切的实践意义。

在立法方面，党的十一届三中全会和五届全国人大二次会议以来，取得了显著成绩，但是还不能适应社会主义现代化建设事业的需要，这里有大量的实际问题，也有一系列理论问题。法学理论研究工作与实际需要的距离很大。立法工作面临的一系列新情况和新问题，如立法的总体规划，立法发展趋势的科学预测，部门法的划分，法律和各种法规层次、等级的区分，法规名称的规范化，法规整理汇编以及新中国成立以来立法工作的经验与教训的总结等，都同对法律体系和法学体系的研究有着密切的关系。

在司法、守法方面，与会者认为，当前无法可依的现象较之以前虽有很大改变，但在不少领域却仍然存在；至于有法不依、有法难依的现象，则比较普遍。解决这些问题的首要环节，是适时地完善中国的法律体系，使多层次、多部门的法律规范，配套成龙，和谐一致。同时，要通过法学体系的研究，为干部群众提供法学方面的符合马克思主义的、适合中国国情的精神食粮，以提高干部和群众的法律意识和自觉执法的守法观念。

在法学教学和研究方面，法律体系和法学体系问题具有更直接的意义。与会者指出：中国法律专门人才奇缺，要保质保量地培养出大批法律专门人才，就要在完善法律体系和法学体系的基础上，面向实际，改进课程设置，编出各分支学科的高质量的教材，以便学生系统地掌握法学知识。与会者认为，中国的法学研究，尤其是对马克思主义法学理论的研究比较落后，对中国法制建设实际情况的调查研究也不够。这次对法律体系和法学体系问题的探讨，从理论和实践的结合上，突出了重点，抓住了中心，取得了初步的成效。

二

会议着重探讨了法律体系问题。对法律体系的理解，原来存在一些分歧，通过讨论，多数同志认为，对法律体系的理解，应把握住如下几个方面：以一国现行的法律规范为基础；以按照一定的标准划分的部门法为主体，以宪法为统帅，组成多层次、多部门的，内容和谐一致，形式完整统一的有机整体。但也有人认为，法律体系的范围，应该比上述几个方面的含义更广些，这就需要进一步研究法律体系与立法体系和社会行为规范体系（它包括法律、纪律、道德和乡规民约等）的联系和区别。

对划分部门法的标准，有的同志认为，只能以法律调整的社会关系中的对象为唯一标准；有的同志认为，除调整对象外，还应辅之以调整方法；有的同志认为，除对象方法外，还应考虑发展需要这一因素；还有的同志认为，划分部门法主要标准是对象和方法，此外，还应考虑社会关系的不同主体、法规数量、保持平衡以及即将制定的法律等因素。在这一问题上，虽然意见有所差异，但在划分部门法的最基本的标准，即调整对象这一点上是完全一致的，其他的标准，都起源于调整对象，都是由此而派生出来的，因此，在这一问题上的分歧不是根本的。

对中国应建立哪些部门法的问题，与会者根据国家法制建设的需要和可能以及发展趋势，提出了好几种方案，归纳起来，对基本部门法的看法大体上一致，这就是：国家法、行政法、民法、刑法、诉讼法（包括民事、刑事和行政诉讼法）；对早已形成的下一层次的部门法，如财政法、劳动法、婚姻家庭法、自然资源和环境保护法、科教文法、土地法、军事法等，多数人意见比较一致。但讨论中，有人提出，程序法与实体法是形式与内容的关系，不应将程序法单独划分为一个与实体法分离而平行的部门法，程序法只应附属于相应的实体法。例如刑事诉讼法就应附属于刑法这个部门法之中。讨论中有较大分歧的是经济法是否应该成为一个独立的部门法，以及它与刑法、民法、行政法的关系，这些问题需要进一步研究。

对怎样建立具有中国特色的社会主义法律体系问题，与会同志一致认为，必须坚持四项基本原则，以马克思主义法学理论为指导，从中国的国情出发，使之能解决我们的实际问题，能适应社会主义现代化建设事业的需要。在这一总的精神指导下，应着重注意如下几个方面的问题。

（1）要研究中国历史上的法律体系，继承和发扬建立革命根据地以来在党的领导下的立法和司法实践的优良传统。

（2）要从中国社会主义经济基础的实际情况出发，正确地反映保障、巩固和发展社会主义公有制的要求；反映在全民所有制的国营经济领导下，保护和发展集体经济以及保护个体经济的合法权利和利益，搞活经济的要求；反映计划经济为主，市场调节为辅，保证国民经济按比例协调发展的要求；反映完善各种形式的生产责任制的要求；反映政治、经济、文化等各个领域实行改革的要求。这是建立具有中国特色的社会主义法律体系的现实依据，也是法律体系发挥巨大作用的最广阔的场所。离开这些，当然就谈不上什么中国特色。

（3）要适应阶级关系发展的现状，在加强同剥削阶级残余分子以及严重刑事犯罪分子做斗争的同时，充分反映建设高度民主的社会主义政治制度，发展社会主义民主，保障人民当家做主权利的要求。这个政治上的要求，直接决定法律体系的本质，是中国社会主义法律体系区别于一切剥削阶级法律体系的突出表现。

（4）要适应建设高度的社会主义精神文明的需要，反映文化、教育、科学技术发展的要求，反映提高全民族的科学文化水平和思想、道德水平的要求。高度的社会主义精神文明，是中国社会主义制度优越性的一个重要表现，法律体系反映这一要求，自然就突出了它的特色。

（5）适应中国统一的多民族国家的情况，体现中国各民族一律平等，保障少数民族的合法权利和利益，帮助各少数民族地区加速经济和文化发展的要求，完善民族自治的各项法律和制度，使之成为全国统一的法律体系的一个重要组成部分。

对如何建立中国式的法律体系，有的同志提出，应重视运用现代科学与哲学的最新成就——系统论、控制论、信息论，特别是运用系统工程的分析方法，来分门别类，一环扣一环地排列出各部门法的系列与层次，各部门法之间的横向联系和各部门法自身不同层次之间的纵向联系，理出哪些属于中国社会主义法律体系的"主控系统"和"副控系统"，哪些是必要的"反馈系统"和"调节系统"；从而得出中国法律体系的最佳构成，列出类似化学元素周期表那样或更加辩证的法律体系的图表，从而检视并发现中国法律体系还有哪些缺门和漏洞，哪些是当前亟须制定的，哪些是将来要制定的。这样就会有助于我们在立法工作上的总体规划与设计，正确处理法的废、改、立，指导立法工作，使之有预见性地有步骤地顺利进展。

与会者还探讨了法规名称规范化、法规整理汇编等问题，一致认为这是完善法律体系必不可少的重要工作。

大家认为，认真研究法律体系的一个直接的应用价值，就在于从中国法律的整体上，为立法机关提供科学的理论，为制定立法的总体规划提供建设性的意见，使中国立法工作根据需要与可能，根据对社会关系发展趋势的科学预测，积极稳妥地、有计划有步骤地健康进行，抓紧制定现实生活迫切需要的法规，例如民事法规的制定和运用，确立民法在中国社会主义法律体系中应有的重要地位就成为刻不容缓的任务。在立法方面抓紧制定在法律体系中有举足轻重作用的基本法律，自觉地注意到配套成龙，协调发展，这样，中国的法律体系就一定能够逐步完善起来。

三

与会同志认为，法律体系与法学体系有着十分密切的联系。法律体系是法学体系赖以存在的基础和前提，即法学体系的建立决定于法律体系。如有宪法即有宪法学，有刑法则有刑法学等等。法律体系与法学体系尽管有着不可分割的密切联系，同属上层建筑范畴，然而两者又存在着显著的区别，从上层建筑的分类看，法律体系属国家的政治法律制度，法学体系则是社会科学的门类，是社会意识形态的一种形式。法律体系建立得是否科学、合理、有应用价值，在很大程度上有赖于我们对法学体系的研究和它自身的完善程度。而法律体系本身又是法学体系研究的一个重要对象。因此，两者是相辅相成，相互促进，并行不悖，共同发展的。

对于什么是马克思主义法学体系的问题，许多同志认为，它是包括法理学、法史学、国内部门法学、国际法学、比较法学以及法学和其他社会科学、自然科学相互渗透的边缘学科等在内的整个法律科学体系。与会者的具体提法虽有不同，但对其基本内容的理解是一致的。有的同志谈到的法学通论或法学概论以及法理学，固然有其自身的体系，但与法学体系不能混为一谈。更不能以它代替法学体系。至于政法院系的课程如何设置，它虽然和法学体系有密切联系，但与法学体系不是一回事。大家感到，现在我们法学课程的设置之所以显得繁杂零乱，在教学上造成了混乱，其主要原因在于对中国法学体系及其科学分类的问题缺乏深入认真的探讨。

建立中国型的马克思主义法学体系，要着重抓住两个关键性的环节。

第一，必须坚持马克思主义，研究马克思主义关于法学的基本原理，掌握它的立场、观点和方法。这是我们建立自己的法学体系的指导思想，又是法学工作者的基本功。如果不深入学习马克思列宁主义毛泽东思想，就会对形形色色的资产阶级法律思想产生迷惑，并进而导致法学理论上的错误，因此，必须明确以马克思列宁主义毛泽东的法学思想为指导。建立中国的法学体系，是社会主义国家性质的要求，是社会主义法学的要求，也是培养具有共产主义觉悟的司法工作者的要求。怎样进一步以马克思列宁主义毛泽东思想为指导，与会者认为：首先应该很好地总结新中国成立30多年来在法学理论中的经验教训。学习马克思主义要学习他的立场、观点、方法，而不是断章取义，不顾历史条件，乱贴标签，摘章引句，采用实用主义态度。其次要分清借鉴与指导的关系。过去对西方资产阶级的法学理论不敢谈借鉴，而今这一禁区被打破，但对于借鉴与指导两者谁主谁次的关系要摆正，否则会迷失方向。近来有人主张用研究其他科学如控制论、系统论、信息论的方法来研究法学，这虽然是值得重视的，但是它绝不能取代马克思主义辩证唯物论与历史唯物论的立场、观点和方法的指导。

第二，必须从中国的实际出发，把理论与实践结合起来。在中国法制建设上，我们有不少独特的成功经验，诸如两类矛盾学说的具体运用，综合治理的指导思想以及群众路线、预防为主、调解工作、巡回法庭、司法助理员、工读学校、乡规民约、文明公约、职工守则以及死缓的灵活运用，等等。随着中国已经进入社会主义现代化建设的新时期，经济、政治和社会情况，都发生了一系列新的变化，给法学提出了一系列新的问题，在马克思主义著作中，不可能找到现成的答案，这就要求我们深入实际，调查研究，找出规律性的东西，上升到理论，逐步建立起有中国特色的马克思主义法学体系。

围绕上述两个环节，与会者还谈到要充分加强法学的应用研究，要对历史的和外国的法学进行纵向和横向的比较研究以及克服知识老化等问题。这些无疑都是值得重视的。

总之，通过这次讨论会，与会者集思广益，互相启发，打开了思路，增强了信心，决心为建立和完善中国的法律体系和法学体系做出自己应有的贡献。

与会的代表还一致认为，像这样的法学理论讨论会，今后应经常召开，他们迫切希望有个机构来联络各地的法学理论工作者，使已经开始的法学学术讨论不间断地进行下去。

（谢发东整理）

苏联法学界关于法的体系的
讨论情况简介

大　英　允　正

苏联法学界从 20 世纪 20 年代起到今天，60 多年来，对苏联法的体系问题，一直有着争论。他们不仅发表了很多有关这一问题的专著和文章，而且在不同时期出版的"国家和法的理论"教科书中，都有关于法的体系的论述。苏联法学界还专门就这一问题开展过三次大的讨论。第一次是在 30 年代后期，第二次是在 50 年代中期，第三次则是在 1982 年进行的。这几次讨论都对苏联的立法实践、法学研究、法律教学产生很大影响。特别是最近一次的讨论，参加的学者很多，包括苏联各地法学研究单位、高等院校法律系、工业经济研究所，以及其他实际部门的专家学者。《苏维埃国家和法》杂志 1982 年第 6 ~ 8 期连续刊载了 50 位学者的发言摘要，约有 15 万字。讨论中涉及的面很广，但主要的问题仍然是下面一些问题：苏联法的体系是怎样的，法的体系怎样划分部门，法的体系与立法体系的相互关系。总括起来说，众说纷纭，各持己见，有一致的观点，也有完全相反的观点。对法的体系概念，法律部门划分标准等问题，仍然没有取得一致认识。现将讨论的发展情况和几种具有代表性的观点分述如下。

一　讨论的发展情况

苏联在 1938 ~ 1940 年间第一次讨论法的体系时，阿尔扎诺夫首先提出，划分法律部门的标准是法律调整的对象，多数人认为这种划分法很简单明了。不过，当时勃拉图西就指出这一划分标准的不足之处，提出应把调整方法也作为分类标准，但这一意见没有得到采纳。1946 年，凯契克扬又提出了法律调整的对象和方法的关系的想法。到 1954 年，重新讨论民法对象问题时，大多数人认为，除对象外，还必须利用方法作为苏联法分类的一个补充标准。

1956 年第二次讨论苏联法的体系问题时，大多数人认为只以法律调整对象作为划分标准已不够了，几乎一致同意把法律调整的对象同法律调整的方法一起看做划分法为部门的统一根据。

在这次讨论中，立法体系问题没有深入开展。多数人认为立法体系应当同法的体系相近，与法的体系拉平，大的编纂性文件（指民法典、刑法典、诉讼法典）所调整的关系，是相应法律部门调整的对象。同时认为，不同法律部门的各种规范可以成为一个规范性文件的对象。把这些规范合在一起的原因，主要是立法者认为有实际的需要、目的、任务和利益，以及为了使用规范性材料时的方便。

多数人认为，立法系统化是主观现象，它不同于法的体系，法的体系包括不同的法律部门，这些法律部门反映出法所调整的客观形成的各种社会关系的差别，并把它们固定下来。

根金和阿列克谢耶夫等在 50 年代发表的文章中认为，法律创制是一个有意识的意志表达过程，这一过程决定于实际的需要和已有的各种社会关系。法有助于这些社会关系的发展和建立，所以，不能把法的意志起源同其体系的客观特性混淆起来。他们的结论是，法划分为部门的根据是调整对象，即某种相同的社会关系。民法的对象是财产价值关系，行政法的对象是国家管理范围的命令组织关系。当时一部分学者，如阿列克谢耶夫等认为，法律调整的方法是由对象的特点决定的，因此，方法是区分法律部门派生的、辅助性的（第二性的）分类标准。还有一些学者（根金、维利杨斯基等）认为，对象是区分法律部门唯一的根据，在一种社会关系范围内，可以适用不同法律调整方法。按照这一观点，法律调整方法不能是划分法为部门的根据，而只能作为补充标准。换句话说，调整方法是一种法律手段，它同法律部门所调整的一定关系没有有机联系。在当时讨论法的体系时，麦舍拉甚至认为不要把调整对象作为划分法律部门的标准，他提出应根据法律制裁（刑事、行政、民事法律制裁）的性质来划分法律部门，即认为存在三个基本的法律部门（刑法、行政法、民法）。在讨论中，苏联学者对劳动法、集体农庄法、家庭法、财政法和土地法在法的体系中的地位，没有得出一致意见。有些人从调整对象和方法一致的观点出发，否认这些法律部门的独立性。阿列克谢耶夫在 1957 年也否认家庭法、财政法和土地法为独立的法律部门。他认为，前者是民法的一部分，后两者是行政法的分支部门。当时在讨论中着重探讨了不同法律部门法律调整的对象问题，提出并讨论了法律调整的方法问题，也涉及了法的体系与立法体系的相互联系问题。认为立法体系是一种主观性现象，但它是同法的体系联系着的，而后者是一种客观现象，立法体系要反映或应当反映法的体系的客观特性，有些学者提出了综合性法律部门理论，理由是立法者往往把不同种类的规范合并放在一个文件（条例甚至法典）中，这些规范服从于调整相互联系着的不同种类关系的任务。

苏联法学界从 20 世纪 60 年代初开始重视立法体系问题，出现了一种倾向，就是把立法体系解释为一种主客观因素合在一起的现象。在建立立法体系时主要是主观因素，而法的体系中客观因素是主要的。立法体系中主观因素表现在：第一，立法者对把各种规范合在一起的关注程度，这种合并可以使立法者能够在一个法律文件中不仅调整一定的同类关系，而且可以调整一定社会生活领域的不同类的关系。第二，立法者对建立新的法律部门的积极性，立法者能够促进产生、发展和改变这些新部门所反映和固定的社会关系。

大多数学者认为，家庭法、土地法和财政法是独立的法律部门。阿列克谢耶夫现在不仅认为土地法和财政法是独立法律部门，而且认为土地法、财政法、劳动法、集体农庄法和家庭法都是基本的法律部门，但这些是特殊的法律部门。他认为，这些法律部门是在传统法律部门的基础上建立起来的，而传统的法律部门是国家法、行政法、民法、刑法。阿列克谢耶夫认为，海洋法、航空法、铁道法、自然资源法、自然保护法、审判法、矿藏法、森林法、法院组织法、检察院组织法、银行法、保险法都是综合性的法律部门。

科尔涅耶夫认为法的体系是主观现象，1963 年，他在《建立法的体系问题》一文中写道："法的体系是按照人们意志建立的"，所以，制定某个法典就事先决定了独立地存在相应的法的部门。阿列克谢耶夫也认为："在多数情况下，当形成一个立法部门时，同时也就意味着在我们面前形成了一个法律部门。"勃拉图西则认为，虽然并没有制定行政法典，但存在行政法。

有些学者，如阿列克谢耶夫认为，法律调整方法是影响某一部门所调整的关系参加者行为的法律手段，它集中了法律部门一切法律特点（主体的地位，指平等地位或隶属地位，执行义务的强制措施的特点，行使主体权利的特点）。

1975年，拉伊赫尔在《论法的体系》一文中认为，法的体系是"在社会认识领域对法律规范加以系统化的客观结果"，是"两种对立的同时又互相关联着的因素的辩证结合，是主客观因素的一致"。他认为，法的体系是一种"科学设想"，是个人（或集体）意识的产物，它只有成为社会意识的事实时，才能成为客观现象。这就要把这种"设想"更多地贯彻到科学、实践和立法中去。所以，他认为法的体系可以有"各种不同方案"。

萨洛金认为，法律规范中的命令、许可和禁止是法律调整方法，如民法、劳动法、家庭法中的许可，行政、财政法中的命令，刑法中的禁止。有人认为，命令、许可和禁止不仅是法律调整方法（手段），也是法律调整的内容本身。这一内容表现在规范中规定的权利和义务上，就是可行的或必需的行为。没有命令、许可和禁止，就没有法律规范。所以，这些方法只是法律规范作用的表现，法律规范的实质是应有行为或可能行为的一定尺度。有人认为，新的社会关系的发展决定了新的法律部门的出现，但制定规范性文件甚至法典，并不意味着出现或存在新的法律部门。没有制定出反映所有规范的一般原则和调整方法的共同准则，就不能说出现了新的法律部门，所以至今未能证实存在独立的经济法部门，因为经济关系包括由行政法、民法、财政法等规范调整的关系，也包括由一部分自然资源立法规范调整的关系。如果某一综合性立法部门采用不同部门规范的调整方法，这意味着出现新法律部门的条件还没有成熟。

苏联学者在法学教材和专著、文章中，对法的体系做了不同的阐述。1962年，罗马什金在其主编的《国家和法的理论》一书中提出，苏联法的体系是指苏联现行法律规范联合成为一个统一的整体，同时又按照它们所调整的社会关系的不同而划分为若干部门，这些部门有国家法、行政法、财政法、民法、劳动法、土地法、集体农庄法、家庭法、刑法、法院组织法、刑事诉讼法、民事诉讼法。1980年出版的杰尼索夫主编的《国家和法

的理论》（高校法律专业教材）一书中，对法的体系下的定义是："苏联全
民法的体系，是按照法律调整的对象和方法，分成制度和部门的法律规范
的统一整体。法律规范由有层次的和协调一致的关系联系起来，以法律原
则作为自己的中心，集中地反映出成熟社会主义条件下法的本质、目的、
基本任务和职能。""苏联法的体系由下列部门组成：国家法、行政法、财
政法、土地法、民法、劳动法、集体农庄法、家庭法、刑法、劳动改造
法、民事诉讼和刑事诉讼法。"

　　该书在谈到法的体系和立法体系的相互关系时，认为法的体系和立法
体系之间有着有机的相互联系。问题的实质在于，法的体系（分为制度和
部门的法律规范体系）和立法体系（即法律文件体系。法律文件指法律、
法令、政府决议等）是同一本质和同一内容的两个方面。前者是组成法律
内容的内部形式，后者是外部形式。立法是法律规范得以存在的外部形
式。但是，法律规范体系和立法体系不是等同的，它们之间还有很大差
别。这首先表现在，法的体系的基本成分是法律规范，而立法体系的基本
成分是规范性文件（或法律文件的一部分）。此外，立法体系在材料内容
上要比法的体系广，因为它包括的内容，如各种定义、纲领性规定、指明
颁布法律文件的目的和理由，这些都不能算是规范体系意义上的法。再
者，法的体系的内部结构与立法体系的内部结构不相符合。立法体系的
"纵向"结构，是按照规范性法律文件的法律效力建立的。如苏联宪法、
加盟共和国宪法、自治共和国宪法，苏联法律、加盟共和国法律、自治共
和国法律，苏联政府决议、加盟共和国政府决议、自治共和国政府决议，
等等。在这方面，立法体系直接反映苏联的国家制度，而法的体系的"纵
向"结构则是划分为部门、制度、规范、部分。从"横向"结构角度来
看，重要的是，立法部门与法律部门不相符合，它们的数目比法律部门
多，这是因为，建立立法部门体系的根据是法律部门体系和国家管理部门
体系。国家机关根据法的体系和对某个社会生活领域在管理上方便这两个
标准所颁布的许多规范性文件，包括了各种不同法律部门的规范，但这些
规范调整一定国家管理领域内的关系（如海运、空运、铁路运输、卫生、
文化等领域）。因此，立法体系的构成比起法的体系来，更大程度取决于
主观因素，即立法者的意志。法的体系和立法体系的上述差别，对于立法
的进一步发展和完善，有着很大的意义。立法发展的一个重要方面，就是

立法的系统化。

阿列克谢耶夫在 1982 年出版的《法学总论》一书中认为，苏联和其他社会主义国家现行的规范性法律文件体系，通常称作立法体系。立法体系包括一切规范性文件（法律、法令、政府决议等）。他认为，历史地形成的立法部门，基本上与法的结构、法分为基本部门和综合部门相一致。同时，立法者在制定规范性文件时，不仅根据客观存在的法的体系，而且也根据其他许多因素，其中包括主观因素在内，并且主要依靠对象和目的这样的标准。克拉萨夫奇科夫在 1975 年发表的《法的体系和立法体系》一文中认为，立法的部门划分不能与法本身的体系不一致，有多少法律部门就有多少立法部门。他不仅否认存在"综合性法律部门"，也否认存在"综合性立法部门"。苏哈诺夫在谈到法律部门和立法部门时认为，法和立法是两种特殊的互相联系着的但不相符合的法律上层建筑现象。作为法的内容的法律规范，分别属于相应的法律部门（它们是按照一定客观根据区分的）；而作为法的形式的规范性文件，在大多数情况下，是综合性文件，并且按不同的标准分为各立法部门。而且，并不是每个立法部门都有一个法律部门与之相适应（例如，关于国民教育的立法，它甚至有全联盟的立法纲要），并不是每个法律部门都有统一的总的法典（如行政法）。

勃拉图西在 1980 年出版的《苏联立法体系》一书中认为，确定法的体系和规范性文件体系的正确关系，这既是理论上的任务，又是实际工作中的任务。解决好这一任务，可以保证文件数量减少，使用方便，使各立法部门和谐一致，并得以正确适用，保证社会主义法制的巩固。立法体系最好能同法的体系完全一致，在刑法、刑事诉讼法、民事诉讼法和与它们同名的立法部门之间，这种一致性已经实现。

1982 年，苏联开展第三次关于法的体系的讨论。近 20 多年来，苏联在立法方面有很大发展，1977 年通过了新宪法，1958～1981 年期间共通过了 16 个立法纲要（民事立法纲要、婚姻和家庭立法纲要、劳动立法纲要、刑事立法纲要、刑事诉讼立法纲要、民事诉讼立法纲要、土地立法纲要、水流立法纲要、地下资源立法纲要、森林立法纲要、国民教育立法纲要、卫生立法纲要、行政违法行为立法纲要、劳动改造立法纲要、法院组织立法纲要、住房立法纲要），并制定了其他很多重要法律。根据新宪法，正在加紧立法的更新，目前还正在编制苏联法规汇编。所以，讨论划分法律部门及其相互关系的问题具有直接的实际意义。

二　几种具有代表性的观点

（一）关于法的体系的概念

在发言中，阿列克谢耶夫等人认为，要用马列主义的辩证唯物主义方法，对法的体系进行科学分析，制定一系列基本原理和科学假定。法的体系也和法本身一样，是一种客观存在的社会生活现象。科学的任务是要认识法的体系，而不是创造或者改造法的体系。法的体系也具有主观性质，因为法律是立法者自觉的规范创制活动的产物。米茨凯维奇也发表了类似的见解，认为法律不是科学创造的，而是国家作为立法者制定的。科学根本不能制定法的体系，而只能制定关于法的体系及其形成的因素和过程的科学概念。他认为法的体系"不是部门的堆砌，而是一个要达到一定目的的统一机制"。哈尔芬娜认为，建立有科学根据的体系，具有很大理论意义和实际意义。法的体系有助于更深刻地认识法同社会发展过程的关系，以及法影响这些过程的可能性。马穆托夫等认为，法的体系不是一成不变的东西，而是"一个内部有分支区分的、有层次的、完整的和不断发展着的体系"。勃拉图西提出，虽然法律规范是立法机关受客观需要制约的自觉意志表达过程的结果，但这些规范规定了所有的各种社会关系，组成一个法的体系，它是一种客观存在的（不以公民或集体部门意志为转移的）现象。莫佐林认为，苏联法的体系和立法体系都是社会上层建筑成分，国家建立和发展这两个体系方面的活动是主客观因素的统一。客观因素表现在两个体系同样地建立在不以立法者意志为转移的生产关系和其他关系上，主观因素则表现在两个体系都是国家自觉的有目的的活动结果。雅姆波利斯卡娅的观点与别人大为不同。她认为，法律部门实际上不是法的体系的基本结构部分，不是反映法的体系特点的部分。法律部门不是法律结构内部固有部分，法律规范才是这样的部分和基本成分。法的实体是一个完整的东西，它的基本单位不是部门，而恰恰是规范。她说，法的体系"不是部门组成的体系，而是相互紧密联系成统一整体的法律规范组成的体系"。她还说，法学家的任务在于帮助建立规范的相互一致，不管这些规范在法的体系中占什么样的地位，也不管我们把这些规范列入哪个法的部门。托尔斯泰认为，法的体系和立法体系一样，不仅是客观存在的，它也是人们创造的。波列尼娜也认为法的体系是一种有组织的规范的总和，是客观形成的体系，在谈到法的体系的意义时，她认为研究法的体系，从来不是目的，而始终是完善立法，提高立法效果的手段，首先是进一步巩固法律最高权威原则的途径。

（二）关于法律部门

阿列克谢耶夫认为，法律部门是同一类法律内容的规范总和。每个法律部门都有它调整各种关系的法律制度，法律制度包括调整的原则、功用（目的）、方法和机制。普什金认为，法律部门（立法部门）都是发展的，它们的成分也不是永远不变的，其中一些可能消失，可能被另一些合并，可能产生新的组合体。关于法的体系划分为部门的问题，也存在着不同意见。有人认为法律部门在法的体系中占有特殊地位，不承认法律部门，无论在科学上还是在实际上，都是不可能的。尤其对于法律科学来说，法律部门是一个十分重要的范畴。有社会主义财产关系，就需要有社会主义民法来调整；社会上还存在犯罪现象，就需要划分刑法，等等。最初划分出来的第一批法律部门，完全是由社会生活需要所决定的。现在国家扩大了环境保护方面的活动，就形成了自然保护法。但也有人根本不承认法划分为部门，认为"法中没有部门这样的东西"。阿列克谢耶夫还认为，出现法律科学的新部门或新教学科目或新的立法部门，不等于出现新的法律部门。皮斯科京认为，苏联法律部门第一次划分出来的有行政法、民法、刑法、民事诉讼法、刑事诉讼法、集体农庄法，它们是国家法（宪法性法）之下的第一批法律部门。第二次划分出来的有劳动法、财政法、土地法、家庭法、劳动改造法、检察监督法。近年来，第三次划分出来的有社会保障法、自然保护法、矿藏法、水流法、森林法等。并认为，今后还会有第四、五……次划分。他还形象地把法的体系描述成是"一种'金字塔形体'，而不是互相交错着的规范的平面物。'金字塔形体'的顶部是宪法性法（国家法），底部是法律规范，它们之间是各个部门"。而且还认为，这是"假定的图式，它反映出法的体系的多等级层次性质。这种锥体性是法的体系组成部门内部一致的一个条件"。叶果洛夫认为，在许多情况下，产生法律部门是同出现相应的编纂性文件联系着的，但是，法划分为部门同立法部门的法典编纂是没有联系的。法典编纂是立法系统化的最高形式，在没有编纂法典时，部门立法用其他形式表现出来。阿鲍娃认为，划分法律部门是人为的现象，没有理由把法律部门同立法部门对立起来。法律部门和立法部门是相同的。

关于综合性法律部门，也存在着不同意见。有人主张可以称为综合性组合体，也有人认为根本不存在综合性部门。阿列克谢耶夫认为，由于行政法、财政法、民法、土地法通过一定范围的关系，相互作用和配合利用的结果，产生了一个综合性部门，即运输法。叶果洛夫认为，由于许多法律部门相互作用的结果，产生了综合性立法部门。在综合性的规范性文件里，不同部门属性的规范，组成一个制度整体。科寿里认为存在着综合性组合体，但他主张称为综合性法律部门，水流法、矿藏法、森林法都是综合性部门。他还认为，有一批综合性法律规范体系，如经济法，它包括的综合部门有工业法、农业法、建筑法、运输法、商法。莫佐林不同意把综合性法律组合体称为综合性法律部门，认为这些综合性组合体有的把某些法律部门合起来（如农业法），有的把不同法律部门的制度合起来（如经济法），有的把法律部门的规范合起来（如海洋法）。哈尔芬娜提出，综合性法律部门调整的复杂关系，要求综合利用各种法律部门的手段。综合调整的对象必须明确，不能太广，并把相同的或相近的关系区分开。综合性部门有航空法、建筑法、原子法等。

（三）关于法律部门的分类标准

多数学者认为调整对象，即某种社会关系，是把苏联划分为各个部门的根据，但对于法律调整的方法，则存在着各种不同意见。一部分人认为，法律调整方法是由对象的特点所决定的，因而认为方法是区分部门法的派生的、辅助性的（第二性的）分类标准，所以得出结论说，每一个法律部门都有它固有的统一方法。另一部分人则认为，对象是划分法律部门的唯一根据，在一种社会关系的范围内，可以适用各种不同的法律调整方法，因此，把调整方法看做一种工具，它与一定的法律部门所调整的一定种类关系没有有机的联系。更多的人则认为，光把对象和方法作为部门的分类标准已不够了，他们提出了其他一些标准。阿列克谢耶夫认为，法律调整的对象、方法和机制是法的体系的主要标准，法律调整的部门原则和功用是补充标准。勃拉图西仍认为，必须以调整对象和方法的统一为出发点，这种统一是按部门把法律规范分开的正确分类标准。波列尼娜认为，法律规范部门属性的标准是由科学制定的，这就是法律调整的对象和方法，它表现在一定的法的部门的法律制度中。

库德里亚夫采夫认为，只有法律调整的对象（某一类社会关系），要建立结构严整的法律部门体系是不够的。同一法律调整方法可以适用于不同的对象，相应地，同一对象可以由不同方法加以调整。如财产关系可以由民法、劳动法、集体农庄法、行政法、刑法和国际私法调整和保护。法律调整的方法和对象相一致的观念，对于建立法律部门体系是有用的，但这一观念已陈旧了，不符合现代立法综合发展的趋势。在这方面，具体法律调整机制是对法律材料进行分类的根据。具体法律调整机制是指制度或者用来解决一定社会任务和法律任务的制度的总和，如法律防卫机制、法律保障机制、法律刺激机制、法律责任机制等。托尔斯泰等人也认为，法律调整对象和方法的标准，对于划分法律部门来说是不够的，应加上一些补充标准，如统治阶级对某部分社会关系进行独立法律调整的关注，法律调整的机制、功能、目的和原则。

雅姆波利斯卡娅指出，有些人完全为了实际目的，或者出于各种不同的实际考虑，在确定法律部门时以比较宽广的社会关系为出发点，另一些人以比较狭窄的社会关系为出发点；一些人把某些"边缘"关系分成为部门，另一些人则不这样做。结果，"我们无休止无结果地争论"。她说，我们争论能否把集体农庄法分为一个独立部门，或者它只是民法和行政法规范的"联合"。那么，持这两种观点的人又是以哪一部分相互联系的社会关系为出发点呢。比如，存在不存在自然保护法，难道说过去自然保护法方面的关系就不存在吗？过去有这方面的关系，但没有这样的部门，可见，这样的关系只是更多了，但是"更多"或"更少"并不是科学标准。她认为，以一部分社会关系（对象）作为标准，不能建立明确的合乎逻辑的法的体系，因为没有一个标准可以确定分出来的部分关系的适当范围。她认为实际上也不是按照对象作为划分部门的唯一原则。根据制裁性质划分一些部门（如刑法），根据主体（国际法中的国家）又划分另一些部门。她认为可以根据研究对象、方法、制裁性质、法律关系主体特点等分类。

根据实际生活要求、科学任务和实际任务，在体系内可以也必须对规范进行分类，不应当把传统部门看做绝对的，把精力浪费在争论上。要使科学得到解放，成为对实际更有用的东西。

皮斯科京认为，任何总的成分都可以按照不同根据进行分类，但从法律规范的所有可能的分类法中，必须选择一种得到正式承认的，能够成为建立立法体系科学根据的分类法，但他认为还没有这样一些根据，以便向相应的国家机关提出建立立法体系的新原则，各种意见可以在法律材料系统化的实际工作中加以参考。

（四）法的体系与立法体系的关系

有的学者认为，法的体系与立法体系有紧密联系，但不是同一个东西。存在下面几种情况：①法的部门同立法部门相一致，这是指有法典的传统立法部门；②立法部门与同名的法律部门基本相一致，但有不少综合性的"增补"，如劳动立法、集体农庄立法、家庭立法；③一个立法部门的大部分规范属于一个法律部门，然而只是后者的一部分，如军事立法，它的大部分规范属于行政法；又如住房立法，它的基本规范具有民事法律性质；④有的立法部门同几个法律部门有联系，把几个法律部门的规范合在一起，如运输立法、农业立法。有的学者认为，法的体系与立法体系两者的区别在于它们的范围不相符合，主客观因素不同，不能把法的体系的客观性和立法体系的主观性绝对化。法的体系比立法体系更稳定，不大变动，立法体系的发展是渐进的，而法的体系的发展则由量变的积累而转为质变，是间断性的、飞跃的，有人认为，立法是法的形式，法的内容是法律规范。有人则不同意把法的体系和立法体系看做是法的内容和形式的关系。也有人不同意把法的体系看做是从来就有的，而现行立法体系是第二位的。有人认为，在现代条件下，起主导作用的是那些还没有得到科学普遍承认的法律部门。

波列尼娜认为，立法体系是规范性文件体系。立法体系划分为与法律部门完全相符的立法部门，以及综合性立法部门。立法构成为一个体系，是制定法律的人们主观活动的结果，乌沙科夫认为，法的体系和立法体系之间的确切区别到现在还没有搞清，法的体系的单位应当是部门、制度等，而立法体系的结构则应当是纲要、法典、条例和法的其他渊源。也有人认为，目前，法的体系不仅没有超过立法的发展，而且大大地落在后面，盲目地想把正在发展的立法结构放进基本（传统）法律部门的很窄的范围中去，这是不对的。

参考文献

中　文

C. H. 勃拉图西：《苏维埃部门法：概念、对象、方法》，《法学译丛》1980 年第 2 期。

陈守一、张宏生主编《法学基础理论》，北京大学出版社，1980。

《邓小平文选》，人民出版社，1983。

《法学辞典》，上海辞书出版社，1980。

《法学论集》，法学杂志社，1981。

《反杜林论》，人民出版社，1965。

《列宁全集》第 33 卷，人民出版社，1975。

《列宁文稿》第 4 卷，人民出版社，1978。

《列宁选集》第 1 卷，人民出版社，1972。

《列宁主义问题》，人民出版社，1964。

刘少奇《关于中华人民共和国宪法草案的报告》。

《马克思恩格斯全集》第 1 卷，人民出版社，1975。

《马克思恩格斯全集》第 4 卷，人民出版社，1975。

《马克思恩格斯全集》第 6 卷，人民出版社，1975。

《马克思恩格斯全集》第 7 卷，人民出版社，1975。

《马克思恩格斯全集》第 13 卷，人民出版社，1975。

《马克思恩格斯全集》第 20 卷，人民出版社，1975。

《马克思恩格斯选集》第 2 卷，人民出版社，1972。

《马克思恩格斯选集》第 3 卷，人民出版社，1972。

《马克思恩格斯选集》第 4 卷，人民出版社，1972。

《马克思恩格斯文选》莫斯科中文版，第 1 卷。

《毛泽东选集》第 3 卷，人民出版社，1964。

《毛泽东选集》（合订一卷本），人民出版社，1967。

《美国比较法季刊》第 30 卷，1982 年第 4 期。

《斯大林文选》（1934—1952），人民出版社，1962。

孙国华主编《法学基础理论》，法律出版社，1982。

《中国法制报》，1982 年 8 月 27 日。

中国人民大学国家与法律理论教研室编《国家与法的理论》第 3 册，1979。

《中华人民共和国第五届全国人民代表大会第五次会议文件》。

《中华人民共和国法规汇编》（1956 年 7 月—12 月），法律出版社，1956。

《中华人民共和国全国人民代表大会常务委员会公报》（1981 年 1—5 月）。

德　文

《马克思恩格斯文选》德文版，第 1 卷。

《马克思恩格斯文选》德文版，第 2 卷。

英　文

《国际社会科学大百科全书》纽约英文版，1975。

《马克思恩格斯文选》英文版，第 1 卷。

《马克思恩格斯文选》英文版，第 2 卷。

俄　文

《马克思恩格斯全集》俄文版，第 37 卷。

C. H. 勃拉图西：《苏维埃部门法：概念、对象、方法》，《苏维埃国家与法》1979 年第 11 期。

关键词索引

人名索引

后　记

2003 年下半年，我流浪昌平，进行考研复习，接受真正意义上人生给我的第一次磨砺。这一年的 12 月，我于复习间歇购买了社会科学文献出版社再版的《法学理论论文集》。我当时为什么要买《法学理论论文集》？或许是出于对当代中国法理学于潜意识中已经萌发的兴趣，或许是在考研即将到来之际再给自己一次矢志法理的激励。但我当时决然没有想到，十四年后，我会以一名中国社会科学院法理学人的身份，成为该书 2018 年版的校订者。我将其视为中国社会科学院法学研究所法理学前辈赐予我的荣幸，视为命运于冥冥之中对我的安排。

职是之故，基于《法学理论论文集》是具有高度价值的历史文献，我在多次阅读全书的基础上，尽可能将修改的幅度降到最小，对本书正文只是作了极少几处文字和标点上的修改，根据马克思主义经典著作中译本对本书引用的所有相关引文及出版信息作了核实与订正，增加了"2018 年版说明"、"参考文献"、"关键词索引"、"人名索引"和"后记"。本书中有些作者还引用了一些外文资料（大部分是马恩著作的外文版），现已很难进一步完善出版信息。但是，基于对历史的尊重，同时为今后的研究留下可能的线索，将上述外文资料也列入"参考文献"。

愿中国社会科学院法学研究所法理学继续辉煌，愿社会主义法治中国阔步前行！

田　夫
2017 年 10 月 6 日

图书在版编目（CIP）数据

法学理论论文集／张友渔等著. -- 2版. -- 北京：
社会科学文献出版社，2018.9
（法治中国研究）
ISBN 978 - 7 - 5201 - 2022 - 7

Ⅰ.①法…　Ⅱ.①张…　Ⅲ.①法学 - 文集　Ⅳ.
①D90 - 53

中国版本图书馆 CIP 数据核字（2018）第 314588 号

法治中国研究
法学理论论文集

著　　者／张友渔 等

出 版 人／谢寿光
项目统筹／芮素平
责任编辑／郭瑞萍　尹雪燕

出　　版／社会科学文献出版社·社会政法分社（010）59367156
　　　　　　地址：北京市北三环中路甲 29 号院华龙大厦　邮编：100029
　　　　　　网址：www.ssap.com.cn
发　　行／市场营销中心（010）59367081　59367018
印　　装／三河市尚艺印装有限公司

规　　格／开　本：787mm×1092mm　1/16
　　　　　　印　张：17　字　数：277 千字
版　　次／2018 年 9 月第 2 版　2018 年 9 月第 1 次印刷
书　　号／ISBN 978 - 7 - 5201 - 2022 - 7
定　　价／79.00 元